Josef Schunder

Manfred Rommel

Ein gelernter Demokrat

Der lehrreiche Lebensweg
des früheren Stuttgarter Oberbürgermeisters

Impressum

© Josef Schunder, 2023

Schönauer Str. 37, 70569 Stuttgart

josef.schunder@gmail.com

Überarbeitete, aktualisierte und erweiterte Fassung von »Manfred Rommel – Die Biografie«

Titelfoto: Silvie Brucklacher-Gunzenhäußer

Inhalt

VORWORT

Wer war Manfred Rommel? Auf der Straße danach befragt, würden heutzutage ganz bestimmt viele Menschen stumm bleiben, sogar in Rommels Heimatstadt. Schon in seinen letzten Lebensjahren hatten gerade junge Leute den Politiker kaum mehr auf dem Radarschirm, denn er hatte sich allein schon wegen einer Erkrankung mehr und mehr aus dem öffentlichen Leben zurückgezogen und sich kaum mehr zu Wort gemeldet. Unter den Älteren aber ist er bis dahin populär geblieben wie kaum ein anderer Oberbürgermeister, ja, wie wenige andere Politiker. Doch auch in diesen Generationen, die Rommel schätzten, haben sich die Reihen längst gelichtet.

Ist er also nicht mehr relevant? Können wir den Typen schlicht vergessen? Keineswegs. Einer wie er würde nach wie vor in die Zeit passen, würde gebraucht werden – als Mahner, Erklärer und Ratgeber, denn die Demokratie ist (wieder) angefochten, ja bedroht. Zu ihrer Verteidigung kann jeder Erfahrungsschatz nur nützen, und Manfred Rommel hat sich fast sein ganzes Leben lang als Anwalt der Demokratie betätigt. Also sollten wir sein Wirken und Schaffen wieder beleuchten. Wie wir uns ja auch sonst aus gutem Grund bemühen, aus längst vergangenen Ereignissen zu lernen.

Den zeitweilig bekanntesten Oberbürgermeister Deutschlands zu beschreiben, ist allerdings nicht einfach. Der Mann war schwer zu fassen. Er war politischer Kopf, Stratege, philosophierender Pragmatiker, Meister der Aphorismen, Spaßmacher, Kalauer-König, Stadtoberhaupt, besonders aber ein Mensch mit feinem Gespür für die Menschlichkeit – einmal mehr dieses, einmal mehr jenes und fast immer alles zusammen.

Zwar verfasste er insgesamt rund zwei Dutzend Bücher und schien besonders mit seinen Erinnerungen unter dem Titel »Trotz allem heiter« selbst alles gesagt zu haben, was man über seine zutiefst deutsche Familiengeschichte, über seine berufliche Karriere in der Landesverwaltung und in der Politik sowie über seine bemerkenswerten Eigenschaften wie die weltoffene Haltung wissen muss. Doch die Wahrheit ist auch, dass er gerade mit seinen vielen Veröffentlichungen, Reden und Taten so viele Spuren legte, dass denen, die ihm folgen woll(t)en, die Bestimmung seines eigentlichen Weges nicht immer leicht fiel.

Hier im Buch nimmt auch Manfred Rommels Vater als legendäre Heldenfigur einen gewissen Raum ein, ergänzt um eine kurze Darstellung der Diskussionen, die sich um die Person Erwin Rommels ranken. Der Grund ist naheliegend: Der Manfred Rommel, den wir kannten, ist nicht zu erklären ohne die Familientragödie am 14. Oktober 1944, den von Hitler und seinen Helfern erzwungenen Tod Erwin Rommels, und nicht ohne die Entwicklungen, die dazu geführt hatten. Erwin Rommels Schicksal hier detaillierter behandeln zu wollen, wäre aber auch vermessen, hat seine Person doch ein Heer von (Militär-)Historikern, Biografen und Filmemachern beschäftigt. Und ein Ende ist nicht abzusehen. Jedes Mal, wenn sich jemand mit Erwin Rommel befasste, fragte sich auch Manfred Rommel wieder, wie es damals zu den unseligen, katastrophalen Ereignissen hatte kommen können. Jedes Mal blieben auch bei ihm Spuren zurück. Es ließ ihn bis zu seinem eigenen Tod nicht los.

Von seinen Erkenntnissen war eine besonders wichtig – und zugleich eine Mahnung, die im gegenwärtigen politischen Kontext wieder beklemmend wichtig ist: »Wer die Diktatur nicht will, muss die Demokratie wirklich wollen.« Und darunter verstand Rommel nicht einfach den Verzicht auf Ablehnung der Demokratie, nicht Gleichgültigkeit ihr gegenüber, sondern aktives Eintreten für die Demokratie.

DAS PHÄNOMEN
MANFRED ROMMEL

Der triumphale Einzug, der große Auftritt, sie waren nie Manfred Rommels Art. Nicht einmal, als er längst zum bekannten und unverwechselbaren Politiker von unüberhörbar schwäbischer Provenienz aufgestiegen war. Als die Menschen in Stuttgart sich anstießen, wenn er irgendwo auftauchte, und sagten:»Da, schau: der Rommel!« Als auch die Deutschen in anderen Gegenden der Republik halb ungläubig, halb bewundernd auf diesen ungewöhnlichen Schwaben blickten, auf diesen Überschwaben, der für vieles, auch für viele Positionen und für viele Ämter gut zu sein schien.

Er war nie einer von denen, die so vor das Publikum treten, als wären sie gerade eben mit dem Fallschirm in einer Punktlandung auf der Bühne eingeschwebt. Rommel betrat immer leise die Szene. Wie einer, der aus dem Hintergrund kommt, mit den Händen sachte die Vorhänge teilt und schüchtern hinaustritt ins Rampenlicht, leicht irritiert, aber sehr konzentriert; der dann ein bisschen distanziert ins Publikum schaut, die Zusammensetzung zu wägen versucht und langsam in Fahrt kommt. Die Gesten des Manfred Rommel, sie wirkten immer minimalistisch. Sie täuschten nichts vor. Ganz typisch, wie er die Hände vor seinem Kinn faltete. Nicht um zu beten, sondern um sich so mit dem kurzen unterstützenden Neigen des Kopfes zu bedanken für Aufmerksamkeit und Beifall. Ein klein wenig fernöstlich.

Es war der Dank eines politischen Unterhaltungskünstlers, der in Jahrzehnten gelernt hatte, mit dem Publikum umzugehen und seine Worte mit ungeheurer Präzision ins Ziel zu lenken. Es war die Haltung eines Politikers, der um seine Wirkung wusste. Der seine Bedeutung kannte. Der auf seinen Platz in der Rangordnung pochte. Dessen Stuhl im Großen Sitzungssaal des Stuttgarter Rathauses eine etwas höhere Lehne haben musste als die Stühle der anderen Bürgermeister, wie sein Stellvertreter Rolf Thieringer einmal verriet, der sich deswegen aber noch lange nicht aufspielte. So stellte Manfred Rommel – in Erinnerung an frühere Lobpreisungen und in Erwartung neuerlicher Würdigungen aus Anlass seines 80. Geburtstages – über seine Zeit als Stuttgarter Oberbürgermeister nüchtern fest:»Man soll es nicht übertreiben. Immerhin wurde ich bezahlt dafür.«

Es ist schon so: Manfred Rommel hat sich weit weniger wichtig genommen als viele andere, die ihm schwerlich ebenbürtig waren. Meistens jedenfalls. Im Repertoire hatte er Gesten der Demut. Bescheidenheit? Vermutlich wurde seine persönliche Eitelkeit einfach durch die Einsicht im Zaum gehalten, dass Selbstgefälligkeiten letztlich lächerlich sind, wenn man sich die schicksalhaften Fragen für die Menschen in Erinnerung ruft – und wenn man den Lauf der Geschichte betrachtet. Nicht zuletzt seine eigene Geschichte.

Manche schätzten Rommel vielleicht für diese Haltung. Andere zollten ihm Achtung, weil er der Inbegriff des Oberbürgermeisters war, ein für alle Bevölkerungsgruppen der Großstadt erreichbares und eintretendes Stadtoberhaupt. Oder sie honorierten, dass er ein verantwortungsvoller, notfalls bis zur Grausamkeit ehrlicher Realpolitiker war, der uns die schwere Kost aber sogleich durch humorvolle Darreichung wieder etwas erträglicher machte.

Überhaupt: dieser Humor! Diese schelmische Art, milde über den politischen Betrieb zu witzeln, von dem er immer lebte. Hätte er diese Gaben nicht gehabt, wäre ein so positives Manfred-Rommel-Bild in der Bürgerschaft nie und nimmer entstanden. Sein Humor, der oft tiefschwarz ausfiel, zielte häufig auf die eigene Person, denn auch Selbstironie gehörte zum Arsenal dieses wandlungsfähigen Menschen. Sie brachte er früher bei öffentlichen Auftritten oft zum Einsatz. Mit Humor und mit Selbstironie fing für ihn die Menschlichkeit an.

Humor sei letztlich die Fähigkeit, auch über sich selbst zu lachen, sagte Rommel einmal. Denn wer das kann, gewinnt eine gesunde Distanz zu sich. Und wer so eine Selbstdistanz hat, ist besser davor gefeit, sich voller Eitelkeit in gedankliche Sackgassen zu verrennen oder dem erstbesten Hundefänger schon bei der ersten Lockung zu folgen. Damit war Rommels Grundhaltung untrennbar mit seinen persönlichen Erfahrungen und seinen Lehren aus der Zeit des Nationalsozialismus verbunden. Denn dass ein Volk so bereitwillig in die Diktatur marschiert, das sollte sich nie mehr wiederholen, mahnte er wieder und wieder.

Der Humor diente Rommel aber auch als Kunstgriff in der öffentlichen Auseinandersetzung. Wenn er sich in einer Kontroverse voller Charme eines Witzes bediente, schwiegen die Waffen und die Fronten lösten sich auf. Da war ihm schwer zu widerstehen. In seiner aktiven Zeit konnte er freilich auch anders sein als freundlich und witzig. Er konnte auch andere Saiten aufziehen. Manche erlebten, dass der Liberale unter den Konservativen das ganze Gewicht seiner Autorität einzusetzen wusste, um zu lenken, wenn es nicht mehr angeraten war, den Mitarbeitern Leine zu lassen. Hinter Toleranz, Jovialität und Liebenswürdigkeit verbarg sich manchmal ein harter Hund, besonders im Innenverhältnis im Rathaus, wo er seine eigenen politischen Ziele nie aus den Augen verlor. Wo er ständig die neueste Lage analysierte und seine Taktik neu einstellte. Wo er an Donnerstagvormittagen vor den Gemeinderatssitzungen mit seinen wichtigsten Mitarbeitern beriet, wie man die Stadträte am besten zu dem gewünschten Beschluss veranlassen könnte – und wo nur einer die Marschrichtung vorgab: Manfred Rommel.

Der Zivilist Manfred Rommel erwies sich dabei als fast so einfallsreich und listig wie der Feldherr Erwin Rommel in der Kriegsführung. Den Blick auf diese Eigenschaft hat er der Öffentlichkeit in seiner Zeit als Stuttgarter Oberbürgermeister mit seiner Aura der Gelassenheit und Nachdenklichkeit allerdings verstellt. So blieb das Bild, das sich manche von ihm machten, oft ein wenig unvollständig. Es wäre aber auch zu einfach, wenn die bekanntesten Etiketten, die man Rommel verpasste, zur Erklärung dieses Phänomens schon ausreichen würden.

Wer genau hinsah, entdeckte Eigenschaften bei Manfred Rommel, die im beständigen Widerstreit zu liegen schienen. Als Redner konnte er wie wenig andere die Aufmerksamkeit der Menschen auf sich ziehen und sie fesseln – dabei schien er, weil er ein wenig unbeholfen auftrat und etwas lispelte, manchmal nach Worten rang, nicht eben prädestiniert zu sein dafür. Doch er wusste auch dies in sein Kalkül einzubeziehen. Plötzlich tauchten seine Pointen und Witze auf wie aus dem Nichts.

Die plötzliche Bewegung war sorgfältig konstruiert, die Wortfolge komponiert. In einem stattlichen Zettelkasten hegte und pflegte Rommel den Bestand an Geistreichem oder auch Rustikal-Lustigem, um es zur rechten Zeit zu heben und in seine

9

Reden einzubauen. Ebenso war ihm klar, dass er in Interviews für die Medien die unverzichtbaren Bestandteile des Rommel'schen Erfolgsrezeptes zur Anwendung bringen musste. Die Sentenzen, die das Publikum erheiterten und es mit ihm verbanden. So verriet sogar noch der unter Altersbeschwerden und verschiedenen Krankheiten leidende Rommel gern, dass er nächtens in seinen Träumen bisweilen wieder in die Uniform des Luftwaffenhelfers schlüpfte und am Krieg teilnahm, was eigentlich schon Bürde genug gewesen wäre, auch wenn im realen Dasein nicht plötzlich sein schwerer Kater zu ihm aufs Bett gesprungen wäre und den Platz verteidigt hätte.

Eines war Rommel immer heilig: das Bemühen, sein Publikum nicht zu langweilen – und die Zeit, die sich ein guter Redner maximal genehmigen sollte, nicht zu überziehen. Nach 22 Jahren im Stuttgarter Rathaus, als er den Dienst für Stadt und Bevölkerung quittiert hatte, sagte Rommel einmal, er betätige sich mit Lesungen und Reden als Unterhaltungskünstler. Und tatsächlich hat er diese Lust, bei allem auch noch Spaß und Humor zu verbreiten, nie verloren.

Zum Zirkus, wie es ihm nach Ausbrüchen des jugendlichen Schalks einmal der Vater geraten hatte, ging Rommel zwar nicht. Ein Unterhalter ist er dennoch geworden. Ein Allroundkünstler. Ein Politiker und Volksdichter. Eben noch krachledernen Humor fürs Festzelt darbietend, dann wieder der Vordenker einer überaus ernsten und im Großen und Ganzen eher asketischen Botschaft, die da hieß: Die Politik und der Staat dürfen die Grenzen ihrer finanziellen Möglichkeiten auf keinen Fall missachten, wenn sie nicht Vertrauen verspielen wollen.

Rommel für einen Stegreifkünstler zu halten, wäre schon deshalb verfehlt gewesen, weil er in der Regel nichts dem Zufall überließ. Manchmal, in schwierigen Situationen, in Zeiten großer Emotionen und hitziger politischer Atmosphäre, war er aber doch gezwungen, in kurzer Zeit die Worte zu finden, die den Nerv treffen und beim Volk, zumindest bei größeren Teilen davon, nach den üblichen Reflexen wieder Nachdenklichkeit herstellen. Das gelingt nur, wenn man über wirkliche Lebenserfahrung verfügt und wenn die nötige moralische und ethische Substanz vorhanden und jederzeit abrufbar ist. Für sie gilt dasselbe wie für das Charisma des Politikers: Man hat sie eben, oder man hat sie nicht. Bei allen Widersprüchen. Oder vielleicht gerade deshalb.

Der Kontrast zwischen der manchmal schwerfälligen Artikulation und dem Erfolg seiner Reden war dabei nur einer unter vielen Widersprüchen bei Rommel. Hier der Politiker, der zum Sinnbild für Toleranz und Liberalität wurde, dort der Verwaltungschef, der mit dem größten Vertrauen delegieren und dann wieder autoritär sein konnte. Der morgens vor Neun kaum ansprechbar war, nachmittags oder abends aber ganz anders mit sich reden ließ. Hier das Stadtoberhaupt und der Politiker, der allen Terminen zum Trotz Langmut praktizierte, dort der Verwaltungschef, der vor allem im kleinen Kreis auch ungeduldig auftreten konnte. Hier der einstmals linkische und faule, zumindest ziellose und wenig ehrgeizige Schüler, dort der spät auf den Geschmack gekommene Jurist, der in der Landesverwaltung binnen 15 Jahren vom Regierungsassessor zum Amtschef des Finanzministeriums aufstieg, sich nach einem weiteren Jahr Staatssekretär nennen konnte, wenngleich er, was seinen Ehrgeiz kränkte, kein Stimmrecht im Kabinett hatte. Damals legte Rommel eine so atemberaubende Karriere hin, dass es sich kaum mehr lohnte, Visitenkarten drucken zu lassen, wie er selbst sagte. Sie wären zu schnell veraltet gewesen.

Der Verdacht liegt nahe, dass dieser vergleichsweise komplexe, widersprüchliche Schwabe nur so werden konnte, nur so souverän das Amt des Stuttgarter Oberbürgermeisters prägen konnte, weil er einen weiten Weg durch gegensätzliche menschliche Erfahrungswelten zurückzulegen hatte. Dabei haben ihn die Zeiten und die Ereignisse gezeichnet, haben sich Familiengeschichte und deutsche Geschichte verwoben.

Manfred Rommel musste sich mit einem Vater auseinandersetzen, der deutscher Held war und der als Hitlers General, wie sich irgendwann wohl auch sein Sohn eingestehen musste, an der Grenze zwischen professioneller Pflichterfüllung und Begünstigung von Verbrechern operierte. Manfred Rommel wirkte so überzeugend, weil er selbst als junger Mensch unvermeidlich geprägt worden war durch nationalsozialistische Ideologie und weil er sich erst mühsam von ihr trennen musste, um als Demokrat die Berufung seines Lebens zu finden; um als Sohn des Kriegsgenerals schlechthin der Zivilist schlechthin zu werden.

Sein Leben gibt daher Aufschluss darüber, wie aus beispiellosen geschichtlichen Ereignissen und einer damit verknüpften Familientragödie, aus dem moralischen Bankrottzustand einer Gesellschaft eine imponierende Persönlichkeit erwachsen kann.

Eine Persönlichkeit, die mit viel Zivilcourage den Menschen Gewissen, Leitfigur und Sachwalter wurde. Ein Mensch, der nach vorne dachte, der aber doch auch stetig zurückblickte und die Tragödie seiner Familie in einer Zeit der Diktatur nie vergessen konnte.

Die Auseinandersetzung mit dieser Geschichte, das zwiespältige Verhältnis zum verehrten und doch kritisch zu hinterfragenden Vater, das Ringen mit den Gespenstern der alten Zeit ist natürlich auch eine Frage nach den verpassten Chancen. Wie schwer, hat der ehemalige Bundeskanzler Willy Brandt 1989 in seinen »Erinnerungen« gefragt, wiegt wohl die Persönlichkeit dessen, der an geschichtlichen Wendemarken Verantwortung trägt? Es ist eine Frage, die sich auch Manfred Rommel oft stellte. Schließlich sind ihm an wichtigen Weggabelungen viele Persönlichkeiten begegnet, die Einfluss auf den Lauf der Geschichte hatten oder hätten haben können. Keine dieser Persönlichkeiten war so wichtig für ihn wie sein Vater Erwin Rommel, der Hitlers Lieblingsoffizier war, als die Deutschen sich in eine Katastrophe verstrickten und die Welt mit Deutschland in eine nie gekannte Barbarei versank.

Manfred Rommel nutzte die Erfahrungen aus der Vergangenheit, um für eine bessere Gegenwart und Zukunft zu arbeiten. Er blieb nicht Statist der Geschichte, sondern er brachte sich als Handelnder ins deutsche Geschichtsbuch. Das rührte unter anderem daher, dass er beispielsweise im vom Terror geprägten Deutschen Herbst Verantwortung als Oberbürgermeister übernahm und Zeichen setzte. Damals übrigens wieder als Liberaler, nicht als Konservativer.

Manchmal changierte der Politiker Rommel eben, ohne allerdings unveräußerliche Überzeugungen zu verraten oder zu einem der Opportunisten zu werden, die in der Politik in nicht unbeträchtlicher Zahl in Erscheinung treten. Wenn er Meinungen wechselte, dann nicht eines persönlichen Vorteils oder eines prozentualen Erfolges bei Wahlen willen, sondern weil er sich eines Besseren besonnen hatte und sich nicht scheute, es zuzugeben. Er leistete sich den Luxus einer eigenen, einer differenzierten Meinung und eines ebensolchen Weltbildes. Seine geistige Heimat war im bürgerlichen Lager, aber einengen ließ Rommel sich von ihm nie. Fesseln legte nur er sich manchmal an, die Partei schaffte es nie. Er selbst mutete sich manchmal freilich Angriffe auf seine geistigen Besitzstände zu. Gerade im Rückblick auf seine Erfahrungen in der Jugend war ihm klar, dass auch vermeintlich sichere Gewissheiten überprüft werden müssen. Dabei mag ihm eine Eigenschaft geholfen haben, die jeder rechte Schwabe hat: die Neigung zum Grübeln, auch zum Räsonieren. Da war er ganz Schwabe. Sein Horizont jedoch war der eines Weltbürgers, der in späteren Jahren zwar ungern reiste, aber mit seinen Gedanken überall daheim war.

Für seine Zeitgenossen wurde Manfred Rommel nicht nur zu einem Politiker, dem man jederzeit alles und jeden anvertrauen konnte. Für die Deutschen und für die ganze Welt wurde er auch einer der wichtigsten Zeitzeugen für die Jahre zwischen Hitlers wahnwitzigem Aufstieg, Auschwitz und der Blüte der deutschen Demokratie. Mit seinem Vater und mit seinem Vaterland hatte er viel durchlitten, gleichwohl schaute er nicht mit Verdruss zurück, sondern »trotz allem heiter«.

Der Vater Erwin Rommel sorgte dafür, dass der Familienname für deutsche Kriegsführung stand. Losgelöst vom verbrecherischen Hintergrund der Hitler-Helfer, wurde Erwin Rommel zum Mythos über die Landesgrenzen und die Zeiten hinweg, als die Nationalsozialisten zu ihrem eigenen Vorteil den Grundstein für die Mythenbildung gelegt hatten. Der Sohn suchte die Versöhnung mit den einstigen Kriegsgegnern, wann immer sich die Gelegenheit bot. Und er setzte sich für die Demokratie ein, die den Deutschen von den Siegermächten geschenkt worden war.

Seine Lehre aus Deutschlands Geschichte war, »dass man nie, unter keinen Umständen, die Demokratie aufgeben darf«, wie er 1996 im Gespräch mit einem Journalisten der italienischen Tageszeitung »Corriere della Sera« sagte. Aber nicht nur in diesem Gespräch. Diese Mahnung war wohl Rommels wichtigste Botschaft. Der Zerfall der Demokratie in der Weimarer Republik war in seinen Augen einer der wichtigsten Gründe, weshalb Hitler und seine Helfer die monströse Diktatur errichten konnten. Ähnliches in der Zukunft nicht mehr zuzulassen, sei die Aufgabe, die den Menschen aus der deutschen Geschichte zukomme.

Er ahnte, ja er wusste, dass man die Wachsamkeit nie aufgeben darf – dass die Menschen plötzlich wieder auf die Probe gestellt werden könnten. Schon deshalb hat er stets rechtsradikale Bestrebungen im Auge behalten, die NPD oder auch die Partei, die sich »Die Republikaner« nannte, ohne sie aber durch eine Maßlosigkeit der Reaktion aufzuwerten. Die bisher letzten Anfechtungen der deutschen Demokratie durch sogenannte »Reichsbürger« und »Querdenker«, die sich allerdings als Verquerdenker vorführen, erlebte Rommel nicht mehr mit. Man darf annehmen, dass er auch da scharf analysiert und klar formuliert hätte. Weil er ja auf neue Anfechtungen der Demokratie immer vorbereitet war.

Ihm ging es immer um mehr als um ein Lippenbekenntnis zur Demokratie. Man müsse vielmehr auch dafür eintreten, dass die Demokratie unter keinen Umständen in ihrer Funktionsfähigkeit verletzt werde, mahnte er. Falls dies misslinge, drohten chaotische politische Verhältnisse – und »wenn das Chaos kommt, dann kommt der Wahnsinn in irgendeiner Form wieder«, warnte er 1982 in einem Interview mit dem Männermagazin »Playboy«.

Rommel beteuerte darin, dass er den Menschen vertraue. Aber dass er nicht die Hand dafür ins Feuer lege, dass sich die Menschen heute bewähren, falls die Demokratie nicht mehr funktioniert. Es habe sich doch gezeigt, dass Chaos immer zur Diktatur führe, wenn auch nicht immer zu einem verheerenden Diktator wie Adolf Hitler.

Bestätigt sah Rommel seine Chaostheorie auch beim Blick auf die Französische Revolution. Dem großen Ruf nach Freiheit, der Sternstunde der Menschheit sei die Entgleisung gefolgt. Die Freiheit habe nur noch darin bestanden, »jeden einen Kopf kürzer zu machen«. Die allgemeine Sehnsucht nach Ordnung habe dann Napoleon Bonaparte nützen können, um sich ohne viel Federlesens als Konsul und Kaiser aufzuspielen.

Ist erst eine Keimzelle gelegt, kann die Saat auch unvermutet schnell und heftig aufgehen. Das konnte Rommel bezeugen. Die Versuchung der Menschen, warnende Vorzeichen auszublenden, war ihm nur zu gut bekannt. Das sei ja das Faszinierende an einer Diktatur, dass ihre Anhänger »die Empfindung von Unfreiheit gar nicht haben«, sagte Rommel einmal. Unter Hitler habe sich der Rechtsstaat in wenigen Wochen in einen Unrechtsstaat verwandelt.

Das Erschrecken darüber, dass es den Anführern des Nationalsozialismus gelang, binnen kürzester Zeit die Loyalität fast eines ganzen Volkes auf diesen Unrechtsstaat zu verpflichten, hat Manfred Rommel nie verlassen. Und so waren seine Arbeit und sein Leben immer ein Ringen um Vernunft im Sinne der Anwendung der Denkgesetze. Sie allein, sagte er, reiche aber nicht aus, weil man mit großer Vernunft auch unmoralische Ziele wie einen Bankeinbruch oder schlimmere Verbrechen planen könne. Die Vernunft betrachtete Rommel daher als ein Instrument, um für die richtigen, die moralischen Ziele zu arbeiten. Sie hat er mit einem stabilen System von Grundwerten bestimmt. Umfassende Bildung und ein festes Weltbild, das er aber stets mit der Realität konfrontierte, kamen hinzu. Dies versetzte ihn in die Lage, in allen Funktionen, die er im Laufe seines Lebens wahrnahm, die Dinge »zusammenzudenken«, womit er sich auch ein wenig in der Tradition der Philosophen Hegel und Kant sah, die nicht nur Zerleger der Welt, sondern zugleich Zusammensetzer gewesen seien, nicht nur Auseinanderdenker, sondern auch Zusammendenker, wie der OB Rommel 1981 bei der Eröffnung des Stuttgarter Hegel-Kongresses sagte. »Was wir brauchen, ist ein profundes Nachdenken über die Bestimmung des Menschen und über die Rolle, die er auf dieser Welt spielen soll«, schrieb Rommel den »Playboy«-Lesern ins Stammbuch. Es brauche Argumente statt Agitation.

Manfred Rommel wusste genau, wovon er sprach, denn er war als Bub im Deutschen Jungvolk, ein angehender Hitlerjunge, der etliche Jahre später schmerzlich erkennen sollte, wie seine Gefühle und die der anderen Heranwachsenden manipuliert und für die Zwecke der NS-Diktatur eingesetzt worden waren. Davon blieben ihm eine grundsätzliche Angst vor Gefühlen und ein Misstrauen, weil das blinde Hinterherrennen hinter Verbrechern, die die Gefühle anderer instrumentalisierten, viele Menschen teuer zu stehen gekommen sei.

In dem distanzierten Umgang mit seinen Gefühlen machte Rommel sogar eine Wurzel seiner liberalen Grundhaltung aus: Ihm falle es leichter als gefühlsbetonten Menschen, bei seinen Gesprächspartnern völlig gegensätzliche Meinungen zu tolerieren. Selbst dann, wenn er sich an die Zeit erinnert fühle, als auch er sehr begeistert gewesen sei, ohne zu wissen wovon.

Sogar der Tod seines Vaters hatte bei dem jungen Rommel nicht den sofortigen und finalen Bruch mit der Welt des Nationalsozialismus bewirkt, höchstens den Anstoß für wachsende Ablehnung dieses Unrechtsstaates gegeben, aber nicht zur Aufgabe der Denkmuster geführt, die hinter diesem Staat standen. Wie hätte es auch schneller und gründlicher vonstattengehen können? Manfred Rommel und viele seiner Altersgenossen konnten sich damals gar nicht vorstellen, wie es anders sein könnte.

DieWelt aus Befehl und Gehorsam war noch intakt, die in Jahren aufgenommenen Botschaften der Nationalsozialisten wirkten noch nach. Jahrzehnte später, geraume Zeit nach dem Krieg, erschien Manfred Rommel wie ein Zivilist durch und durch. Doch das, pflegte er zu sagen, sei er erst geworden.

Er selbst war noch nicht einmal fünf Jahre alt, viel zu jung, um erkennen zu können, wie sich im Jahr 1933 die Katastrophe anzubahnen begann. Als Hitler, wie Manfred Rommel viel später erkannte, die Macht nur ergreifen konnte, weil ein großer Teil der Bürger nicht mehr an die Funktionsfähigkeit der Demokratie der Weimarer Republik glaubte und die Macht preisgab. Niemand hätte angenommen, sagte Rommel, dass Hitler sie dann so rasch ausspielen und seine Ziele damit so schnell erreichen könnte. Sekundäre Tugenden wie der Gehorsam, die früher dem Rechtsstaat dienten, nützten jetzt dem Unrechtsstaat – so beschrieb Rommel den unheilvollen Mechanismus. Dabei wäre doch in der neuen Situation Ungehorsam vonnöten gewesen.

Indem der Hitler-Staat die Mitverantwortung der Menschen portionierte, verschleierte er zumindest anfangs noch das Wissen um das große Ganze dieser Verbrechen, machte die Masse der Bürger aber doch zu Rädchen im großen Räderwerk. So verführte der Unrechtsstaat sie, sich aus der Verantwortung zu stehlen. Einer setzte die Namen derer auf die Liste, die deportiert werden sollten. Ein anderer nahm sie an der Rampe zur Zugfahrt in das Todeslager in Empfang. Wieder andere trieben sie an den Schreckensorten in die Lager und in die Gaskammern. Auf diese Weise und auf andere Arten wie Massenerschießungen tötete der Unrechtsstaat daheim und in den Kriegsgebieten, in denen sich seine rassistische Ideologie austobte, etwa sechs Millionen jüdische Menschen.

Die nach und nach erworbenen Erkenntnisse haben Manfred Rommel geprägt: das Wissen um Begebenheiten, die für ihn persönlich in einer Familientragödie kulminierten; das Nachdenken über das paradoxe Verhältnis seines Vaters zu Hitler, wozu Manfred Rommel schon gezwungen war, bevor sich Erwin Rommels Schicksal nach dem Krieg auch mehr und mehr einer Weltöffentlichkeit erschloss. Der Diktator hatte Erwin Rommel im Unrechtsstaat zuerst eine glänzende Karriere ermöglicht – und ihn dann selbstherrlich zum Tod verurteilt. Das ist der Stoff, der Mythen wachsen lässt.

Die Fragen, wie und wann diese Tragödien zu verhindern gewesen wären, ab wann die totale Kriegsniederlage unvermeidlich war und wie wir uns vor einem Rückfall in die Tyrannis wappnen sollten, durchzogen fast das gesamte Denken und Schaffen Manfred Rommels. Es sind Fragen, die sich jeder Einzelne stellen sollte. Manfred Rommel musste es schon deshalb tun, weil er der Sohn des getöteten Generalfeldmarschalls Erwin Rommel war. Darum lotete er diese Fragen aus wie kaum ein anderer, sozusagen stellvertretend für viele, mit besonders hohem persönlichem Einsatz. Diese Rolle macht seine Bedeutung als Vorbild für die Deutschen aus. Aber es prägte ihn auch im Brotberuf des Beamten und des Politikers.

Wie kaum ein anderer Politiker, das fiel auch dem SPD-Kanzler Helmut Schmidt auf, war Rommel stets zur Selbstbefragung, zur Prüfung seiner Meinung und zur Korrektur von Irrtümern bereit. Gewarnt durch die Erfahrungen seiner Jugend, versuchte Rommel Fehlerquellen im eigenen Kopf nach Möglichkeit zu beseitigen. Er habe versucht, nicht auf etwas zu beharren, wenn ihm gedämmert habe, dass es falsch sei, sagte er. Er habe versucht, zwar wertkonservativ zu denken, aber nicht strukturkonservativ zu sein und aus Prinzip alles zu verteidigen. Andererseits verteidigte er sehr wohl, was er bei seinem inneren Ringen als weiterhin richtig und gültig erkannt hatte. Getreu seinem Motto: »Der Klügere darf nicht immer nachgeben, weil sonst nichts Gescheites herauskommt.« Das war gemünzt auf einige unveräußerliche Erkenntnisse und Grundlinien. In Fragen der praktischen Politik war der Kompromiss für Rommel dagegen nie abwegig, sondern vielmehr angeraten, wenn es um bedeutende Fragen ging, deren Regelung nach einer breiten Mehrheit schrien. Deshalb, und weil er als Beamter viele Erfahrungen damit gemacht hat, hielt Rommel Große Koalitionen stets für gut.

Diese komplexe Mischung, der geringe Verbrauch von eindimensionalen Erklärungen, verlieh ihm politisch-moralische Autorität. Humor, Gelassenheit und Toleranz trugen außerdem dazu bei, dass ihm bald der Ruf vorauseilte, er sei im Land der letzte Liberale. Und Rommel lieferte oft den Nachweis dafür. Das verdeckte bisweilen, dass sich unter der schönen Oberfläche der Liberalität auch jäh betont konservative, um nicht zu sagen: erzkonservative Züge, auftun konnten. Meist dort, wo er neue politische Phänomene mit dem Instrumentarium beurteilte, das er sich bei der Aufarbeitung der Hitler-Zeit zusammengestellt hatte.

Der »Anti-Atom-Fanatismus« und der »Ökologie-Radikalismus« sind zwei Stichworte dafür, die Rommel selbst prägte. Und auch in der Studentenbewegung glaubte er Verhaltensmuster aus Deutschlands dunkelster Geschichte in Ansätzen wiederzuerkennen. Neuen Bewegungen mit offenen oder latenten Heilsbotschaften misstraute er zutiefst und ging vergleichsweise hart mit ihnen ins Gericht. Das lag an seiner Skepsis, ja Abneigung gegenüber Theorien, die in ihm immer mehr erwachsen war. Forderungen nach mehr direkter Demokratie begegnete er mit Warnungen vor einem Übermaß an Bürgerentscheiden.

Sie könnten vielleicht da und dort funktionieren, sagte Rommel im Januar 2012 nach den schweren politischen Stürmen, die über Stuttgart hinweggefegt waren und die CDU/FDP-Regierung weggeblasen hatten. Man solle Bürgerbegehren und Bürgerentscheide aber nicht massiv ausweiten und inflationieren, warnte er. Es treffe nicht zu, dass der Bürgerentscheid die »demokratischere« Lösung sei. Er sei nicht der übliche Weg.

»Es kann auch nicht sein, dass man eine große Masse von Menschen auf dem Marktplatz versammelt und sie zum Volk erklärt«, sagte er vor dem Hintergrund der sogenannten Volksversammlungen, die ein Gegner des Bahnprojekts Stuttgart 21 in Anlehnung ans alte Griechenland auf dem Stuttgarter Marktplatz, direkt vor dem Rathaus, veranstaltete. »Wer das Volk ist, ist durch die Verfassung geregelt. Wir müssen aufpassen, dass wir nicht die Grundlagen unserer Demokratie über den Haufen werfen«, mahnte Rommel und warf überdies die Frage auf, wie man den Kreis der Abstimmungsberechtigten bei einem Bürgerentscheid überhaupt sinnvoll eingrenzen könnte: »Es kann auch nicht sein, dass örtlich über Themen entschieden wird, die die Menschen in der ganzen Region oder weit darüber hinaus berühren.«

Manfred Rommel war hier zweifellos einmal mehr der Künder der repräsentativen Demokratie, einer klaren Zuteilung der Verantwortung und einer Machtverteilung durch Wahlen. Dass sich Parteien hinter den Volksentscheiden verstecken können, schien ihm wenig sinnvoll. Damit hat er ein wenig den Anschluss an die Zeit oder zumindest an die politische Mode verpasst – oder sich vielleicht auch nur vor Irrtümern gehütet, die anderen unterliefen? Ob er im Streit um mehr Bürgerbeteiligung recht behalten wird, steht noch nicht fest. Sicher ist, dass sein Demokratieverständnis nicht ohne starke, entschlossene und funktionierende Parteien auskam. Kein Wunder, dass er sich immer wieder wünschte, die Parteien möchten mehr junge Menschen gewinnen. Doch die Realität sah in den vergangenen Jahren oft anders aus. Der Verdacht liegt deshalb nahe, dass Manfred Rommel, dieser Freigeist der deutschen Politik, bisweilen doch auch zum Gefangenen seines Denkens wurde.

An Rommels manchmal brüsken Absagen an neue ökologische oder politische Bewegungen könnte es auch gelegen haben, dass der Münchner Oberbürgermeister Christian Ude zum 80. Geburtstag Rommels, den die Parkinson-Krankheit in den Rollstuhl gezwungen hatte, bei aller Sympathie die vorherrschende Façon der Rommel-Betrachtung partiell sanft gegen den Strich bürstete.»So liberal, wie Sie den Eindruck zu erwecken verstanden, waren Sie gar nicht«, sagte er Rommel lächelnd ins Gesicht. Und Rommel, dieser Sammler der Worte, dieser Virtuose der Rede, dieser Enthüller der Zusammenhänge in Politik und Finanzen, gab Ude durch Beifall recht.

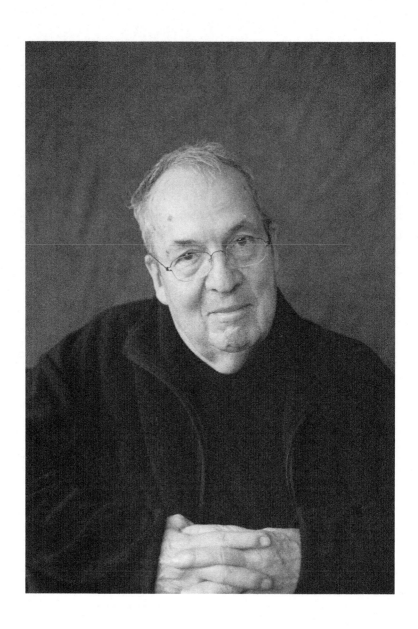

MANFRED ROMMEL
IM INTERVIEW

Das Gespräch wurde im Juli 2008 geführt, einige Monate vor Rommels 80. Geburtstag – es war das letzte umfangreiche Interview, das er gab. Hier eine gekürzte Fassung.

Herr Rommel, Sie befassten sich zeitlebens mit Ihrem Vater, Generalfeldmarschall Erwin Rommel, mit dem Nationalsozialismus, mit Diktatur und Demokratie. Fliegen Ihnen immer noch neue Erkenntnisse zu?
Es kommen immer wieder neue Aspekte. Nehmen Sie die Weimarer Republik. Manches weiß man, aber es ist einem nicht bewusst. Es ist ungeheuerlich, wie im Jahr 1933 Hitler die Berufung zum Reichskanzler erhielt. Viele sagten, ihr müsst die Nationalsozialisten ranlassen. Erst mal wird Hitler sich blamieren, aber gewisse Dinge werden die Nationalsozialisten auch tun, die richtig sind und die man jetzt wegen der Mehrheitsverhältnisse im Reichstag nicht erreichen konnte.

Eine verhängnisvolle Fehleinschätzung.
Die Nazis haben dann tatsächlich sämtliche Grundrechte abgeschafft. Der Bürger hatte in Wirklichkeit keine Rechte mehr gegen Hitler. Hitler hat ja gar nicht im Namen des Volkes gehandelt. Er hat bloß immer so getan, als ob er das Volk sei. Er war neben allen anderen Funktionen auch noch oberster Befehlshaber der Wehrmacht, dazu hat er sich kurzerhand ernannt und das Ermächtigungsgesetz in Kraft gesetzt. Eine solche Machtanhäufung in einem modernen Staat hat es sonst nicht gegeben.

Wahrscheinlich seit dem alten Rom nicht mehr.
Auch so eine Entmündigung hat es sonst nicht gegeben. Wie die am 30. Januar umhergezogen sind mit ihren Fackeln! Sie glaubten, sie würden in die Freiheit marschie-

ren. In Wirklichkeit sind sie in die übelste Sklaverei marschiert, die man sich denken kann. Von da an war man nur noch als Diener des Führers jemand.

Die Demokratie hat an ihrer Abschaffung noch mitgewirkt?
Ja, durch die Verordnung, die nach dem Reichstagsbrand gekommen ist, und dann vor allem durch das Ermächtigungsgesetz war Hitler oberster Gesetzgeber und oberster Richter. Die anderen hatten nichts mehr zu sagen. Verlängern lassen hat er das wenigstens noch durch einen formalen Reichstagsbeschluss. Die nächste Verlängerung, die nach acht Jahren fällig war, haben die Nationalsozialisten selber verfügt. Da haben sie niemanden mehr gefragt. So ist damals, was man auch nicht bemerkt hat, aus einem Rechtsstaat ein Unrechtsstaat geworden. Der Staat hat die Gesetze nicht akzeptiert, soweit sie den Bürger vor ihm schützen sollten. Hitler war fast allmächtig.

Und die Herzen flogen ihm zu?
Damals gab es ein Wirtschaftswunder. Das kam dadurch zustande, dass die Propaganda den Menschen eine andere Preispolitik einredete. Nach dem Motto: Wir zahlen keine Wucherpreise und wir verlangen keine Wucherpreise. Da hat der Staat mit seiner Propaganda Wirkungen verhindert, die bei einer solchen Überforderung der Finanzen in einem einigermaßen freiheitlichen Staat sofort eingetreten wären. Die Beschäftigungsverhältnisse und die Eheschließungen nahmen plötzlich zu. Man hatte wieder Mut zur Zukunft. Und in ein paar wenigen Jahren war die Arbeitslosigkeit weg. Das waren wunderbare Vorgänge, die die Menschen erfassten.

Wie stellten sich Ihre Eltern damals zu Hitler und den Nationalsozialisten?
Mein Vater hat von diesem Kommandoton und Gehabe im Zivilleben als Württemberger nichts gehalten. Als Berufssoldat durfte er auch nicht wählen. Meine Mutter hat meistens die Deutsche Demokratische Partei, die DDP, gewählt, weil da viele Schwaben drin waren. Konservativ wollte sie nicht wählen. Der Einfluss des Adels war ohnehin groß genug. Sozialdemokratie hat man nicht gewählt damals. Warum, weiß man heute auch nicht, es wäre ja eigentlich angemessen gewesen. Und die Katholischen wählte man als Protestant auch nicht.

Eine Welle der Begeisterung trug Hitler?

Selbst meine Mutter war vorübergehend entzückt vom Führer. Die Leute waren begeistert, weil plötzlich keine Arbeitslosigkeit mehr da war, keine Beschränkung der Aufrüstung. Viele sagten sogar, »Gott hat uns diesen Menschen geschickt«. Die Fähigkeit, den Eindruck der Harmlosigkeit und des guten Willens zu erwecken, die Hitler hatte, war eine ganz üble Sache. Meinem Vater ist die politische Katastrophe erst voll bewusst geworden, als der Krieg verloren war.

Wann hielt Ihr Vater den Krieg für verloren?

Mein Vater sagte nach der deutschen Kapitulation in Afrika im Mai 1943, wir können den Krieg nicht mehr gewinnen. Hitler dürfte das geahnt und gewusst haben, dass mit ihm niemand Frieden schließt. Das war auch so. Die Schuld, die man mit Mordtaten angehäuft hatte, die man bei uns in der Bevölkerung gar nicht so realisierte, war zu groß. Der Führer wollte kämpfen bis zum letzten Hitler-Jungen. Fast hätte er das auch fertiggebracht.

Beinahe. Ihr Vater hat sich dem in Afrika widersetzt.

Vor allem in der Normandie. Zunächst wollte mein Vater einen Sieg der deutschen Wehrmacht in der Normandie nutzen, um bessere Bedingungen für einen Waffenstillstand zu bekommen. Aber das war im Juli nicht mehr möglich. Daher war er dann der Meinung: Schluss machen. Aus. Und nicht den Westen so lange halten, bis die Russen in Berlin einmarschiert sind. Dann hat er sogar mit einigen seiner SS-Generäle gesprochen, die offensichtlich gemerkt hatten, was los war. Hitler brachte es aber tatsächlich fertig, dass die Deutschen bis zum Schluss kämpften. Als ich gerade in den Reichsarbeitsdienst eingezogen wurde, fand die Schlacht von Crailsheim statt. Man glaubte noch 1945, in Crailsheim würde man noch den Krieg gewinnen. Man ruinierte die Stadt und brachte einen Haufen Leute um.

Hitler faszinierte, wie verbrecherisch er auch war?

Ja, das konnte er, zumal er auch modernen Dingen sehr aufgeschlossen war, gerade in der Wehrmacht. Aber man hat ihn maßlos überschätzt, auch viele Generäle. Er war wirklich, was man einen bösen Menschen nennt. Mit allen Fähigkeiten, die die Kirche dem Bösartigen schon immer zugemessen hatte, und auch mit der Schläue. Denn auch schlau ist er gewesen.

Er hatte wohl vor allem einen Sinn für die Inszenierung von Massenerlebnissen und für den Umgang mit den Massen?
Mit Massen und mit Einzelnen. Er konnte charmant sein, wenn er wollte. Das kann man sich gar nicht vorstellen.

Das fällt mir schwer, ja.
Wenn die heutige Generation Aufnahmen von Adolf Hitler hört, dann sagt sie: »Was war denn das für ein Arschloch? Das Gebrüll und das Geschrei – der hat einen Vogel.« Das ist man nicht mehr gewöhnt. Die Erfindung guter Mikrofone macht es möglich, dass auch andere reden können. Aber damals war Hitler einer der bedeutendsten Redner unter den Politikern der ganzen Welt. Er brachte es immer wieder fertig, auch das Ausland zu beruhigen und für sich zu gewinnen. Wenn man sich vorstellt, dass wir Olympische Spiele hatten und überall Hakenkreuzfahnen wehten!

Die ganze Welt schaute auf Deutschland.
Und wir haben schon 1933 die Juden diskriminiert. Meine Eltern waren beide keine Antisemiten. Aber gemacht haben wir nichts. Allerdings wohnten wir auch oft recht isoliert auf Militärgelände. Man muss sich das einmal vorstellen: Ein Teil eines Volkes wird für rechtlos erklärt, im eigenen Land eingesperrt und verspottet. Und es gibt kein Gegengewicht, kein Gegensteuern. Auch in den Kirchenpredigten gegen den Adolf haben wir die Juden meistens weggelassen. Selbst nach dem Krieg hat es Monate gedauert, bevor man sich der Ungeheuerlichkeit dieses Geschehens bewusst wurde.

Bis auch die Kirchen sich zu einem Schuldbekenntnis durchrangen, das nicht unumstritten war.
Immerhin ist es erfolgt. Ich habe vor einiger Zeit vor Ritterkreuzträgern gesprochen. Da waren alte Herren dabei, die haben sogar das Eichenlaub gehabt. Ich sagte: »Sie

können nicht sagen, es ist schade, dass wir den Krieg nicht gewonnen haben.« Das kann man doch im Ernst nicht sagen, wenn man nicht in den Verdacht geraten will, dass man diese Morde billigt! Das haben die dann auch so gesehen.

Eine späte Erkenntnis.
Freilich, aber gleich nach dem Krieg war das natürlich nicht zu erwarten. Ich hätte mich gleich nach dem Krieg auch nicht zu sagen getraut, was ich später oft sagte:»Es war besser, dass wir mit Hitler verloren haben, als mit ihm zu gewinnen.«

Sie befassen sich viel mit dieser deutschen Vergangenheit, weil Sie darin einen Schlüssel fürs Verständnis von Staat, Gemeinwesen und Menschen sehen?
Ja sicher. Da muss man schon drüber nachdenken. Zum Beispiel denke ich oft darüber nach, dass die Demokratie in Weimar von vielen vor allem deshalb aufgegeben wurde, weil sie sagten, sie könne ihre Probleme nicht lösen. Probleme, zu denen sicherlich eigene Fehler der Deutschen beigetragen haben wie etwa die Deflationspolitik. Man wollte nach dem Ersten Weltkrieg den Alliierten zeigen, dass man die Reparationen nicht mehr zahlen kann. Die Misere wurde daheim den sogenannten November-verbrechern zur Last gelegt. Dabei muss man wirklich froh sein, dass wir wenigstens erkannt hatten, dass der Krieg verloren war. Dass Ludendorff dann sagte, wir müssen Schluss machen. Etwas spät, man hätte es auch etwas früher machen können – mit dann besseren Aussichten für Deutschland.

Immerhin.
Ja, immerhin. Im Zweiten Weltkrieg ist das nicht geschehen. Am Ende war es gut, dass wir ohne Bedingungen kapitulierten. Ich dachte zuerst auch:»Um Gottes willen – bedingungslos.« Aber wenn man eine Reichsregierung gegründet hätte aus bewährten Demokraten, soweit sie nicht umgebracht wurden, hätten die die Hölle gehabt. Die Alliierten hätten ständig gesagt, »besorg' mir dies und das. Ich will dieses und jenes«. Das alles bei vielen begleitenden Sanktionen. In der Situation waren Ebert und die Reichsregierung mit Sozialdemokraten und Zentrum nach dem Ersten Weltkrieg. Sie kriegten ununterbrochen die Fußtritte, die andere Parteien verdient hätten. Nach dem

Zweiten Weltkrieg hatten wir auf der Basis der bedingungslosen Kapitulation dann auch noch Glück. Die Engländer und auch die Franzosen und Amerikaner fühlten sich verantwortlich für uns.

Man kann sagen, wir bekamen einen über die Maßen guten Start ermöglicht?
Eindeutig, trotz vorübergehender Pläne, die auf eine Umwandlung Deutschlands in einen Agrarstaat hinausliefen. Die Alliierten haben nach dem Krieg unheimlich schnell eingesehen und mit der Speech of Hope, der Hoffnungsrede von US-Außenminister James F. Byrnes, in Stuttgart signalisiert, dass die Deutschen zurückkehren sollen in die Gemeinschaft der Völker. Das war ein ungewöhnliches Maß an Einsicht und Voraussicht, das nicht zu erwarten war.

Über Ihren Vater wurde viel gerätselt. Vor allem darüber, ob er Mitverschwörer der gescheiterten Attentäter war, die am 20. Juli 1944 Hitler im Führerhauptquartier zu beseitigen versuchten, oder ob er Mitwisser war.
Also, die einzigen Oberbefehlshaber, die eine Berührung hatten mit dem Widerstand, waren der Feldmarschall von Kluge und mein Vater. Mein Vater wusste, dass es diesen Kreis gibt und dass er irgendein Programm hat. Er war allerdings im Zweifel, ob die Alliierten es akzeptieren. Meinem Vater haben wohl auch verschiedene Gesprächspartner gesagt, dass Hitler getötet werden soll. Er war aber dagegen, weil er es nicht für möglich hielt. Die Truppe sei voll auf den Adolf ausgerichtet. Vielleicht sei ein toter Hitler noch gefährlicher als ein lebender. Mein Vater hat später auch gesagt, er habe von dem konkreten Attentat nichts gewusst. Das stimmt schon deshalb, weil Ort und Zeit erst nach der schweren Verwundung meines Vaters festgelegt wurden.

Manche meinen auch, Ihr Vater war nicht der Typ, der den Staatschef zu beseitigen hilft.
Daran lag es nicht. Er hielt das Risiko des Scheiterns für zu groß und dachte an eine Kapitulation nach dem Muster von Stalingrad, Cherbourg und Tunis. Aber mein Vater hat Stauffenberg respektiert, in hohem Maße. Man muss auch sagen: Das Stauffenberg'sche Attentat vom 20. Juli 1944 ist der einzige Fall, in dem die Widerstands-

bewegung nach außen tätig werden konnte. Dadurch wurde dokumentiert, dass es deutsche Militärs gibt, die Hitler stürzen wollten. Das war eine Leistung von historischer Größe von diesem Mann.

Hat Ihr Vater immer um die Verantwortung des Generals für Staat und Volk gewusst oder hat er das erst spät realisiert?
Mein Vater ist lang dem Irrtum aufgesessen, Hitler würde sagen: »Wir machen Schluss«, wenn ihm die tatsächliche Lage mit der gebotenen Deutlichkeit nahegebracht wird. Das war eine Fehleinschätzung. Mein Vater hat Hitler während der Invasionsschlacht noch mal angesprochen und gefragt, wie er sich den weiteren Verlauf des Krieges vorstelle. Hitler sagte: »Kümmern Sie sich um Ihre Invasionsfront.« Einmal hat er meinen Vater sogar zur Seite genommen und ihm irgendwas von seinen Wunderwaffen zugeflüstert, was ja nicht stimmte. Da hat man gewusst, dass man auf eigene Verantwortung würde aussteigen müssen.

Das hatte Ihr Vater Hitler nicht zugetraut, dass er alle in den Untergang mitnehmen will?
Das traute er ihm ursprünglich nicht zu. Die Wirklichkeit sah leider ganz anders aus.

Sie waren 15, als Ihr Vater in den Tod getrieben wurde. Sie haben sich immer damit auseinandergesetzt. Das prägte Sie. Wie hat sich Ihr Verhältnis zum Vater verändert?
Ich habe ihn damals verehrt und tue dies aus größerer Einsicht immer noch.

Wie dachte er über den Krieg?
Zuerst dachte er, niemand führe einen Krieg wegen Polen. Als es dann doch so kam, ging er davon aus, Deutschland gewinne den Krieg. Dann dachte er, die Alliierten werden wieder aus dem Krieg aussteigen. Jedenfalls fehle den Franzosen die Lust, weiterzumachen. Die Engländer sah er als treibende Kraft. So bewegte auch er sich im Reich der Illusionen.

Im Rückblick ist das auch leichter einzuschätzen als damals.
Klar. Dazu kommt, dass Hitler auch ein wirkungsvoller Schauspieler und ein virtuoser Lügner war. Der Widerstand gegen ihn wuchs letztlich trotzdem aus allen Bereichen heraus. Es war nur möglich, eine solche Organisation aufzuziehen, und sei sie auch noch so locker gewesen, auf der Basis elitärer Gesellschaftsschichten. Der Adel beispielsweise hielt mehr zusammen als die Bürgerlichen. Da konnte man damit rechnen, dass wenn man was sagt, es nicht gleich am nächsten Tag in dem Glauben angezeigt wird, man schulde dem Vaterland etwas. Einen Mitgliedsausweis, sich jeden Tag dem Widerstandskreis zuzugesellen, hatte mein Vater nicht. Aber er hätte etwas getan, um den Krieg nicht im Chaos enden zu lassen.

Ein früherer Soldat Ihres Vaters aus Fellbach sagte, das Schicksal Erwin Rommels habe etwas von einer antiken Tragödie. Hat es Sie sehr belastet, mit dieser Tragödie zu leben?
Ja, es hat mich schon belastet. Mein Vater hat ja damals blitzartig entschieden, das Angebot Hitlers anzunehmen und das Gift zu nehmen. Weil er sich gesagt hat, lebendig komme ich nicht raus, und Hitler traut sich niemals, mich dem Volksgerichtshof zu überstellen. Wenn er mir anbietet, meine Familie zu verschonen, wird er das vermutlich halten. Außerdem gibt es sowieso keine Alternative. Auch romantische Vorstellungen, dass man mit dem Schrotgewehr bis zum Schluss im Haus kämpft, waren fehl am Platz.

Sein Ordonnanzoffizier Hermann Aldinger sagte ja noch, es seien Waffen im Haus. Man solle sich wehren.
Es waren zwar Waffen da, aber mein Vater sagte: »Die haben jetzt keinen Wert mehr.« Dann wären nämlich alle tot gewesen. Auch die Vorstellung, dass sie meine Mutter gleich auf einen Lastwagen laden und nach Dachau oder sonst irgendwo hinbringen, um sie als unbequeme Zeugin zu erledigen, hat ihn zu dieser Überlegung gebracht.

Sie würden heute immer noch sagen, es gab keine andere Entscheidungsmöglichkeit?
Nein, es gab keine. Sein Leben war so oder so verwirkt.

Sie haben sich immer sehr zurückhaltend über Ihren Vater geäußert. Sie wollten nie dem Rommel-Mythos Auftrieb geben und falschen Beifall bekommen, aber Sie stellten ihn auch nicht als Widerständler dar.
Er war nicht der große Widerstandskämpfer. Es war eine andere Form des Widerstands. Aber eine sehr wichtige. Doch Stauffenberg bleibt die Figur, die den Widerstand vom Inneren ins Äußere getragen hat. Er hat sich geopfert.

Ihr Vater ist immer noch sehr präsent. Sind Sie selbst mit dem Bild, das wir alle von ihm haben, zufrieden oder sagen Sie, da gibt es große Missverständnisse?
Was mich ärgerte: Mein Vater wurde in vielen Lexika in England, Frankreich und Amerika als treuer Gefolgsmann Hitlers bezeichnet, als SA-Führer. Das ist mein Vater nie gewesen. Erfunden hatte das die Zeitschrift »Das Reich«, die überhaupt einen mordsmäßigen Rummel um meinen Vater machte, wenn es ihr in den Kram passte. Sodass er sich schon 1941 bei Goebbels beschwerte und darum bat, das abzustellen. Das ist später dann auch geschehen.

Aber im Großen und Ganzen sind Sie zufrieden mit dem Bild, das von Ihrem Vater vorherrscht?
Ja, es ist ganz beachtlich. Ich finde, er hat es verdient. Es ist nicht leicht, dieses Bild zu pflegen, weil es vom Dritten Reich mit seinen Gräueltaten überschattet ist.

Es ist auch nicht möglich, von jemandem, den es nicht mehr gibt, Fragen beantwortet zu bekommen. Das ließ Sie nicht los und nahm Sie sehr in Anspruch?
Ja, in der Tat. Am Beispiel meines Vaters habe ich begriffen, dass das Dritte Reich von allen Normen abwich, die man an Staaten anlegt. Kein anderer Staat konnte eine ähnlich wirksame Tyrannis errichten.

Wenn Sie das Grab Ihres Vaters besuchten, wurden Sie sicherlich auch von vielen Gedanken eingeholt?
Ja. Aber wie ich es auch wende, ich habe für ihn keinen Ausweg mehr gefunden. Als er entschied, sich in Frankreich nicht überrollen zu lassen, war der Rest programmiert.

Sie wurden nicht Berufssoldat, wie Sie es in Ihrer Jugend wollten. Wahrscheinlich nicht nur deshalb, weil Ihr Vater Ihnen empfohlen hat, Clown zu werden. Mein Vater wollte überhaupt nicht, dass ich Berufssoldat werde. Vielleicht hat eine kleine Rolle gespielt, dass ich mit der Zunge angeschlagen habe. Das wäre bei Befehlen schlecht rausgekommen.

Aber dieser Berufsweg wäre doch auch eine Vergewaltigung Ihrer selbst gewesen. Sie sind doch kein soldatischer Typ, sondern Zivilist durch und durch. Ich bin es geworden, nachdem ich ja schon mit 15 zur Flak gekommen war.

Sie sollen aber besonders in einer Situation besonders wehrhaft gewesen sein: in der Terrorismuszeit im Nachkriegsdeutschland. Sie hätten sich von einem Autofahrer verfolgt gefühlt, seien aus dem Wagen gestiegen und hätten eine Waffe in der Hand gehabt. Das stimmt tatsächlich. Ich dachte, die könnten ja auf die Idee kommen, den für Stammheim zuständigen Bürgermeister zu holen. Dass sie mich als Rommel holen könnten, habe ich nicht gedacht. Ich hatte eine Pistole, die habe ich mitgenommen. Dann fuhr ich mal vom Hotel Schlossgarten weg. Hinter mir ein Auto in dem auffallenden Bedürfnis, mir nahe zu sein. Es fuhr auch die Straße zu meinem Haus hier herunter und hat dann gehalten. Ich habe die Pistole genommen, für die ich nur eine Waffenbesitzkarte hatte. Dann habe ich durchgeladen, meine Walther PPK sechs Komma ung'rad. Und dann hat der gesagt, »wir sind von der Polizei«. Da habe ich die Pistole schnell wieder in der Tasche verschwinden lassen. Später habe ich den Beamten kennengelernt. Wir waren froh, dass wir uns nicht erschossen haben.

Die Pistole hatten Sie öfter dabei? Ich hatte sie manchmal dabei.

Nun haben Sie aus dem Leben Ihres Vaters und der deutschen Geschichte viele Schlüsse gezogen. Zeitzeugen werden rarer. Befürchten Sie, dass Deutschland das nicht gut tut und wichtige Lehren aus der Geschichte untergehen?

Bei uns ist die große Gefahr, dass wir uns rasch gewöhnen, die Dinge für selbstverständlich halten und solche Lehren vernachlässigen. Dann ist man grundsätzlich mit der Politik unzufrieden. Das ist zwar das gute Recht eines jeden, aber man soll es nicht übertreiben. Es müsste eine etwas stärkere innere Überzeugung da sein, dass es zur Demokratie keine Alternative gibt.

Das Bewusstsein dafür ist Ihrer Meinung nach ausbaubedürftig?
Es bedarf der Vertiefung und der Pflege. Wenn beispielsweise die CDU und die SPD eine Koalition bilden, gibt es natürlich Spannungen. Aber man sollte nicht nur Unzufriedenheit schüren und Fehler beklagen. Oder nehmen Sie das Haushaltsrecht. Die Demokratie muss einfach Maß halten, damit sie ihre Mittel nicht überfordert. Das ist ganz wichtig für ihr Ansehen. Wenn einer kommt und sagt, »jetzt geben wir mehr Geld für die Kinder«, sollten wir auch imstande sein zu sagen, wo das herkommt. Da wäre manchmal schon mehr Klarheit der Argumentation nötig.

Sie überschauen eine große Zeitspanne. Wenn Sie Staat und Politik betrachten, wie ist es Ihrer Meinung nach darum bestellt?
Ich würde mir wünschen, dass man sich darauf einstellt, dass die nächsten Jahre nicht mehr unbedingt im Zeichen des Überflusses stehen werden, sondern eher im Zeichen des Mangels. Die Hoffnungen, dass es immer mehr werden kann, sind nicht begründet. Da ist auch niemand schuld daran. Das liegt an den Umständen, an den Verhältnissen. Das muss man durchstehen. Die Demokratie nur so lange mitzutragen, wie sie zahlungswillig und -fähig und bereit ist, Geld auszugeben, das nicht da ist, genügt nicht. Gleichgültigkeit in dieser Hinsicht ist kein demokratisches Engagement.

Es gibt andererseits auch einen Hang, die Politik und die Politiker zu überfordern.
Es wird viel zu oft über Politiker geklagt nach dem Motto »Oh, diese Kerle. Ich geh nicht mehr zum Wählen. Die sind doch alle gleich.« Das ist schwäbisches Wirtschaftsgebrumm. Aber natürlich muss auf der anderen Seite gewährleistet sein, dass jeder sagen kann, was er denkt, sofern er keine strafbaren Handlungen begeht. Das abzuschaffen, war Voraussetzung im Dritten Reich, um diese Untaten zu begehen.

31

Wenn damals der »Stern« oder der »Spiegel« ein Interview gebracht hätte über die Verhältnisse in den Konzentrationslagern, dann wäre das nicht durchzuhalten gewesen. Drei Monate Pressefreiheit und dieser Staat wäre erledigt gewesen!

Derartige Gefahren erkennen Sie aber auch besonders gut, weil Sie, wie wir wissen, Rationalist sind.
Ich bemühe mich.

Sie haben von Politikern immer die Fähigkeit zu Selbstkontrolle und Selbstkritik gefordert. Sie sagten auch mal, Sie hätten in Besprechungen im Rathaus Ihre Meinung manchmal drei- oder viermal geändert.
Das stimmt. Das war so.

Politiker sollen keine Schönredner sein, die Menschen verstehen die Wahrheit?
So ist es.

Wie viele Politiker werden heute Ihren Ansprüchen gerecht? Sind Sie zufrieden?
Ja. Viele Politiker sind heute besser ausgebildet, gehen mehr in die Details hinein als die alten. Bloß besteht immer die Gefahr, dass sie sich überschätzen. Aber viele nehmen heute Dinge in Angriff, die früher niemand selber gemacht hätte. Ich bin von den Jungen in der Politik heute überzeugt. Nützlich wäre allerdings, dass man sich mehr auf die großen Fragen beschränkte und dass man sich, wenn das überhaupt geht, mehr Zeit ließe bei Gesetzesreformen.

Sie beklagten auch schon, dass Politik zu sehr nach den Medien schiele und die Dinge zu sehr vereinfache.
Man sollte die Vereinfachungen wenigstens nicht selber glauben. Es ist zwar schwierig, aber möglich, sich mit einem Hammer selber auf den Kopf zu hauen. Es war immer üblich, dass man wüste Sachen über die anderen gesagt hat. Ich kann mich an den Wahlkampf 1953 erinnern. Da hat man einen Aufkleber, worauf stand »Von Moskau bezahlt«, dem SPD-Kandidaten Ollenhauer auf die Backe geklebt. Der war

überhaupt nicht von Moskau bezahlt. Das habe ich später gelernt, dass die SPD eine höchst respektable demokratische Einrichtung war.

Es machte das böse Wort von der fünften Kolonne Moskaus über die SPD die Runde.
Da hat man auf heute unverständliche Weise die anderen angegangen. Was natürlich auch wechselseitig war. Furchtbares Zeug teilweise. Auch da muss man sich um Milderung bemühen. Es geht auch anders. Es ist allerdings eine deutsche Utopie, dass die Einigkeit der Normalzustand wäre. »Ein einig Volk von Brüdern« steht beim Wilhelm Tell. Aber in der Demokratie kann nicht immer Einigkeit herrschen. Darum gibt es ja auch die Freiheiten wie die Redefreiheit. Man soll auch nicht immer klagen »jetzt streiten die schon wieder, was haben wir für einen Staat?« Streit liegt eben drin. Nur muss man lernen, Meinungsverschiedenheiten höflich auszutragen.

Aber wenn die Einigkeit schon in der Nationalhymne eingefordert wird ...
Ja, ja, »Einigkeit und Recht und Freiheit«. Schon in der Weimarer Zeit und sogar in der Kaiserzeit hat man immer wieder die Losung ausgegeben: Seid einig, einig, einig. Einigkeit ist schön, wenn man sich aufs Richtige einigt. Es besteht allerdings die Gefahr, dass man sich aufs Falsche einigt.

Wenn junge Leute Sie fragen, was die Quintessenz aus Ihrer Tätigkeit war, was sagen Sie?
Ich glaube nach wie vor – oder besser gesagt: wieder – an die Fortschrittsfähigkeit der Menschen. Unbeirrbar. Es gab Zeiten in der Geschichte, die einigermaßen befriedigend sind, und andere Zeiten, die man zutiefst ablehnen muss. Das zeigt, dass man nicht immer erreichen kann, was man will, aber dass man doch die Verhältnisse in die eine oder andere Richtung verändern kann.

Sie würden die jungen Leute auch ermutigen, daran mitzuwirken?
Ja, auch auf eine Art zu reden, die nicht in die Beschimpfung des Gegners einmündet. Die zwar die Unterschiede zu anderen Positionen deutlich darstellt, aber auch den

Respekt vor der Leistung des anderen erkennen lässt. Es wären auch manche Lockerungsübungen nötig, dass man nicht Details durch Parteitagsbeschlüsse so festzurrt, dass man sich nicht mehr bewegen kann. Kompromiss ist immer dann möglich, wenn es ein größerer Schaden wäre, gar keine Lösung zu haben. Kompromisse sind fachlich oft problematisch. Aber sie sind eigentlich das normale Ergebnis.

Weil Kompromisse unbeliebt sind, sind auch Große Koalitionen so unbeliebt.
Aber die sind gut. Zu Filbingers Zeit hat die Koalition in Bonn und in Stuttgart geklappt. Jeder hat zwar so getan, als ob man möglichst schnell die Koalition verlassen müsste, aber man hat doch in wichtigen Fragen auf Jahre hinaus die Politik stabilisiert. Das hing auch an den Leuten. Filbinger war sehr sachbezogen, nicht ideologisch, sondern pragmatisch. Und die SPD im Land hatte zum Beispiel mit Walter Krause einen Politiker erster Klasse.

Sie sagten einmal, der Staat müsse sich schützen können, dürfe aber nicht so überwachen, dass von der Demokratie zu wenig übrig bleibe. Der Staat müsse was aushalten können, zum Beispiel Bürger, die seltsame Meinungen äußern. Schöne Sätze.
Manche gehen aber selbst ins Theater mit der Maßgabe »Rufe nicht, wir fordern Freiheit, sondern rufe, wir schaffen Ordnung.« Ich habe nie nach dieser Maßgabe gelebt. Da muss man großzügig sein. Man kann auch durch Großzügigkeit, wenn sie nicht als Schwäche missverstanden wird, Menschen gewinnen und beruhigen.

Wobei sich in der Kulturpolitik besonders Ihre CDU manchmal schwer tat, die nötige Freiheit einzuräumen.
Es stimmt, da gab es Spannungen. Man hört eben am liebsten das, was man selber denkt. Mir geht es selbst bei jedem Vortrag so. Wenn der Redner lauter Sachen sagt, die ich selbst auch dachte, bin ich entzückt. Wenn er dagegen sagt, dies und jenes sei falsch, dann ärgere ich mich, wenn ich nicht meinen Verstand einschalte. *(Greift mit Mühe zum Wasserglas.)* Den Unterschied zwischen Alzheimer und Parkinson kennen Sie? Nein? Fragt einer: »Was wäre Ihnen lieber, Alzheimer oder Parkinson?« Sagt der

andere: »Alzheimer. Da vergesse ich nur zu zahlen, bei Parkinson verschütte ich mein ganzes Viertele.«

Treffliche Unterscheidung. Man sagte oft über Sie, Sie seien der letzte Liberale im Land. Stimmen Sie zu?
Nein, ich sehe noch viele mit und nach mir.

Warum sind Sie eigentlich in der CDU gelandet und nicht in einer Partei, wo man Liberale nach überlieferter Ansicht vermutet?
Ich hatte immer eine Neigung zur CDU, eine Zeit lang allerdings auch zur SPD.

Was aber vor allem mit der Person von Fritz Erler zusammenhing.
Aber dann hat Oskar Farny, ein Freund meines Vaters und früherer Zentrumsabgeordneter, zu mir gesagt, »Geh doch nicht zu den Roten, du kommst zu uns. Da sind inzwischen auch Evangelische«. Und er wies darauf hin, dass sie auch bei der CDU Demokraten seien.

Hatten Sie mal das Gefühl, dass Sie auch in der SPD hätten glücklich werden können?
Glücklich weiß ich nicht, aber nützlich.

Ich glaube, Sie erwarteten sich von Parteien sowieso nie das Glück.
Nein, ich bin froh, wenn die bei der CDU einigermaßen mit mir zufrieden sind.

Sie arbeiteten mit Filbinger und Kiesinger. Wie beurteilen Sie beide?
Kiesinger war ein ganz bedeutender Mann. Filbinger war fleißig und an den konkreten Problemen interessiert. Das war Kiesinger nicht immer. Ich war ja im Innenministerium. Da hat er mich nur zugezogen zu bestimmten Dingen. Als ich mal mit ihm in den Landtag ging, sagte einer vom Staatsministerium zu mir, ob ich nicht dafür sorgen könne, dass der Mann endlich eine Urkunde unterschreibt. Die liege schon eine Woche herum. Da habe ich dann gesagt: »Herr Ministerpräsident, darf ich mich in tiefer

Demut Ihnen nähern und Sie bitten, dass Sie nebenher die Urkunde unterschreiben? Es ist unbedeutend.« Da sagte er,»dann unterschreibe ich«.

Aber Sie hätten lieber für Filbinger gearbeitet, wurde früher geschrieben.
Es war anders. Bei Kiesinger war der Nachteil, dass er einen überforderte. Dass er mit seinem glänzenden Deutsch sprachlich nicht übertroffen werden konnte. Ich hab auch einiges dazugelernt, aber er hat mich damals viel lehren müssen. Filbinger hat sich selbst zu viel aufgepackt. Aber beide waren ein Gewinn fürs Land. Kiesinger mit einem genialischen Anflug und Filbinger mit seinem Fleiß und seiner großen inneren Kraft.

Sehr imponiert hatte Ihnen Teddy Kollek, Ihr damaliger Amtskollege in Jerusalem.
Mit Kollek war ich fast befreundet. Er war sicher am eindrucksvollsten. Ich habe von ihm viele Briefe und den Titel des Guardian of Jerusalem erhalten. Er hat auch sehr viel getan für die Zukunft der Orientierung der Israelis und der Deutschen.

In Jerusalem gab es Protest gegen Sie.
Als ich den Ehrentitel erhielt, haben im Jerusalemer Rathaus einige demonstriert. Ich sagte zu Kollek:»Da geh ich raus.« Ich bin dann auch hinaus und habe mich mit denen eine Weile unterhalten. Die waren aber sehr freundlich und sagten,»wir haben uns bloß erlaubt, darauf hinzuweisen, dass Ihr Vater ja schließlich Chef der deutschen Armee war«. Ich sagte, mein Vater würde froh sein, dass er nicht bis hierher gekommen ist. Wir haben uns dann freundlich getrennt und Hände geschüttelt.

Ein schönes Beispiel dafür, wie jemand mit der richtigen Einsicht und der richtigen Botschaft die Menschen erreichen und Entspannung bewirken kann.
Wie sollte man sich auch anders verhalten? Es ist halt so, man kann die Verbrechen nicht mehr leugnen und nicht bagatellisieren. Es macht aber auch keinen großen Eindruck, wenn man sagt»Oh, was habe ich für Landsleute! Ich war so gut, die anderen waren so schlecht«.

36

Sie waren und sind ein selbstkritischer Mensch, der Selbstkritik auch von anderen einfordert. Wenn Sie auf 80 Jahre zurückblicken – was für Fehler sehen Sie?

Ich habe keinen Fehler gemacht, den ich nicht versucht hätte wiedergutzumachen oder in seinen Folgen abzumildern oder überhaupt zu korrigieren, sofern ich ihn als Fehler erkannt habe. Das habe ich mir doch beigebracht, dass man nicht an einer Sache desto mehr festhält, je fragwürdiger sie ist. Ich habe natürlich jeden Tag Fehler gemacht. Aber wenn einer kam und sagte »Herr Rommel, das können Sie nicht machen«, und wenn er recht hatte, was häufig der Fall war, habe ich nachgegeben. Man muss die Fehler aber sogar selber suchen.

Das haben Sie schon beim Vater gesehen.

Er hat nach seinen Gefechten und Schlachten immer nach Fehlern gesucht. Am meisten kann man aus eigenen Fehlern lernen, sagte er. Das trifft zu, auch in der Politik. In der Politik beschreiten wir ja unbekanntes Gelände. Wir sind schon lang im weißen Teil der Karte, und wenn man sich dann nicht mal Fehler als Lehrmaterial zumutet, braucht man sich nicht zu wundern, wenn's immer schlimmer wird.

Daher fühlen Sie sich mit sich im Reinen?

Ich habe mich zwar um diese Korrekturen bemüht, aber es gibt natürlich noch viel, was einen davon abhält, sich in vollem Umfang für gut zu erklären.

Viele sind dankbar und stolz auf Sie. Auch die CDU wird versucht sein, darauf hinzuweisen, dass der populäre Manfred Rommel zu ihr gehört, und wird Sie würdigen wollen.

Man soll es nicht übertreiben. Ich bin für meine Arbeit bezahlt worden. Das vergessen manche.

KINDHEIT UND JUGEND
IM NS-STAAT

Wohin sein Weg ihn auch führte – immer war Manfred Rommel einer auf den Fersen, den er nicht abschütteln konnte. Kein Mensch, sondern ein Schatten, der ihn über die Jahrzehnte hinweg begleitete. Er habe, hat Rommel mehr als einmal gesagt, sein ganzes Leben mit dem historischen Bild seines Vaters verbracht. Spätestens von dem Tag an, da Sendboten des Diktators Adolf Hitler den in Ungnade gefallenen Generalfeldmarschall Erwin Rommel aufforderten, seinem Leben ein Ende zu machen – und als der Offizier nach kurzer Bedenkzeit das dargereichte Gift nahm, um dadurch Frau und Sohn vor Hitlers Zorn und vor Sippenhaft zu schützen.

Manfred Rommel war zu diesem Zeitpunkt noch nicht ganz 16 Jahre alt. Man schrieb den 14. Oktober 1944. Deutschland stand kurz vor der endgültigen Niederlage in dem Weltkrieg, den es selbst verschuldet hatte. Erwin Rommel war zum weltweit bekanntesten Deutschen nach Adolf Hitler aufgestiegen, der drei Monate zuvor ein Attentat überlebt hatte und neben den Attentätern auch tatsächliche oder vermeintliche Mitverschwörer und Mitwisser verfolgen ließ. Rommel wurde von Verschwörern nach ihrer Festnahme bei Verhören und abgehörten Gesprächen mit Namen genannt und kam daher zumindest als angeblicher Mitwisser auf Hitlers Racheliste. Dass von ihm über seinen Tod hinaus noch viel die Rede sein würde, lag auf der Hand. Dass auch sein Sohn in den Blickpunkt der Öffentlichkeit geraten könnte, war nicht unwahrscheinlich. So ist es auch gekommen, und in unserer Rückschau auf jene Jahre wird alles von diesen Ereignissen überdeckt.

Ganz anders, ja fast idyllisch war die Lage, als Manfred Rommel zur Welt kam. Sein Vater hatte sich schon im Ersten Weltkrieg als junger Offizier in Frankreich und im Italien-Feldzug ausgezeichnet und fast als einziger Offizier der niedrigeren Dienstränge den Orden Pour le Mérite, den höchsten preußischen Kriegsorden für besondere Verdienste vor dem Feind, erhalten. In Norditalien hatte Erwin Rommel mit seinen Soldaten den Monte Matajur gestürmt und außerdem auf dem Berg Kolovrat die italienische Front durchstoßen.

Sein Ruhm begann sich nach diesen Heldentaten bei der 12. Isonzo-Schlacht mit Macht zu entfalten. Mit häufigen Vorträgen in der Heimat half Erwin Rommel der Erkenntnis dieser Leistungen auch selbst kräftig nach. Die Historiker des Hauses der Geschichte Baden-Württemberg betrachten Rommels Rolle in Italien sogar schon als Urknall des Rommel-Mythos. Die Siege und Niederlagen auf dem Felde während des Zweiten Weltkriegs, die medial und propagandistisch mit ganz neuen Mitteln ausgeschlachtet werden und ihn in der Welt als »Wüstenfuchs« bekannt machen sollten, lagen aber noch vor ihm – wie Deutschlands Abmeldung aus der zivilisierten Welt.

Die Familie Rommel an Heiligabend in Dresden

Es war der Heilige Abend des Jahres 1928, als Manfred Rommel in der Landhausstraße 122 im Stuttgarter Osten geboren wurde. Ein Ereignis, das den Offizier Erwin Rommel und seine Ehefrau Lucie Maria so sehr berührte wie viele andere Eltern die Ankunft ihrer Kinder auch. Ein Ereignis also, das den kleinen Manfred zum Star machte. Seine Eltern nahmen ihn sehr wichtig, gestand er später. Besonders sein Vater sei von ihm schon früh begeistert gewesen. In jeder Lebenslage, selbst auf dem Nachttopf, hat er den familiären Thronfolger fotografiert.

Der Kleine wurde reich beschenkt. Es galt ja auch, den Buben für die recht ungünstige Konstellation zu entschädigen, dass er ausgerechnet an dem Tag Geburtstag feierte, an dem abends ohnehin Geschenke unter dem Christbaum liegen. Der kleine Manfred erhielt morgens und abends Geschenke. »Natürlich nicht so, dass ich morgens den linken Schuh und abends den rechten erhalten hätte«, erinnerte sich Manfred Rommel im Jahr 1999. »Meine Eltern, besonders mein Vater, haben mir die Bedeutung dieses Geburtstags in so leuchtenden Farben geschildert, dass ich das als Auszeichnung empfunden habe.« Der Bub konnte sich unter diesen Bedingungen also auch am Heiligen Abend so richtig wohlfühlen. Als Einzelkind, mag man denken, war ihm das ja auch in die Wiege gelegt.

Richtig ist, dass Manfred Rommel als Einzelkind aufwuchs. Und doch war er nicht das einzige Kind von Erwin Rommel. Der junge Held hatte bereits seit Dezember 1913 eine Tochter aus einer Liebesbeziehung in Weingarten, wo der 21-Jährige als einfacher Soldat stationiert gewesen war. Die Mutter des Kindes war Bedienung in einem Lokal. Rommel lernte sie 1910 bei einer Theateraufführung kennen. Er verliebte sich in sie und schrieb ihr, wenn sie getrennt waren, leidenschaftliche Liebesbriefe.

Was seine Freundin Walburga Stemmer möglicherweise nicht wusste: Bereits 1911 hatte Rommel Lucie Mollin kennengelernt, als er in Danzig einen Lehrgang besuchte. Zum Zeitpunkt, da in Weingarten seine Tochter Gertrude zur Welt kam, kannte er Lucie bereits zwei Jahre. Im November 1916 heiratete er sie. Gertrude wuchs bei der Großmutter auf und wurde als Nichte von Erwin Rommel ausgegeben, der sich als vorgeblicher Onkel des Kindes annahm.

>> *Totalitäre Systeme haben demonstriert,*
wie verführbar der Mensch ist,
wenn der moralische Kompass nicht mehr funktioniert.«

Selbst nach dem Krieg, als die Historiker sich mit Rommel befassten, drang diese Episode in Weingarten kaum ins Bewusstsein der Öffentlichkeit. Später schlug sie sich in der einen oder anderen Veröffentlichung und in Internetlexika nieder. Im März 2012 sollte die Familie Rommel schlagartig erneut damit konfrontiert werden. Gertrudes Sohn, als 72-Jähriger in Kempten im Allgäu lebend, offenbarte der Leserschaft der »Bild«-Zeitung, dass seine Oma »die Geliebte von Rommel« war. Walburga habe sich 1929 das Leben genommen, berichtete er, um die gemeinsame Tochter Gertrude aber habe sich Erwin Rommel stets rührend gekümmert.

Klar im Mittelpunkt stand für Erwin und Lucie Rommel von Weihnachten 1928 an aber der Sohn Manfred, der als Baby mit den Eltern nur etwa ein Jahr in Stuttgart wohnte. Die Offiziersfamilie musste eben häufig umziehen in den Jahren 1928 bis 1943: nach Dresden, wo Erwin Rommel als Infanterie-Lehrer wirken durfte, nach Goslar, wo er 1933 Kommandeur des Jägerbataillons wurde, nach Potsdam, wohin er zur dortigen Kriegsschule wechselte, und schließlich nach Wiener Neustadt, wo er Kommandeur der Kriegsschule wurde.

Stolze Eltern ihres Sohnes waren Erwin und Lucie Rommel überall. Und stolze Eltern neigen nicht nur dazu, ihr Kind besonders zu verwöhnen, sondern ihm auch Ersatz für fehlende Geschwister zu verschaffen. Den offerierten Hund lehnte Manfred, als er der Wiege entwachsen war, aber entschieden ab. Zeit seines Lebens mochte er Hunde nicht, denn er misstraute ihrem Charakter. In der Burg von Wiener Neustadt fühlte sich der Bub eine Zeit lang von einem Bernhardiner wiederholt in die Flucht und förmlich in die Schule getrieben, vor den Augen der väterlichen Berufskollegen auf dem Kasernengelände als Feigling entlarvt.

Manfred im Alter von etwa drei Jahren

Doch Erwin Rommel meinte, die Verantwortung für ein Tier würde seinem Sohn guttun. Dass Manfred sich vom Bernhardiner gejagt fühlte, führte der Vater auf unsicheres Auftreten und mangelnden Mut zurück. Er wurde nicht müde, vom Sohn kleine Tapferkeitsbeweise zu fordern. Schon im Alter von drei Jahren hatte er den Buben versuchsweise auf sein Pferd gesetzt. Als der Junge etwa acht war, versuchte Erwin Rommel ihm auf dem Gelände der Kriegsschule in Potsdam das Reiten beizubringen. Doch Manfred mochte das zum Beißen neigende Pferd nicht, und seine Abneigung erwies sich bald als berechtigt. Das Tier warf ihn ab und trat nach ihm. Der Bub blieb mit einem Fuß im Steigbügel hängen, ein Huf streifte ihn an der Stirn. Heftig blutend kam der unglückliche Reiter ins Krankenrevier der Kriegsschule, wo sich die Verletzung als vergleichsweise harmlos erwies. Dennoch erinnerte sich Manfred Rommel später, er habe seinen Vater nie so konsterniert, beinahe fassungslos erlebt.

Der Vater versuchte Manfred auch noch zu anderen sportlichen Aktivitäten als dem Reiten zu bewegen, etwa zum Skifahren oder zum Sprung vom Drei-Meter-Brett im Schwimmbad der Kriegsschule Potsdam. Der Nichtschwimmer, damals vielleicht etwa acht oder neun Jahre alt, verweigerte, obwohl mit einem Schwimmgurt ausgerüstet, den Sprung ins Wasser. Daran änderte auch das Versprechen des Vaters nichts, dass er ihn notfalls schon aus dem Wasser holen werde. Der Sohn wollte erst sehen, dass der Vater sich vorbereitet und die Stiefel auszieht. Der Vater mochte sich vor den Untergebenen aber nicht seiner Stiefel entledigen, berichtete Sibylle Krause-Burger 1982 in ihren »Biographischen Skizzen« über Rommel. Aus dem Vorfall schloss sie, dass der Bub bei dieser Gelegenheit einen zwar nicht triumphalen, aber wichtigen Sieg über den Offizier errungen habe, der noch den erwachsenen Manfred Rommel mit einer gewissen Genugtuung erfüllt habe.

> *»Der Preis der Freiheit ist der Mut.*
> *Das gilt weiterhin.«*

Immer und überall, wo der Vater diente, ist es jedenfalls Manfreds Los gewesen, als Sohn eines mutigen Mannes auch mutig sein zu müssen, klagte er später. Wenn er einmal die Angst besiegt hätte, signalisierte ihm der Vater, werde er nie mehr von ihr befallen. Dabei legte es der Vater gar nicht darauf an, den Sohn zum Berufssoldaten zu programmieren. Im Gegenteil. Schon Manfreds Lispeln, das den Sohn nicht einmal im Erwachsenenalter störte und das seine Zuhörer sogar eher aufhören als abschalten ließ, schien dem Vater ein Warnzeichen zu sein. Gelispelte Befehle? Da könnte die Respektsperson ja zur Lachnummer werden! Erwin Rommels väterlicher

Ehrgeiz für den Sohn speiste sich aus anderen Überlegungen und Vorlieben als dem Soldatentum.

Der Offizier hegte eine Leidenschaft für die Mathematik und alles Technische, hatte schon in jungen Jahren als Rechengenie gegolten. Dem kleinen Manfred diente er unter anderem Baukästen zum Spielen an. Doch der Bub mochte lieber Zinnsoldaten und andere Spielsachen, die heutzutage als Kriegsspielzeug betrachtet werden. Dennoch versuchte der Vater, etwas von seinen Fähigkeiten an den Sohn weiterzugeben,

Manfred in seinem 12. Lebensjahr

wenngleich er in seiner oft als widersprüchlich beschriebenen Erziehungsweise durchaus auch mit der Note »ausreichend« beim Filius leben konnte.

Aber meistens hatte es Manfred Rommel mit der etwas strengeren Mutter zu tun. Sie war immer präsent, Erwin Rommel dagegen viel unterwegs, oft weit weg im Krieg. Zu der Mutter, die in diesen Zeiträumen dann daheim das Regiment führte, fühlte sich Manfred Rommel immer sehr hingezogen, obwohl sie in ihrer preußischen Art durchaus streng sein konnte.

Erwin Rommel griff dann in die Erziehung des Sohnes ein, wenn er Urlaubstage mit der Familie verbrachte oder zur Genesung von Verletzungen daheim weilte. Noch im September 1944, gezeichnet von den Folgen einer Kriegsverletzung und schon für Hitlers Todesliste vorgemerkt, versuchte der Vater dem nunmehr 15-jährigen Manfred das Wesen der Differential- und Integralrechnung beizubringen.

Das gelegentliche Liebäugeln seines Sohnes mit der Karriere eines Berufssoldaten unterstützte er also gar nicht. Er ermunterte ihn vielmehr, lieber einen anderen Beruf anzustreben. Eigentlich müsse er eher zum Zirkus gehen, empfahl Rommel seinem schalkhaften Sohn, wenn auch nicht ganz ernsthaft, sogar einmal. Doch als Manfred Rommel die Kindheit hinter sich gelassen hatte und ein junger Bursche geworden war, traten dringendere Fragen in den Vordergrund.

Die Umtriebe der Nationalsozialisten und der Krieg wirkten mehr und mehr in das Leben der Menschen und auch in jenes der Familie Rommel ein, obgleich der Junge von dem politischen Umbruch 1933 und der Übertragung der politischen Macht auf Adolf Hitler zunächst keine Veränderungen für das Familienleben wahrgenommen hatte.

Als der Reichskanzler Adolf Hitler 1934 nach Goslar kam, schritt Erwin Rommel mit ihm die Ehrenformation des Jägerbataillons ab. Seine Ehefrau und sein Sohn aber haben Hitler nie von Angesicht zu Angesicht gesehen, erinnerte sich Manfred Rommel. Dagegen war Lucie Rommel, die mehr auf Teilhabe am gesellschaftlichen Leben erpicht war als Erwin Rommel, mit ihrem Mann Gast beim Reichspropagandaminister Joseph Goebbels, der ihnen im Herbst 1942 voller Stolz seine Kinder vorführte.

Die Aufnahme des jungen Manfred in die Nationalpolitische Erziehungsanstalt (Napola) lehnten Erwin und Lucie Rommel ab. Sie wollten ihn nicht von daheim ziehen lassen, und der Sohn war dankbar dafür. Sein Verhältnis zur nationalsozialistischen Bewegung war wohl das eines jungen Menschen, der nach seiner Rolle sucht und deshalb leichtere Beute für den Zeitgeist ist als ein Erwachsener, obwohl sich damals Deutsche allen Alters täuschen ließen oder gar bereitwillig in die Tasche logen. Die Politik war, wie zumindest Manfred Rommel es geschildert hat, lange Zeit kein großes Thema im Hause von Erwin Rommel, der – wie alle deutschen Berufssoldaten in jener Zeit – kein Wahlrecht besaß. Seine Tante Helene wiederum nahm der Junge so wahr, dass sie vom Führer und vom Nationalsozialismus alles andere als begeistert war.

1941 vor der Villa in Wiener Neustadt

44

Der Bub wunderte sich zwar, warum in Wiener Neustadt ein Kamerad beim Deutschen Jungvolk – blauäugig und blond, jedoch halbjüdischer Herkunft – nicht Jungenschaftsführer und bestätigter Oberhordenführer werden konnte wie er selbst. Im Grunde, schrieb Rommel in seinen »Erinnerungen«, hing er aber weiter der Meinung an, dass im nationalsozialistischen Staate alles bestens bestellt sei. Kein Wunder: Der Massenmord an den jüdischen Deutschen wurde – jedenfalls nach Rommels subjektiver Erinnerung – erst spät ein ausdrückliches Thema in der breiten Öffentlichkeit, obgleich die sichtbare Judenverfolgung durch Beschimpfung, Verhöhnung, Beraubung und Deportierung von Anfang an nur schwer übersehen werden konnte. Sie sei von den im späteren Stadium gleichgeschalteten Medien freilich nur wenig behandelt worden – und im Zweifel als angeblich rechtmäßige Gegenwehr des NS-Staats verteidigt worden, wie Manfred Rommel es sich im Rückblick erklärte.

»Es gehört manchmal mehr Mut dazu,
sich nicht zu trauen, als sich zu trauen.«

Anfang 1943 rückte er, weil irrtümlich für älter gehalten, als 14-Jähriger zur Ausbildung an der Zwei-Zentimeter-Flak an den Neusiedler See aus. Und wie das so ist in diesem Alter: Er empfand Stolz und fühlte sich sehr erwachsen. Nach kurzer Zeit schickte man ihn zwar wieder nach Hause, machte ihn jedoch zu Beginn des Jahres 1944 als nunmehr 15-Jährigen zum Luftwaffenhelfer. Mit einer Flakbatterie in Ulm ging Manfred Rommel in Stellung.

Mit der Einberufung zur Flak hatte Manfred Rommel nach eigener Auskunft die Bemühung um Bildung vorläufig eingestellt. Als Ladekanonier für das neunte Geschütz der Flakbatterie Ulm fand er zwar noch nicht Bildung fürs Leben, aber einen Freund fürs Leben: Der Kontakt zum damaligen Geschützführer und späteren Ulmer Oberbürgermeister Ernst Ludwig riss nie mehr ab. Auch die Tatsache, dass Manfred Rommel ungefähr so geschickt und zuverlässig das Geschütz bediente wie er viele Jahre später bei der Volksfesteröffnung in Bad Cannstatt mit dem Schlegel den Zapfhahn ins Fass treiben sollte, tat der Kameradschaft bei den Luftwaffenhelfern kaum Abbruch.

Luftwaffenhelfer Manfred Rommel, 1944

Wenige Monate vor seinem Tod bewahrte der Generalfeldmarschall seinen Manfred vor einem unbedachten Schritt. Zu einer Zeit, da alle halbwegs kriegstauglichen Männer mobilisiert wurden, wollte der Sohn freiwillig zur Waffen-SS. »Sie hatten so schöne Uniformen. Sie waren gefürchtet – und das hat mich eben fasziniert«, gestand Manfred Rommel im Jahr 1999, »die Ober- und Untersturmführer hatten so eine besondere Mütze, und sie haben sich auch den ›deutschen Gruß‹ gegenseitig auf sehr lässige Art erwiesen.«

Von seiner Seite aus habe es sich beim Wunsch, zur Waffen-SS zu gehören, um ein reines Nachäffen gehandelt. Der »erschütterte« Vater warnte ihn davor, sich einer politisch gesinnten Truppe anzuschließen, und empfahl die Wehrmacht. »Wenn ich bei der Wehrmacht bin, dann kannst du auch bei der Wehrmacht, beim Heer, sein«, hat Erwin Rommel seinem Sohn nach dessen Erinnerung gesagt. Bei dieser Gelegenheit habe der Vater ihm auch offenbart, was er selbst über die Erschießung von polnischen Juden und sogar über die Ermordung von Juden durch Gas gewusst habe, erinnerte sich Manfred Rommel. Letztendlich ließ er sich vom Vater überzeugen. Erwin Rommel stornierte Manfreds Beitrittserklärung.

»Ich bin nicht der Meinung, dass es die Aufgabe der Söhne ist,
die vorausgegangene Generation anzuklagen,
und ich glaube auch nicht,
dass sich darin eine besonders fortschrittliche Gesinnung ausdrückt.«

Er wollte seinen Sohn, so hat es dieser später interpretiert, freiheitlicher erziehen, als es ihm selbst vergönnt gewesen war. Wenn man den damaligen Zeitgeist bedenke

und Erwin Rommels Soldaten-
beruf, müsse man seinen Vater als
ungewöhnlich tolerant bezeichnen, meinte Manfred Rommel.
Vielleicht wurde das ja zu einem
Impuls für den Sohn. Seine üppige
Toleranz hat sich der Offiziers-
sohn aber unter dem Einfluss der
Zeitläufte später erworben. Dennoch: Wenn Manfred Rommel erzählt, sind wir mit einem anderen
Menschen konfrontiert als erwartet. Der Offizier, der als Komman-

Im Garten des Hauses in Herlingen bei Ulm

deur des Jägerbataillons Goslar auf seinem Pferd dem Sohn fast wie ein Kriegsgott
erschien, tritt in den Hintergrund. Auch der »Wüstenfuchs«, der in Afrika von der
deutschen Fernseh-Wochenschau als Held in Ledermantel und mit Marschallsstab in
Szene gesetzt wurde. Sicher, Befehle mag er auch bei seinen Gastspielen im Familien-
heim erteilt haben. Doch Manfred Rommel zeichnete ein für uns eher überraschendes
Bild des Vaters. Dem fähigen Soldaten und Truppenführer waren demnach auch In-
telligenz, Fantasie, Leidenschaft, Besonnenheit, Verantwortungsgefühl und Charisma
zu eigen. Vor allem aber: »Er hasste niemand.«

»Fast freundschaftlich« wurde das Verhältnis zwischen Erwin und Manfred Rommel in den Wochen im Sommer 1944, als der verletzte Offizier in Herrlingen Genesung suchte, wohin er den Haushalt im Jahr zuvor beordert hatte, damit Ehefrau
und Sohn jetzt näher bei ihrer Verwandtschaft in Württemberg seien. Es waren Wochen der Entscheidung über Erwin Rommels Leben – und damit auch über Manfred
Rommels künftigen Weg. Es waren die Wochen, die Manfred Rommels Leben so
stark veränderten wie nichts zuvor.

Am 17. Juli 1944 war Erwin Rommels Wagen in Frankreich von Tiefffliegern angegriffen worden und von der Straße abgekommen. Der Offizier hatte eine Gehirn-
erschütterung, einen Schädelbasisbruch und Verletzungen im Gesicht erlitten. Als am

20. Juli das Attentat der Widerstandsgruppe um Claus Schenk Graf von Stauffenberg auf Adolf Hitler scheiterte, lag der Generalfeldmarschall bewusstlos im Lazarett. Unterdessen geriet er in Verdacht, Kontakte zum Widerstand zu haben. Eine Liste, auf der sein Name für eine spätere Schlüsselfunktion in der Staats- oder Wehrmachtsführung notiert gewesen sein soll, dürfte sich besonders verhängnisvoll für Rommel ausgewirkt haben. Aus dem Lazarett wurde er nach Herrlingen entlassen.

Eines der letzten Fotos der Familie vor Erwin Rommels Tod

In den Nächten, in denen er infolge seiner Kopfverletzung nicht schlafen konnte, unterhielt sich Erwin Rommel oft stundenlang mit seinem Sohn und mit seinem Ordonnanzoffizier Aldinger. Das Beispiel des Generals Karl-Heinrich von Stülpnagel vor Augen, der sich töten wollte, um Hitlers Rache gegen die Verschwörer und gegen ihre vermeintlichen Komplizen zu entgehen, der sich dabei aber nur des Augenlichts beraubte, sprach Erwin Rommel auch darüber, dass man sich besser durch den Mund erschieße als durch die Schläfe. Der Sohn begann da zu erkennen, dass der Vater selbst damit rechnete, auf Hitlers Befehl getötet zu werden.

HITLER NIMMT IHM DEN VATER

Hitlers Handlanger kamen an einem Samstag gegen 11 Uhr nach Herrlingen, angekündigt vom Oberkommando der Wehrmacht. Mit ihrem Erscheinen hatte Erwin Rommel ja, wie gesagt, früher oder später gerechnet, bisweilen sogar mit seiner Frau darüber gesprochen, wie Hitler es wohl anstellen würde, ihn zu beseitigen. Mit dem Ausschluss aus der Wehrmacht und einem öffentlichen Prozess vor dem Volksgerichtshof, wie er gegen Verschwörer des 20. Juli inszeniert wurde, rechnete Rommel nicht. Es würde ja auch als öffentliches Signal dafür verstanden werden, dass der Krieg verloren sei, lautete sein Kalkül. Außerdem hätte es gerade das dokumentiert, was in Hitlers Interesse nicht bekannt werden sollte: die Abwendung des populären Kriegshelden vom Machthaber. Daher vermutete Erwin Rommel, dass Hitler auf andere Weise versuchen würde, ihn beiseitezuschaffen. Gewiss aber werde er sich nicht widerstandslos über den Haufen schießen lassen, soll der Offizier seiner Familie erklärt haben.

Die Generäle Wilhelm Burgdorf und Ernst Maisel setzten auf andere Waffen. Sie unterhielten sich allein mit Erwin Rommel und erklärten ihm, es lägen genügend Beweise für seine Beteiligung an der Verschwörung und am Attentat gegen Hitler vor. Wegen Rommels Verdiensten in den Afrika-Feldzügen biete der Führer aber an, dass der Generalfeldmarschall durch Gift sterben könne, dass sein Tod mit einem Hirnschlag erklärt werde und dass er ein Staatsbegräbnis erhalte. Dann würden auch nicht die üblichen Maßnahmen gegen die Familie des Verschwörers ergriffen. Falls aber die Wahrheit durchsickere, würden alle Mitwisser als gefährliche Zeugen beseitigt. Zur selben Zeit meldeten zwei Herrlinger Bürger der Familie, bewaffnete Zivilisten seien dabei, in der Umgebung Straßensperren zu errichten. Der »Wüstenfuchs« Rommel saß in der Falle.

Was dann in Herrlingen geschah, war Familientragödie, deutsche Geschichte und Fanal zum vollendeten Mythos Erwin Rommel. Der Mann, der es gewohnt war, binnen kürzester Zeit die Lage zu beurteilen, schwerwiegende Entscheidungen zu erwägen und die Folgen durchzuspielen, handelte auch am Ende seiner Möglichkeiten sehr schnell. Zuerst nahm er Abschied von seiner Frau. Während Lucie im elterlichen Schlafzimmer zurückblieb, sprach Erwin Rommel mit seinem Sohn und mit seinem Adjutanten Aldinger, einem Kriegskameraden gleichen Alters aus dem Ersten Weltkrieg. Widerstand zu leisten lehnte er ab. In zehn Minuten werde er tot sein, sagte er. Er gab den beiden die Hand.»Er sah mir lange in die Augen, ohne sich zu bewegen«, schrieb Manfred Rommel in seinen Erinnerungen. Dann stieg Erwin Rommel in einen Wagen und drehte sich nicht mehr um. Wenig später kam erwartungsgemäß der Anruf, Erwin Rommel sei während der Fahrt an einer Gehirnblutung in Folge seiner Kriegsverletzung gestorben. Der Leichnam liege in Ulm in einem Reservelazarett.

Der Vater tot – in diesem Moment hat Manfred Rommels Leben wahrscheinlich eine noch drastischere Wendung genommen, als er es zunächst vermutet haben dürfte. Denn der Name Rommel, der vorher für einen treuen Gefolgsmann Hitlers stand, bezeichnete jetzt auch ein Opfer des Diktators. Er wurde zur Chiffre für ein ungelöstes deutsches Rätsel. Nicht mehr wegzudenken aus dem Geschichtsbuch des deutschen Grauens. Mit solch einer mythischen Gestalt zu konkurrieren, sich zugleich von dem Vater abzulösen, wie es Jugendliche dieses Alters in der Regel tun müssen, wird zu einer fast unlösbaren Herausforderung. Ganz sicher aber hat in jenen Tagen das Bild, das Manfred Rommel von diesem Staatswesen in der Geiselhaft von Verbrechern hatte, noch einige kräftige Pinselstriche erhalten.

Staatsbegräbnis für den Vater

In Ulm inszenierten Hitlers Helfer ein Staatsbegräbnis für den Kriegshelden, das an Verlogenheit kaum zu überbieten war, dessen wahrer Charakter sich der Öffentlichkeit aber nicht erschloss. Man musste vielmehr den Eindruck haben, hier werde einer ihrer Helden vom Staate, dem er gedient hatte, mit der ihm gebührenden Ehre verabschiedet. Ein Trauerzug mit dem Sarg Erwin Rommels bewegte sich durch die Stadt, an deren Straßen viele Menschen weinten. Rommels Adjutant trug auf einem schwarzen Kissen die Orden des Generalfeldmarschalls zum Ulmer Rathaus.

Generalfeldmarschall Gerd von Rundstedt, der noch Anfang Juli 1944 Rommel erklärt haben soll, der Führer könne ihn mal, sagte jetzt beim Verlesen der ihm zu-

Am 18. Oktober 1944 bieten Hitler und seine Helfer den Deutschen eine trügerische Inszenierung in Ulm: Der Kriegsheld Erwin Rommel bekommt ein Staatsbegräbnis. Dass er gezwungen wurde, Gift zu nehmen, ist noch streng geheim.

gestellten Rede über Rommel: »Sein Herz gehörte dem Führer.« Am folgenden Tag hieß es in einem Tagesbefehl Hitlers für die Truppe: »Mit ihm ist einer unserer besten Heerführer hingegangen. Sein Name ist im gegenwärtigen Schicksalskampf des deutschen Volkes ein Begriff für hervorragende Tapferkeit und unerschrockenes Draufgängertum geworden.«

Von Rundstedt, Hitlers Stellvertreter beim Staatsakt, erklärte später allerdings, er habe nicht gewusst, wie Rommel wirklich gestorben sei. Andere, glaubt Manfred Rommel, waren jedoch im Bilde über die Hintergründe für diese »makabere Komödie«. Auch die Ärzte und Schwestern im Lazarett. Sie seien unter Druck gesetzt worden, die Spuren der Vergiftung zu beseitigen und auf dem Totenschein eine falsche Todesursache anzugeben. Der Inszenierung fügen musste sich natürlich auch Erwin Rommels Familie. »Wir hatten die Rolle der um den Helden trauernden Hinterbliebenen zu spielen«, schrieb Manfred Rommel. Tränen verbot er sich. Bei so einem

Abschied zu weinen, sei damals nicht üblich gewesen. Er war so erzogen, sich unter Kontrolle zu halten. Damals habe er ein naives Erstaunen empfunden, dass im Deutschen Reich ein Possenspiel wie dieser Staatsakt möglich war. Die Teilnahme daran zu verweigern, wäre freilich dumm gewesen. Dann wäre Erwin Rommels Kalkül, sich in den eigenen Tod zu fügen und damit die Angehörigen zu schützen, nicht aufgegangen. So aber entgingen Rommels Frau Lucie und der Sohn vermutlich der Deportation in eines der Konzentrationslager – im Gegensatz zu anderen Angehörigen von Verschwörern. Nur enge Verwandte und Freunde wurden von Lucie und Manfred Rommel in die wahren Umstände von Erwin Rommels Tod eingeweiht.

Nach der Tragödie wieder im Kriegseinsatz

Der Krieg, der für die Deutschen längst aussichtslos geworden war, ging weiter. Hitler, dem Attentat entgangen, sei nun mächtiger gewesen denn je, erklärte Manfred Rommel später. Er selbst stand nach dem Staatsbegräbnis noch einige Zeit seiner trauernden Mutter bei, musste sich dann aber wieder bei seiner Flakstellung in Ulm einfinden. Plötzlich bemerkte er, dass doch einige Kameraden recht kritisch gegen die NS-Führung eingestellt waren.

Ab Herbst 1944, schrieb Manfred Rommel in seinen »Erinnerungen«, hatten sie es zunehmend mit feindlichen Tieffliegern zu tun. 1945 wurde die Flakstellung bombardiert, die allerdings schon geräumt worden war. Die Luftwaffenhelfer spürten dennoch den Hauch des Todes. Einige von ihnen starben auf Hochständen über einer Ulmer Fabrik, die aus großer Höhe bombardiert wurde. Andere verloren ihr Leben, als sie in Leipheim nach dem ersten Bombenteppich ihre Stellung verließen und von der zweiten Welle des Bombardements, das den in der Erprobungsphase fliegenden neuen deutschen Strahlflugzeugen vom Typ Me 262 galt, erfasst wurden.

Häufig erzählt wurde später ein Vorfall bei der Flak, der wie geschaffen schien, Rommels mangelnde Eignung fürs Kriegshandwerk und seine Eignung fürs Zivilisten-Dasein zu belegen. Das Geschütz, an dem Rommel diente, hatte plötzlich Ladehemmung, und das ausgerechnet in dem Moment, in dem sich ein feindliches Flugzeug näherte. Der junge Mann konnte von Glück sagen, dass die Sache keine disziplinarischen Folgen hatte.

Ende 1944 erhielt die Batterie den Befehl, den Raum Ulm zu verlassen und zum Flugplatz Memmingen zu ziehen, wo Piloten an der Me 262 ausgebildet wurden. Im Einsatz, schrieb Rommel später, erlebte er diese Maschine nie. Dafür bekam er drastisch die Kälte des Allgäuer Winters in einer Baracke mit kaputten Fenstern zu spüren. Dazu offerierte die Armee verdorbenes Dauerbrot. Die Moral der Truppe im Allgemeinen und des Luftwaffenhelfers Rommel im Besonderen war auf dem Tiefpunkt.

»Das Moralisieren kann in Deutschland auf eine lange, verhängnisvolle Geschichte zurückblicken, die in Adolf Hitler ihren Höhenpunkt fand.«

Ende Februar 1945 entließ die Heimatflak ihre Helfer. Manfred Rommel hatte das Wissen erworben, wie man Handgranaten wirft, ohne Gefahr zu laufen, dass sie in der Hand detonieren. Bei der Flak habe er sich aber auch die Fähigkeit angeeignet, anderen Menschen zu vertrauen und andererseits stets ein gewisses Misstrauen zu hegen gegen alles, was von oben kommt, schrieb er später. Schließlich auch das Bedürfnis, rechtzeitig Deckung zu suchen, wenn es gefährlich wird.

Die erworbenen Fertigkeiten konnte Rommel gleich anschließend von März 1945 an beim Reichsarbeitsdienst in Reutlingen einsetzen, wo er zudem noch lernte, in abenteuerlicher Aufmachung Dienst zu tun: in alten Uniformen, in Stiefeln, die er verdächtigte, bereits am Ersten Weltkrieg im Russlandfeldzug mitmarschiert zu sein, und in einem Mantel aus tschechischen Armeebeständen.

Längst hatte der Sohn des Generalfeldmarschalls »die Schnauze bis oben voll«. Sein Plan war es im Einverständnis mit der Mutter, sich aus der Einheit davonzustehlen. Allerdings erst dann, wenn Ulm in der Hand der Alliierten wäre und die Familie des Deserteurs keine Repressalien durch das Deutsche Reich mehr zu erwarten hätte. Rommel wollte sich dann entweder nach Herrlingen durchschlagen oder sich vom katholischen Pfarrer in Tannheim verstecken lassen. Bei diesem handelte es sich um einen Bruder von Oskar Farny, ein Freund der Familie, der Lucie Rommel beim Staatsakt in Ulm Stütze gewesen war. Zunächst aber musste der junge Mann, inzwischen sechzehneinhalb Jahre alt, seine Ausbildung in Calw fortsetzen. Als die Front

näherrückte, erhielt die Gruppe den Marschbefehl nach Meßkirch. Kaum dort einge-
troffen, hörte Rommel im Radio die Nachricht, dass die US-Truppen sich Ulm näher-
ten. Der Countdown zur Flucht war angestimmt. Das erste Marschziel von Rommel
und zwei Gleichgesinnten aus dem Ulmer Raum war Riedlingen, wo einer von ihnen
Verwandte hatte. Noch war es nicht ganz so weit, doch die Erlebnisse in Meßkirch
konnten die angehenden Deserteure nur in ihrer Absicht bestätigen.

»Menschlicher zu werden,
sollte das Ziel jeder Bildung sein.«

Nachts wurden sie dort Zeugen eines »Elendszugs« von KZ-Häftlingen. SS-Soldaten
mit Hunden trieben sie durch den Wald – auf dem Rückzug ins Nirgendwo, weil das
Konzentrationslager vor den anrückenden Feinden geräumt werden musste. Dass die
Wachmannschaften angesichts des Niedergangs des Deutschen Reiches ihrem Auf-
trag noch nachkamen, obwohl sie selbst mit ihrer Gefangennahme binnen weniger
Tage rechnen mussten, gehörte für Rommel zu den bemerkenswerten Erlebnissen in
dieser Zeit. Der Gedanke, den Befehl zu verweigern, sei ihnen trotz der absehbaren
Entwicklung wohl gar zu ungeheuerlich gewesen.

Der Offizierssohn desertiert

Die Stunde der Deserteure schlug Ende April 1945. Gerade hatte Hitler in einem
Tagesbefehl zu seinem 56. Geburtstag noch Hoffnung zu erwecken versucht, dass
Berlin deutsch bleibe und Wien wieder deutsch werde, erinnerte sich Rommel. Seine
Reichsarbeitsdienst-Abteilung räumte Meßkirch. Bei einer Pause nutzten Rommel
und seine Gefährten die Gunst der angebrochenen Dunkelheit, ließen Gewehre und
Munition zurück und suchten das Weite.

Die neue Lage machte Rommel, der im Geiste mit seinem Vater Kriegsrat hielt,
zunächst ein wenig zu schaffen. Dann aber sagte er sich, dass der Vater sein Handeln
gutheißen würde. »Das beruhigte mich sehr.« Wie er in jenen Tagen über das Land
marschierte, hat Rommel selbst bildlich beschrieben: hinkend und schlürfend, auf
der Nase statt der angestammten Brille eine Gasmaskenbrille, deren Gestell mit zwei

Bändern hinter den Ohren befestigt war. Kurzum: »Ich sah aus wie die personifizierte Niederlage.« Bald darauf ging der Krieg für ihn zu Ende. Aus dem Deserteur, der sich auf seinem Marsch durch die letzten zum Durchhalten entschlossenen deutschen Soldaten gefährdet fühlen musste, wurde ein prominenter Kriegsgefangener.

In französischer Obhut

Die letzten Deutschen, die noch Befehle von oben ausführten, brachen im eigenen Land Brücken ab. Was einst mühsam gebaut worden war, musste weichen, auf dass der Feind nicht so schnell vorankomme. Das war in Riedlingen nicht anders, doch die Franzosen ließen sich nicht lange aufhalten. Als sie die Donau überwunden hatten und in der Stadt einmarschierten, befand sich Manfred Rommel unter den Zuschauern. Er war in Zivil gekleidet, aber trotzdem kein völlig Unbekannter. Einigen Gesprächspartnern hatte er zuvor seine Identität offenbart und berichtet, dass sein Vater nicht mehr lebe.

Aus dieser Zeit liegt dem Autor die – allerdings nicht handschriftlich unterzeichnete – Kopie einer eidesstattlichen Erklärung von Manfred Rommel vor, die am 27. April 1945 in Riedlingen entstand. Darin schilderte Rommel den Hergang am 14. Oktober des Vorjahres. Aus seinem letzten Gespräch mit dem Vater berichtete er, wie frühere Offizierskollegen, die ihrerseits beschuldigt wurden, Erwin Rommel belastet hätten. So sollen Rommels früherer Generalstabschef Speidel und General von Stülpnagel angeblich ausgesagt haben, Rommel sei am Attentat am 20. Juli führend beteiligt gewesen, seine direkte Teilnahme nur wegen seiner Verwundung verhindert worden. Außerdem solle Erwin Rommel laut Hitlers Abgesandten in der Liste des Hitler-Gegners Carl Goerdeler als künftiger Ministerpräsident bezeichnet worden sein. Manfred Rommels Erklärung bezeugten Paul Reeb, ein Notar und Bürgermeister der Elsass-Gemeinde Guebwiler, den die Nazis deportiert hatten, sowie der Riedlinger Fritz Herold. Das passt zu Manfred Rommels Erinnerung, dass er sich in Riedlingen einem Deportierten aus dem Elsass offenbart habe und einem Gesprächspartner aus Riedlingen, der sich als Mitglied der Widerstandsbewegung bezeichnet habe. Die Richtigkeit der Abschrift bezeugte in Riedlingen Bürgermeister Fischer.

Nach der Niederschrift wurde Manfred Rommel der französischen Armee übergeben. Um sich Gewissheit darüber zu verschaffen, ob er wirklich der Sohn des Generalfeldmarschalls sei, tarnten die Franzosen den jungen Rommel und fuhren ihn nach Herrlingen. Dort trat er, als französischer Soldat gekleidet, seiner Mutter gegenüber, die den Amerikanern in Ulm noch nichts über den Tod ihres Mannes verraten hatte. Sie hatte befürchtet, damit ihrem Sohn zu schaden, falls sich die Enthüllung des Geheimnisses herumsprechen sollte und ihr Manfred noch im Einflussbereich der NS-Regierung wäre. Zwei Stunden blieben Mutter und Sohn für das Wiedersehen. Dann musste Manfred Rommel wieder fort. Sein neues Ziel: Karlsruhe. Der Oberbefehlshaber der 1. Französischen Armee »Rhin et Danube«, General Jean-Marie de Lattre de Tassigny, ließ sich Erwin Rommels Sohn überstellen.

»Der Geist des Mittelalters lebt noch in unseren Köpfen.
Wir sollten uns hinwenden zur Aufklärung.«

Für den General, der einige Jahre später zum Marschall ernannt werden sollte, war der Sohn des früheren Feindes Erwin Rommel kein Gefangener wie jeder andere. Er stellte ihn unter seinen persönlichen Schutz und ließ ihn wissen, er werde ihn aus der Gefangenschaft entlassen, sobald dies politisch möglich sei. Jetzt, am Ende dieses mörderischen Krieges, erschien das alles andere als opportun. Man muss sich ja auch nur den damaligen Kontext in Erinnerung rufen.

Das Verhältnis von Deutschen und Franzosen schien irreparabel zerstört zu sein. Die Wunden aus dem Ersten Weltkrieg, dessen Ende im Jahr 1945 erst 27 Jahre zurücklag, waren bei den Deutschen noch frisch gewesen, als sie den Zweiten Weltkrieg begonnen hatten. Die bittere Schmach der Niederlage schmerzte viele, und der Friedensvertrag von Versailles bot den Vorwand, einen neuen Krieg zu rechtfertigen. Dann lösten die Deutschen ein Inferno aus, in dem sich nur noch die Allermutigsten von menschlichen Werten leiten ließen. Erwin Rommel war überdies lange Zeit der militärische Gegner Nummer eins der Franzosen, soweit sie nicht mit den Deutschen kollaborierten.

Dies in Rechnung gestellt, war es schon eine Vorzugsbehandlung, was die Franzosen Manfred Rommel im Jahr 1945 zuteilwerden ließen. Unter dem unsichtbaren

Schutzschirm des französischen Generals quartierten die Franzosen ihn im Gefängnis von Überlingen, das der Unterbringung der deutschen Kriegsgefangenen diente, nah am Fleischtopf ein: in der Küche. Danach brachten die Sieger ihn nach Lindau in ein Gefangenenlager für Offiziere. Dort konfrontierten die Franzosen Rommel und seine Mitgefangenen mit den Zuständen in den Konzentrationslagern und mit dem Massenmord der Deutschen an ihren jüdischen Mitbürgern. Einige, schrieb Rommel später, hätten versucht, die Verbrechen zu leugnen und die Leichenberge als Folge von alliierten Luftangriffen zu erklären. Doch überwiegend herrschte Betroffenheit – auch bei Manfred Rommel. Wenn sein Vater ihm einmal von solchen Verbrechen erzählt habe, sei es doch stets abstrakt geblieben.»Nun wurde das alles anschaulich, grauenvoll, beschämend.«

Tassigny lotete Rommels Haltung dazu aus, als er sich den Gefangenen in seiner Residenz in Bad Schachen am Bodensee erneut vorführen ließ. Da stand ein junger Mann vor ihm, der sich kurz zuvor bei einem Besuch seiner Mutter und des väterlichen Freundes Oskar Farny im Gefangenenlager in fatalistischer Haltung gezeigt hatte. In ihm war eine Welt zusammengebrochen.

»Optimismus kann man nicht befehlen.
Glaube, Liebe und Hoffnung auch nicht.«

Die Überzeugungen, von denen er sich früher hatte leiten lassen, waren als das Ergebnis von virtuoser Beeinflussung durch verbrecherische Nationalsozialisten enttarnt. Die Ideale, denen er und seine Altersgenossen folgten, waren als Ideologie mit rassistischem Hintergrund entlarvt. Eine neue Orientierung war noch nicht in Sicht. Noch nicht einmal die Rückkehr zu den Werten vor dem Nationalsozialismus war eine Option, hatte sich die Weimarer Republik doch selbst demontiert und als unbrauchbar vorgeführt. Als Modell für die Zukunft kam sie schwerlich infrage. Auf die Zukunft hatte Manfred Rommel, wie man es sehr viel später einmal ausdrücken sollte, allerdings auch null Bock. Die frühere Idee, Offizier zu werden, hatte sich erledigt. Andere Interessen oder Perspektiven vermochte er nicht zu erkennen.

Den französischen General beschäftigte die Frage, wie die Deutschen nach Manfred Rommels Einschätzung all die Verbrechen hatten geschehen lassen können. Der junge Mann erwiderte, die meisten Landsleute hätten davon nichts gewusst. Der Berichterstattung der alliierten Rundfunksender hätten sie schwerlich Glauben schenken können, sondern sie als Propaganda eingestuft, da zur selben Zeit große deutsche Städte samt ihrer Bevölkerung vernichtet wurden.

> *»Wer mehr sagt, als er weiß,*
> *riskiert, dass er lügt.«*

Vielleicht aus Respekt vor Rommels Mut zum Widerspruch, vielleicht auch aus Respekt vor Rommels Familie – Tassigny kündigte jedenfalls die Entlassung des Gefangenen an, und dieser durfte sich schon bald frei in der französischen Besatzungszone bewegen. Kaum minder wichtig dürfte dem General aber der Marschbefehl für Rommel gewesen sein, sich die Bildung zu verschaffen, die ihm noch fehle. So wurde Tassigny für den Sohn des »Wüstenfuchses« eine jener Persönlichkeiten, die das Leben verändern.

Er war auch, so glaubt Rommels Tochter Catherine, nach der Protokollierung in Riedlingen der erste Mensch außerhalb des engsten Familien- und Freundeskreises, mit dem der junge Manfred Rommel offen über das wahre Schicksal seines Vaters sprechen konnte. Denn bis Kriegsende musste er ja ständig damit rechnen, dass sein Bericht ungeahnte Kreise ziehen und seine Mutter doch noch das Opfer von Nationalsozialisten werden könnte, die sich für den Bruch des Schweigens rächen könnten. Das sei auch der Grund gewesen, meint Catherine Rommel, dass die Witwe Lucie Rommel daheim in Herrlingen bis zum Einmarsch der Alliierten ein Bild des Führers an der Wand hängen ließ und sich damit dem Verdacht ausgesetzt habe, unbelehrbar zu sein. Um ihren Sohn nicht zu gefährden, habe sie es getan.

Tassigny lud, bevor er zum Gouverneur von Indochina aufstieg, den jungen Rommel noch zweimal zu Gesprächen ein. 1947 in Biberach fragte er ihn nach seiner Meinung zu der politischen Entwicklung, 1950 in Baden-Baden habe man bereits über die Möglichkeit von deutschen Soldaten unter alliiertem Kommando gesprochen. Mehrfach hat Rommel erklärt, diesen bedeutenden Mann gekannt zu haben, empfinde er als besondere Ehre. Als Tassignys Sohn in Indochina fiel, kondolierte Rommel. Den Antwortbrief legte er daheim zu den am besten gehüteten Dokumenten.

SELBSTFINDUNG UND BERUFSWAHL

Von den Franzosen im Sommer 1945 in die Freiheit entlassen, musste Manfred Rommel sich wieder mit dem Gedanken anfreunden, an seiner Bildung zu arbeiten. Rund ein Jahr lang war der Schulbesuch für ihn praktisch komplett ausgesetzt gewesen. Nun aber galt es, das Abitur anzustreben. Die Versuchungen, es locker zu nehmen, waren allerdings groß. Vom Spätsommer 1945 an hielt er sich für einige Monate auf dem Gut des väterlichen Freundes Oskar Farny bei Wangen im Allgäu auf. Rommel wählte aber bald eine andere Lösung. Der Weg vom Hofgut zur Schule nach Wangen sei zu weit gewesen, sagte er später.

Julius Mühlschlegel, ein Kriegskamerad seines Vaters aus dem Ersten Weltkrieg und Mühlenbesitzer in Biberach, fand sich jedoch bereit, den Burschen aufzunehmen. Das ermöglichte diesem, in Biberach die Schule zu besuchen. Der Nachholbedarf, über die Stränge zu schlagen und den Lehrern Streiche zu spielen, war bei dem jungen Mann und der Clique seiner Freunde nach dem Krieg freilich außerordentlich groß.

Er beschrieb sich später als bösartigen Schüler, der betont undiszipliniert, unsportlich und unaufmerksam war: »Ich möchte mir damals nicht begegnet sein.« Gleich nach dem Krieg fühlte er sich wie gelähmt und unfähig, ein Ziel fest ins Visier zu nehmen. Er träumte vor sich hin und führte die Hefte meist nicht so, wie es gefordert war. Immerhin gelang es ihm, den Schulverweis zu umgehen, und trotz einer eklatanten Schwäche in Mathematik, die in nichts an die beiden Großväter erinnerte, die Mathematiklehrer gewesen waren, legte Manfred Rommel das zweitbeste Abitur in seiner Klasse ab.

In Biberach machte er auch Bekanntschaft mit einem Mann, der kurz davor stand, zu einer der großen Persönlichkeiten der SPD aufzusteigen: Landrat Fritz Erler, der während der Diktatur von den Nationalsozialisten für etliche Jahre inhaftiert worden war. Er bat Rommel zu sich, um Genaueres über die politischen Ansichten des Generalssohns zu erfahren. Die Begegnung mit Erler schilderte Rommel später als eine Begegnung mit der Demokratie. »Wissen Sie eigentlich, dass Sie noch denken wie ein Faschist?«, fragte Erler den jungen Mann, der eher Vorlieben für eine Regierung von Technokraten als für eine Volksherrschaft hatte erkennen lassen und der, wie Rommel selbst später zugab, nur einer dosierten Meinungsfreiheit das Wort geredet hatte. In seinen Augen sollte der Staat am besten eine militärische Struktur haben.

Die Diagnose Erlers, dieser kleine Fingerzeig des Schicksals, hätte Rommel den Weg in die Sozialdemokratie weisen können, wäre da nicht erneut Oskar Farny auf den Plan getreten, der vor der NS-Zeit der katholischen Zentrumspartei zuzurechnen war, ab 1933 als Parteiloser Mitglied des NSDAP-Reichstags war, nach dem Krieg bei der Entnazifizierung durch Fürsprecher entlastet wurde und danach in der Politik wieder Karriere machte. Farny fungierte sozusagen als Verbindungsmann zu Erwin Rommel im Jenseits. Er führte dem Schüler Manfred vor Augen, dass sein Vater ihm sicherlich eher die CDU empfohlen hätte.

Da die SPD von einer Wiederbewaffnung Deutschlands und einer Armee überhaupt nichts hielt, wäre so ein Votum von Erwin Rommel dem Sohn auch durchaus plausibel erschienen. So schob er den Gedanken, der SPD beizutreten, wieder beiseite.

Neuanfang in Tübingen

Nach seinem Abitur 1947 zog Rommel innerhalb der französischen Besatzungszone von Biberach nach Tübingen um. Er wollte dort Jura studieren, wie es ihm ein gewitzter Jurist bei einer Begegnung auf Farnys Gut zuvor geraten hatte. Wenn man nicht dumm sei, aber keine rechte Neigung bei sich ausmachen könne, fahre man mit dem Jurastudium nicht schlecht, hatte ihm der Syndikus des Zentralverbands der Milch-, Käse- und Butterwirtschaft gesagt.

Rommel beherzigte die Empfehlung. Aber um ein Wunschfach, für das man sich mit ganzem Herzen entscheidet und das man mit Feuereifer angeht, handelte es sich wahrlich nicht. Vielmehr um eine Verlegenheitswahl. »Ich habe Jura studiert, weil ich geglaubt habe, dass ich für nichts Besonderes begabt sei«, bilanzierte Rommel später. Gleichwohl stürzte er sich ins Studentenleben. Wie für manch anderen erwiesen sich die Ablenkungen in Tübingen für ihn als wahre Versuchung. Er wohnte mitten in der Altstadt, in der Ammergasse im alten Stadtviertel der Gôgen, wie die Weingärtner hier genannt wurden, und wo ihn nur ein paar Schritte von den Studentenkneipen trennten. Doch neben dem Zeitvertreib und dem Studium wurde er auch in die Aufarbeitung der Geschehnisse im Nationalsozialismus und in die politische Betätigung hineingezogen – und zwar auf zweierlei Weise.

Freunde in der katholischen Studentenverbindung Guestfalia planten die Gründung einer Hochschulgruppe der CDU. Rommel entschloss sich, mitzumachen. Es geschah aus dem Gefühl heraus, dass er so die depressiv stimmenden Erlebnisse aus der Zeit des Nationalsozialismus abschütteln und einen aktiven Beitrag zum Staatswesen leisten sollte. Bei der CDU imponierten ihm Gebhard Müller, der von 1948 an zunächst Staatspräsident des Landes Württemberg-Hohenzollern und von 1953 bis 1958 Ministerpräsident des neuen Bundeslandes Baden-Württemberg war, sowie der Bundeskanzler Konrad Adenauer. An beiden schätzte er ihre charakterlichen Qualitäten. »Auf die Idee, dass ich jemals mit Hilfe meines Parteibuchs eine Karriere machen könnte, bin ich gar nicht gekommen«, beteuert er. Mehr und mehr wuchs er in die Politik hinein. »Und so bin ich dann geworden, was ich war und bin«, sagte er später.

>*»Niemand von uns kann zuverlässig sagen,*
wie er sich unter den Verhältnissen des Dritten Reiches
in bestimmten Situationen benommen hätte.
Umso mehr verdienen diejenigen Respekt,
die sich gegen Hitler aufzulehnen versucht haben.«

Ein weiterer unmittelbarer Anlass für Rommels Auseinandersetzung mit dem Nationalsozialismus war in jener Zeit, dass seine Mutter Briefe des Generalfeldmarschalls in Buchform herausgab. Der Sohn schrieb aber auch selbst Aufsätze. Dadurch, notierte er später, verlor er die Jurisprudenz etwas aus den Augen. Zeitweilig dachte er daran, Militärhistoriker zu werden, was, wenn man so will, die Beschäftigung mit der Figur des Vaters auf eine professionelle Ebene hätte heben können. Er hat wohl gut daran getan, sich doch nicht darauf einzulassen. Denn der Name des berühmten Vaters wäre hier wahrscheinlich noch belastender gewesen, das Ringen um die richtige Einschätzung der väterlichen Rolle noch unerbittlicher.

Er spielte auch mit dem Gedanken, die Juristerei an den Nagel zu hängen und ins Zeitungsfach zu gehen, was ihm der damals schon bekannte Journalist Hans Habe ans Herz gelegt hatte. Prompt schnupperte Rommel in München ins Zeitungsmilieu. Wer weiß, wie es ausgegangen wäre, hätte neben der Mutter nicht schlagartig eine andere unwiderstehliche Kraft auf ihn gewirkt, der er sich nicht entziehen konnte. Es war die junge Romanistik-Studentin Liselotte Daiber, die er bei Zugfahrten von Ulm nach Tübingen kennen- und lieben lernte.

Manfred Rommel und Liselotte Daiber, seine spätere Ehefrau, machen Urlaub in Südtirol

Als sie in sein Leben trat, hat Rommel in seinen Erinnerungen geschrieben, änderte sich alles grundlegend. Eine Formulierung, die er rund 40 Jahre später mit seiner Schreibmaschine zu Papier brachte, die aber dennoch kraftvoll die Bedeutung der damaligen Begegnung hervorhebt, ohne sie pathetisch zu übersteigern. Aber wer sonst als Liselotte, genannt Lilo, Daiber hätte ihn in die Spur in Richtung einer bürgerlichen Karriere gebracht?

Manche, allerdings etwas ältere Kriegsteilnehmer waren desillusioniert aus dem Inferno zurückgekommen und wurden wie der Schriftsteller Wolfgang Borchert zu »zornigen jungen Männern«. Andere schlossen sich später existenzialistischen Kreisen an, gefielen sich in der Klage über die Absurdität der Welt und lebten in den Tag hinein. Das Vakuum nach dem Zusammenbruch des für gut gehaltenen Wertesystems hätte auch bei Rommel ein Nährboden für politische Extravaganzen sein können. Die familiäre Herkunft, der Rest von innerem Kompass, einige prägende Gesprächspartner aber hielten ihn im Reich des aufgeklärten Konservatismus und der bürgerlichen Gesellschaft – und wahrscheinlich war es vor allem Lilo Daiber.

Allein schon die Person der fleißigen und wohlorganisierten Studentin beflügelte den Träumer, sich auf sein Studium zu konzentrieren und den Grundstein für seine spätere Karriere zu legen. Außerdem forderte seine Mutter, ehe ans Heiraten zu denken wäre, müsse er erst einmal einen soliden Beruf haben und dafür sein Staatsexamen. Die Heirat wurde bis 1954 zurückgestellt.

Umgehend machte Rommel im Eiltempo alle Scheine, die zu seiner Zulassung zum Examen notwendig waren. Sein Ziel war es zunächst nur, Richter an einem Amtsgericht oder an einem Landgericht zu werden. Der Ehrgeiz packte ihn erst später, je weiter er vorankam. Der Appetit, so resümierte er einmal, sei beim Essen gekommen.

Erste Erfahrungen mit Reden

Mit dem ersten juristischen Staatsexamen in der Tasche und zum Gerichtsreferendar befördert, ging Manfred Rommel 1952 daran, sich politische Sporen zu verdienen. Dabei widmete er sich dem damals umstrittenen Thema, wie denn der Verteidigungsbeitrag Deutschlands in der westlichen Welt aussehen sollte. Der mäßige Erfolg seiner Worte ließ noch kaum eine Ahnung zu, dass Rommel in späteren Jahren als geistreicher Redner geschätzt werden würde, den man sich selbst bei Bürgerversammlungen gern anhört, weil er so kurzweilig ist. In der politisch kontroversen Gründerzeit der Bundesrepublik herrschte bisweilen allerdings auch hitzige Stimmung.

Weil er so freundlich dreinschaute, kam Rommel einmal sogar in den Verdacht, die armen Männer zu verlachen, die zur neuen Armee eingezogen werden sollten und vielleicht in den Krieg ziehen müssten. Wie früher schon in der Schule und beim Jungvolk sei er wieder einmal Opfer seines fröhlichen Aussehens geworden, notierte Rommel trocken dazu. Er ließ nicht darin nach, regelmäßig politische Reden zu halten, und fand auch immer mehr Freude an der Juristerei, namentlich am Staatsrecht und am öffentlichen Recht.

Er begriff, dass die juristische Ausbildung ganz allgemein das Denkvermögen schult und das Verständnis von komplexen Problemen erleichtert. Wenn dazu eine gewisse Fertigkeit in Grundrechenarten komme und auch noch der Mut, eigene Irrtümer einzugestehen, dann liege eine technische Eignung für politische und administrative Tätigkeiten vor, bilanzierte Rommel viel später. Das zweite juristische Staatsexamen legte er 1956 ab und erhielt die Note »gut«.

AUFSTIEG
ZUM SPITZENBEAMTEN

1956 trat Rommel junior seinen Berufsweg in der Landesverwaltung an. Das Innenministerium stellte ihn in den höheren Verwaltungsdienst ein und ließ ihn im Landratsamt in Ulm die Verwaltungspraxis kennenlernen. Er kam auf den Geschmack, wie schön es ist, wenn man nur noch unterschreiben muss, was ein anderer entworfen hat. In jener Zeit wuchs in Rommel auch die Achtung vor Landräten, die er sich immer bewahrt hat. Mit einer Art von klinischem Interesse schaute er später in Verhandlungsrunden und Sitzungen auch noch als Oberbürgermeister von Stuttgart auf die Kreisfürsten in der Region – ein wenig belustigt, aber auch respektvoll. Wie man einen Fuchs anschaut, den man für schlau hält, aber auch für einen mutmaßlichen Hühnerdieb.

Die Ausbildung ließ Rommel noch genügend Zeit, um mit seinem alten Freund Ernst Ludwig und mit Franz Dannecker, einem weiteren Jugend- und Juristenfreund, über die CDU und die SPD zu schwadronieren und den Kriegsdienstverweigerern bei deren Veranstaltungen Paroli zu bieten. Oft erlebte er auch öffentliche Auftritte des Ulmer Bundestagsabgeordneten, Bundeswirtschaftsministers und späteren Bundeskanzlers Ludwig Erhard, Vater der sozialen Marktwirtschaft. Wie bereits im Jahr 1953 machte Rommel auch 1957 für Erhard Wahlkampf. Eine Anfrage aus Erhards Tross, ob er im Wirtschaftsministerium arbeiten wolle, beschied Rommel voller Schrecken und Bescheidenheit mit nein. Er hielt aber weiterhin gern politische Reden, mit Vorliebe auch über Außen- und Verteidigungspolitik. Dabei wusste Rommel selbst gut genug, dass viele nur kamen, um den Sohn des Generalfeldmarschalls Erwin Rommel und den Schwiegersohn des örtlich sehr bekannten Futtermittel-, Getreide- und Mehlhändlers Otto Daiber zu hören.

Die schönen Tage in Ulm endeten abrupt. Die Landesverwaltung beorderte den Juristen Manfred Rommel nach Stuttgart zurück. Nach einem kurzen Gastspiel beim

Verwaltungsgericht sowie beim Verwaltungsgerichtshof Baden-Württemberg, wo er als Vertreter des öffentlichen Interesses fungierte, musste sich Rommel im Innenministerium einfinden. Es war der Beginn einer langen Liaison mit dem Ministerialdienst. 17 Jahre lang sollte Rommel ihm treu bleiben, dabei hatte es ihn von den Verwaltungsgerichten eigentlich wieder in ein Landratsamt gezogen.

Arbeitsbeginn in einem Ministerium

Wie unter solchen Umständen fast schon zu erwarten, missfiel ihm die Arbeit im Ministerium anfänglich. Dennoch lernte er viel für das Berufsleben, so etwa die Regel, dass ein Vorgesetzter seinem Untergebenen etwas »zur Kenntnis« gibt, wohingegen der Untergebene seinem Vorgesetzten etwas »mit der Bitte um Kenntnisnahme« vorlegt. Noch als Stuttgarter OB ist Rommel viel später förmlich zusammengezuckt, gestand er, wenn ihm ein Mitarbeiter etwas »zur Kenntnis« gab.

>*»Die Parteien werden sich immer unterscheiden*
>*durch die Persönlichkeiten.«*

Im Verwaltungsalltag gelang es Rommel nach eigener Einschätzung zunehmend, sich zu behaupten und sogar »ein gewisses Ansehen als Verfasser verzwickter juristischer Gutachten und als hartnäckiger Streithammel« zu erwerben. Seine Erfahrungen mit den langwierigen Verwaltungstätigkeiten im Ministerium versuchte er später, als er zuerst Ministerialdirektor und damit Amtschef des Ministers und später Stuttgarter OB geworden war, zu beherzigen und die Sache besser zu machen. Er habe nach Möglichkeit immer versucht, die ihm auf den Schreibtisch gelegten Papiere noch am selben Tag zu bearbeiten und weiterzugeben. Dabei habe er an das Resümee des russischen Revolutionärs Leo Trotzki über den Aufbau der Roten Armee gedacht: »Hätten wir noch mehr Zeit gehabt, hätten wir sicherlich noch mehr Fehler gemacht.«

Als 1960 der CDU-Politiker Hans Filbinger Innenminister in der neuen CDU/FDP-Landesregierung wurde, avancierte Rommel zum Persönlichen Referenten. Mit der neuen Aufgabe begann eine rund zehn Jahre währende enge Zusammenarbeit mit Filbinger. Sie erfüllte Rommel mit Stolz, seine Frau Lilo allerdings mit Sorge. Sie befürchtete, dass ihr Mann sich voller Eifer in die Aufgabe stürzen und darunter das Eheleben leiden könnte. Wie so manches Mal hat sie recht behalten. Ihr Gatte aber auch. Denn seiner persönlichen Entwicklung hat Filbinger eine Richtung gegeben, mit der Rommel sich später »rückblickend nicht unzufrieden« zeigte. Filbinger war es auch, der dem Sohn des »Wüstenfuchses« den Marschbefehl in Richtung Stuttgarter Rathaus gab. Doch dazu kam es erst 15 Jahre später.

Zuerst wartete auf Rommel ein Marsch durch Höhen und Tiefen mit Hans Filbinger. Der Politiker aus Baden forderte sich selbst und auch seine Mitarbeiter. Diese ließen sich bereitwillig einspannen, wie Rommels Beispiel zeigt. Er arbeitete, so schrieb er in seinen »Erinnerungen«, buchstäblich Tag und Nacht. Spätabends verfasste er am Diktiergerät Reden und genehmigte sich eine halbe Flasche Korn, der ihm half, Bedenken zurückzustellen und befreiter zu formulieren. Er rauchte wie ein Schlot. In späteren Jahren wunderte er sich, dass er diese Phase überlebt hatte. Als rechte Hand von Filbinger aber war er in seinem Element.

»Wenn gesagt wird, hier muss politisch entschieden werden,
ist höchste Aufmerksamkeit geboten, damit nicht falsch entschieden wird.«

Seinen Chef erlebte er als einen Motivator, der die Arbeit seiner Beamten schätzte und nutzte. Bis spät in die Nacht hinein habe Filbinger sich mit großem Aufwand in Sachverhalte eingearbeitet. Rommel entwarf für ihn eine für damalige Verhältnisse »aggressive Medienkampagne«. Deren Ziel war es, Filbinger persönliche Popularität zu verschaffen und das damals enorme Gewicht des Innenministers innerhalb der Landesregierung zu festigen. Rommel und sein Freund Ulrich Weber, der als Pressereferent gewonnen worden war, freuten sich diebisch, wenn die Serie der Pressemitteilungen in den Zeitungen Niederschlag fand.

Im Interesse des Innenministeriums fühlte sich Rommel auch aufgerufen, Kontakt zu der Landtagsfraktion der CDU zu halten. Daraus ergab sich nicht nur eine Freundschaft zum Fraktionsgeschäftsführer Robert Gleichauf, der für Rommel später noch wichtiger werden sollte, und zu Gleichaufs Parlamentarischem Mitarbeiter Manfred Wörner, den seine Karriere später zuerst ins deutsche Verteidigungsministerium trug und dann zum Generalsekretär der NATO in Brüssel machte. In der Fraktion traf er auch mit dem Ministerpräsidenten Kurt Georg Kiesinger zusammen, den er bald schon bewunderte.

»Die Politik bedarf der Beratung durch eine qualifizierte Verwaltung.«

Rommel lernte Kiesinger als künstlerischen, gebildeten und philosophischen Menschen kennen, als Mann der großen Perspektive und der ganzheitlichen Sicht auf die Dinge; als einen Mann, der auch die zunehmende Komplexität der politischen Materie und die gegenseitige Abhängigkeit der Ereignisse auf der Welt gesehen habe, ehe die Länder durch neue Kommunikationsmittel und das Internet vernetzt wurden.

Rommel schätzte Kiesinger als unbürokratischen Politiker und guten Debattenredner, dem Gedanken, Bilder und Formulierungen nur so zuzufliegen schienen. Gelegentlich habe er etwas zu Pathos geneigt. Gegen Ironie und Spott sei er, wie bei Helmut Schmidts Wort von »König Silberzunge«, recht hilflos gewesen.

Als Erzähler in privaten Runden fand Rommel ihn unschlagbar. In Stilfragen erschien ihm Kiesinger als Perfektionist, der vorgelegte Entwürfe kaum jemals ohne Kritik und Korrekturen akzeptierte. Was wiederum den Nachteil hatte, dass Kiesinger beim Schreiben selbst in einen quälerischen Prozess verfallen sei, weil er sich auch selbst keine schwachen Formulierungen erlaubte.

In Kiesinger sah Rommel einen Politiker von hohem Rang, der durch seinen Umgang mit Industriellen und die Zeit als Abgeordneter im Deutschen Bundestag einen merklichen »Schliff« bekommen habe. »Bei ihm und unserem Altbundespräsidenten Richard von Weizsäcker zeigte sich, was aus begabten Schwaben werden kann, wenn sie des Hochdeutschen mächtig sind«, schrieb Rommel später.

Zwischen Filbinger und Kiesinger

Im Gegensatz zu Filbinger neigte Kiesinger nach Rommels Erfahrung zu Spontaneität in der Arbeitsweise. Entscheidungen habe er gern aufgeschoben, bis es fünf vor Zwölf war, »dann aber war er meistens sehr gut«, attestierte Rommel ihm. Ein strategisch operierender Planer oder ein Taktiker wie Filbinger sei Kiesinger aber nicht gewesen.

Das Gefallen beruhte auf Gegenseitigkeit. Kiesinger ließ Rommel sein Wohlwollen spüren, um das ihn Filbinger nur beneiden konnte. Der Ministerpräsident ärgerte seinen Innenminister in Kabinettssitzungen geradezu, erinnerte sich Rommel, und Kiesinger habe ihm wörtlich erklärt, er wolle Filbinger eigentlich gar nicht so unfreundlich behandeln, aber er könne nicht anders. Die Chemie, würde man heute sagen, stimmte wohl nicht.

Dagegen entdeckte Rommel bei Filbinger größeren Fleiß und bessere Selbstkontrolle selbst in unliebsamen Momenten. Kiesinger habe sich gelegentlich Emotionen erlaubt und sich gestattet, die Contenance zu verlieren. Rommel lernte dabei, dass es trotzdem wichtig war, sich den Aufwallungen des Chefs entgegenzustellen. »Er brauchte Widerstand, um in Hochform zu kommen«, schrieb Rommel. Und Kiesinger respektierte Widerworte letztlich auch.

> *»Das Pathos, das etwa der Ministerpräsident Kiesinger hatte,*
> *ist mir völlig fremd.«*

Rommels Aufzeichnungen über jene Jahre ergeben fast das Bild eines Dieners zweier Herren. Er stand zwischen Filbinger und Kiesinger. Er erlebte zwei der wichtigsten Lenker des Landes in unmittelbarer Zusammenarbeit – und erwies sich als genauer Beobachter ihrer Eigenheiten. Er blieb im Umfeld des Innenministeriums, aber lieh seine Arbeit wiederholt dem Ministerpräsidenten.

1964 griff Rommel zusammen mit Manfred Wörner und dem CDU-Politiker Heiner Geißler für Kiesinger in den Landtagswahlkampf ein. Mit Wörner entwarf er ein Wahlprogramm, das von Kiesinger für stilistisch und sachlich unbefriedigend, dann wieder für seelenlos oder aus sonstigen Gründen für unbrauchbar befunden wurde. Schließlich begann Kiesinger selbst ein Programm zu diktieren, stellte das Diktat aber bald wieder ein. Dennoch sei es recht gut gewesen, urteilte Rommel, dem dieser Vorgang ein Beweis dafür war, wie gut man mit wenigen Worten Wesentliches sagen und mit wohlformulierten Unverbindlichkeiten ein politisches Programm skizzieren könne.

Rommels Freund Weber ließ sich als Pressechef ins Staatsministerium lotsen, Rommel aber wurde aus dem Innenministerium heraus nur gelegentlich für den

Ministerpräsidenten Kiesinger tätig, etwa als Helfer bei der Erstellung der Regierungserklärung nach der gewonnenen Landtagswahl. Die Konflikte mit Filbinger, der in Freiburg schwer um seinen Wahlkreis ringen musste und sich von Rommel vernachlässigt fühlte, mehrten sich. Es kam zu einer Auseinandersetzung. Danach gab Rommel die Funktion als Persönlicher Referent ab, schlug den Badener Gerhard Mayer-Vorfelder als Nachfolger vor und wurde selbst Referent für Grundsatzfragen. Das Verhältnis zu Filbinger blieb einige Zeit unterkühlt.

Beruflicher Ausflug nach Bonn

Gegen Ende des Jahres 1966 wurden die politischen Welten in Bonn und Stuttgart plötzlich aus ihrer gewohnten Bahn geworfen. Der als Wirtschaftsminister noch legendäre, als Bundeskanzler aber eher glücklos agierende Ludwig Erhard war politisch am Ende. Die Christdemokraten wägten bei der Suche ab zwischen ihren Parteifreunden Gerhard Schröder, nur ein Namensvetter des späteren SPD-Bundeskanzlers, und dem baden-württembergischen Ministerpräsidenten. Kiesinger machte das Rennen – und machte sich auf in die Bundeshauptstadt Bonn. Mit ihm reiste sein Pressesprecher Ulrich Weber, der ihn bei den Koalitionsverhandlungen und der Vorbereitung der Regierungserklärung unterstützen sollte.

Weber erklärte es für unabdingbar, dass sein alter Freund Manfred Rommel ihnen folge und sie bei Sachthemen unterstütze. Kiesinger stimmte zu, Filbinger musste sich beugen. Rommel packte den Koffer und lebte für eine kurze Zeitspanne zwischen Stuttgart und Bonn. Das Foto, wie er im Sonderzug mit dem schon gewählten Kanzler Kiesinger zu dessen Wohnort Tübingen zurückfährt und auf der Fahrt an der Regierungserklärung arbeitet, ist sicherlich eine der wichtigsten Aufnahmen aus Rommels Berufsleben.

Vor der Abfahrt ins freie Wochenende hatte der Chef Rommel und seinem anderen Getreuen eine Fülle von Notizzetteln überlassen und erklärt, dabei handle es sich um den Großteil der geplanten Regierungserklärung. Rommels Bemerkung, dass ihm in diesem Fall das deutsche Volk leid tue, verbat er sich. Zu dritt machten sich seine Helfer an den Entwurf der Regierungserklärung, wobei Rommel, gestützt auf Positionspapiere der zuständigen Minister, den Part der Wirtschafts- und Finanzpolitik übernahm.

Als sich der Sonderzug am nächsten Morgen in Bewegung setzte, reichte man Kiesinger einen ersten Entwurf. Keine Seite von ihm, so erklärte Rommel später, habe Kiesinger gebilligt. Der Eindruck, dass er der Ghostwriter für die Regierungserklärung gewesen sei, stimme nicht, stellte er klar. Kaum jemals habe Kiesinger auch nur eine Seite Text von ihm einfach genehmigt. »Erst meine Reden als Stuttgarter OB fanden Gnade vor seinen Ohren«, schrieb Rommel.

>*Nach dem Weltkrieg haben die Staatsmänner wenig Beamte,*
> *aber viele große Ideen gehabt. Heute haben sie viele Beamte.*«

Auch sein Entwurf für die Regierungserklärung löste zunächst Missfallen beim Chef aus. Als der Sonderzug in Tübingen einfuhr, sei man immerhin im ersten Durchgang mit dem finanz- und wirtschaftspolitischen Teil durch gewesen. Doch für Manfred Rommel war an ein freies Wochenende nicht zu denken. Der Lockruf seiner Frau Lilo ging ins Leere. Noch am Montag auf der Rückfahrt von Tübingen nach Bonn wurde letzte Hand angelegt an den Redetext. Rommel war dabei, als das Kabinett Kiesingers Regierungserklärung diskutierte, der Vizekanzler Willy Brandt und der CSU-Chef Franz Josef Strauß mit ihm um einige Formulierungen rangen.

Für eine kurze Zeit, bis Kiesinger am 1. Dezember 1966 zum Bundeskanzler gewählt wurde und am 13. Dezember im Bundestag seine Regierungserklärung abgab, genoss Rommel ganz offensichtlich die Gelegenheit, das Bundesdorf Bonn und die wichtigsten Protagonisten der Bundespolitik mit all ihren Ecken und Kanten aus der Nähe zu erleben. Seinen Arbeitsplatz nach Bonn zu verlegen, sei für ihn und seinen Freund Weber nie eine Versuchung gewesen, beteuerte er später.

Das lag nicht nur daran, dass seine Frau in ihrer Arbeit als Französischlehrerin am Königin-Katharina-Stift aufging. Rommel und Weber registrierten wie Seismographen auch aufkommende Erschütterungen im Bonner Machtapparat, der sich auf einen neuen Kanzler aus einer fernen Provinz einstellen musste. Die Platzhirsche befürchteten, so Rommel, der neue starke Mann könnte Hofschranzen niedrigen Ranges aus dem provinziellen Schwabenland im Kanzleramt installieren. Rommel verfügte sich also zurück nach Stuttgart, in seinem Gepäck ein Exemplar des Kiesinger-Buches »Ideen vom Ganzen« mit persönlicher Widmung. Kein großer Lohn, mag man denken. Immerhin ist Rommel, wie der spätere Bundeskanzler Helmut Kohl in einem anderen Zusammenhang formulierte, vom Mantel der Geschichte gestreift worden. Auf Dauer, gestand sich Rommel ein, wäre Kiesinger zu anstrengend gewesen. Doch

Im Sonderzug arbeiten der neue Bundeskanzler Kiesinger und die Mitarbeiter Manfred Rommel und Horst Osterheld (von rechts) an der Regierungserklärung.

der Homme de Lettres faszinierte Rommel, der wiederum Filbinger für gänzlich andere Qualitäten achtete: als fleißigen Politiker, der von frühmorgens bis spätabends im Staatsministerium arbeitete; als gewieften Taktiker und zunächst nur mittelmäßigen Redner, der als solcher jedes Jahr besser geworden sei. Er kenne niemand, lobte Rommel, der im reifen Alter so an sich gearbeitet habe. Und im Wirkungskreis Filbingers, der Rommel als Pragmatiker schätzte, der auch im Programmatischen einiges zu bieten habe, meldete er sich nach dem Bonner Abenteuer zurück.

Spätberufener Zahlenfuchs

Aus Bonn zurückgekehrt, ging Rommel in der Arbeit als Referent für Grundsatzfragen und Planung im Staatsministerium unter dem neuen Ministerpräsidenten Hans Filbinger auf. Trockene Themen wie Landesplanung und Gebietsreform waren das tägliche Brot für ihn. Der Zwang, die Finanzverhältnisse des Landes unter dem Druck immer neuer Aufgaben neu zu ordnen, sorgte für eine weitere Bewährungsprobe. Schon Mitte der 1960er-Jahre hatte Rommel erste Konsequenzen aus der »finanzwirtschaftlichen Verwirrung« gezogen, die nicht nur Baden-Württemberg erfasst hatte, sondern die Bundesrepublik insgesamt.

An diesem Punkt, schrieb er, habe er die für Juristen typische Abneigung gegen Zahlen überwunden, sich seiner Abstammung von guten Mathematikern erinnert, ein paar Mathematikbücher konsultiert, einen Rechenschieber gekauft und sich mit Fragen der Haushaltsentwicklung befasst. Nun, gegen Ende der 60er-Jahre, fiel ihm der Auftrag zu, eine mittelfristige Finanzplanung zu entwickeln, die es in Flächenländern wie Baden-Württemberg bis dahin nicht gegeben hatte.

»Wenn wir unterlassen, was falsch ist,
haben wir schon eine ganz gute Politik gemacht.«

Die Arbeit brachte dem einstigen Mathe-Sorgenkind und spätberufenen Zahlenfuchs nicht nur den Ruf ein, der Schöpfer dieser mittelfristigen Finanzplanung zu sein (die allerdings auch auf den Hamburger SPD-Politiker Helmut Schmidt zurückgeführt wurde). Die Problematik wurde zu einer der prägenden Erfahrungen für Manfred Rommel. Seine Bemühungen waren getragen von der Einsicht, dass die unheimliche Vermehrung der Aufgaben des Landes und neuer Stellen, etwa in der Bildungspolitik, eine ganze Reihe von Gefahren mit sich bringe. Die Folgelasten müssten zu Einschnitten bei den bisherigen Sachausgaben führen und die gewohnten Investitionsprogramme bedrohen. Die Finanzierung durch Kreditaufnahme verbiete sich nicht nur aus finanzwirtschaftlichen Gründen, weil damals noch nicht gewaltige Geldströme über Landesgrenzen hinweg flossen, sondern auch wegen einer sich stetig auftürmenden Last aus Kreditaufnahme- und Zinskosten.

Der neue Ministerpräsident Filbinger nimmt im Dezember 1966 die Gratulationen seiner Vorzimmerdame und der Mitarbeiter Benno Bueble, Gerhard Mayer-Vorfelder und Manfred Rommel (von links) entgegen.

Die Quintessenz daraus: Der Spielraum der Landespolitik werde immer mehr eingeengt. Mit jeder Entscheidung für neue Aufgaben drohten die Landeshaushalte der Zukunft aus den Fugen zu geraten. Die Haushaltspolitik könne sich also nicht mehr auf ein Jahr begrenzen, sondern müsse die Folgejahre in den Blick nehmen.

Die Durchdringung dieser Materie wurde zu Rommels Mission. Die Überzeugungen, die ihm hier zuwuchsen, beeinflussten nicht nur Landespolitik und Landesverwaltung – sie blieben ihm auch Maxime in der Zeit als Oberbürgermeister der Landeshauptstadt, die gut zwei Jahrzehnte dauern sollte. Fast wie ein Mantra trug

Rommel die Erkenntnis vor sich her, dass die Politik nicht über die finanziellen Verhältnisse des Landes leben dürfe. So schleuderte er fast wie Zeus Blitze gegen die unschöne deutsche Tradition des Traum- und Wunschdenkens. Außerdem gegen Politiker, die ihr Anliegen zur »absoluten Priorität« erklärten. Priorität sei immer relativ, hielt Rommel ihnen entgegen. Es gebe keinen Vorrang ohne Nachrang – denn »alle Versuche, eine Geldmenge durch moralische Beschwörungen zu vermehren, sind bislang fehlgeschlagen«. Wenn sich die Politik dann gar noch ohne Wissen um die Folgen in neue Aufgaben stürze, hielt Rommel die höchste Alarmstufe für angebracht. Durch Verzicht auf Planung gewinne die Politik nämlich keine Freiräume. Sie werde Gefangene ihrer früheren Entscheidungen. Sie werde den Grundrechenarten nicht entkommen, warnte Rommel. Doch sowohl die segensreiche Wirkung der Finanzplanung wie auch die Notwendigkeit einer zurückhaltenden Ausgabenpolitik schienen ihm in der deutschen Politik später selten ausreichend gewürdigt worden zu sein. Die Erklärung dafür lag für ihn auf der Hand: Eine über Jahre hinweg reichende Finanzplanung sei unbeliebt, weil die Politiker den Erfolg in der Gegenwart suchen würden und verbuchen wollten.

Umso höher ist daher einzuschätzen, dass Rommel selbst der Versuchung widerstand, Denkmäler seiner selbst zu schaffen, als er vom Beamten zum Politiker mutiert war. Ja, mehr noch: Rommel nahm sich nach dem Eintritt in den Ruhestand das Recht heraus, die Einengung der Verwaltung, gemeint war vor allem die auf den höheren politischen Ebenen, durch die Politik zu kritisieren. Deren Aktionsfeld sei auf Kosten der Verwaltung zu groß geworden. Die Politik brauche aber die Beratung durch eine qualifizierte Verwaltung.

> *»Finanzpolitik ist letztlich nichts anderes*
> *als die Anwendung der Zehn Gebote,*
> *verbunden mit den Grundrechenarten.«*

Das Gespür für gesunde Finanzen konnte Rommel nach der Entwicklung der Finanzplanung noch einige Jahre in verantwortlicher Stellung walten lassen. Robert Gleichauf, der von Rommel geschätzte frühere Fraktionsgeschäftsführer, war inzwischen Finanzminister. Der frühere Arbeiter aus Oberndorf am Neckar, von Rommel als grundehrlich und aufrichtig geschätzt, forderte Filbingers Grundsatzreferenten an und machte ihn zu seinem Amtschef. Seine Aufgabe sah Rommel darin, als Generalist vielerlei Themen zu erkennen und aufzugreifen, vorauszudenken und Probleme frühzeitig auszumachen. Rommels eindrucksvolle Karriere setzte sich damit fort.

»In der Politik darf man alles vergessen,
nur Adam Riese nicht.«

Nunmehr mit einem Dienstwagen ausgerüstet, chauffierte der Ministerialdirektor täglich seine Frau Lilo zum Katharinenstift und begab sich dann ins Finanzministerium im nahe gelegenen Neuen Schloss. 1972 stieg er sogar zum beamteten Staatssekretär auf; ein großer Erfolg, mit dem man vielleicht zufrieden sein könnte. Rommel aber reichte die neue Position noch nicht. Der einstmals faule junge Mann, der im Lauf des Studiums mit Hilfe seiner Frau plötzlich den Ehrgeiz entdeckt hatte und dem später ein Richterposten fast ausgereicht hätte, war längst auf den Geschmack gekommen.

Jetzt, im Jahr 1972, wäre er lieber Staatssekretär im Kabinettsrang geworden, um das Land in finanzpolitischen Angelegenheiten auch im Bundesrat und im Vermittlungsausschuss zwischen Bundestag und Bundesrat vertreten zu können. Außerdem glaubte er zu spüren, dass sich die Rolle des Berufsbeamten, der sich in die Politik einmischt und eigene Vorstellungen einzubringen versucht, fast schon überlebt hätte. Momente der Zufriedenheit wie die, wenn von ihm entworfene Reden von Filbinger vorgetragen wurden, waren selten. Der erhoffte Rang des stimmberechtigten Staatssekretärs aber fiel ihm nicht einmal zu, als die CDU bei der Landtagswahl 1972 erstmals die absolute Mehrheit der Stimmen im Land erzielte und daher die Posten in der Landesregierung ohne Rücksicht auf einen Koalitionspartner vergeben konnte.

Nun spekulierte Rommel parteiintern auf einen Wahlkreis vor der Landtagswahl 1976, um sich eine bessere Ausgangsposition für die Karriere in der Landespolitik zu verschaffen. Dass er bis dahin nie vom Volk oder auch nur von einer Volksvertretung in ein Amt gewählt worden war, kam ihm stets als »deutlicher Nachteil« bei seinen Bemühungen um Karriere vor. CDU-intern schienen die Vorzeichen für Rommel endlich gut zu sein. Seine Partei war vor der Landtagswahl 1976 kurz davor, alle Fleischtöpfe der Landespolitik zu erobern. Doch für Rommel sollte noch vor dieser Wahl alles ganz anders kommen, als er dachte.

NEUE AUFGABE
ALS OBERBÜRGERMEISTER

Der 14. August 1974 leitete in Manfred Rommels Leben, ohne dass er es gleich geahnt hätte, eine Wende ein. An diesem Tag starb während eines Kuraufenthalts auf der Bühlerhöhe im Schwarzwald völlig unerwartet der amtierende Stuttgarter Oberbürgermeister Arnulf Klett. Die Landeshauptstadt stand kurz unter Schock. Umgehend setzten aber bei den Parteien die Überlegungen ein, wen sie auf den Schild heben könnten, um nach dem parteilosen Klett einen Mann ihrer Couleur auf den OB-Sessel hieven zu können.

Bei den CDU-Granden in der Stadt kam recht schnell der Name Rommel ins Spiel, was im Nachhinein recht schlüssig wirkt, hatte er sich doch beträchtliche Erfahrung in der Landesverwaltung erworben, als Geburtsort Stuttgart im Ausweis stehen und überdies auch noch einen bekannten Namen vorzuweisen. So etwas gefällt den Parteistrategen.

Es war sogar noch naheliegender: 1965 hatten Parteivertreter schon einmal bei Manfred Rommel vorgefühlt, ob er sich eine Kandidatur gegen den damals um eine weitere Amtszeit bemühten OB Klett vorstellen könnte. Die Parteifunktionäre brauchten also nur ihre Erinnerung zu bemühen und zu überlegen, ob es inzwischen triftige Hinderungsgründe für die Ausrufung Rommels zum OB-Bewerber in der Landeshauptstadt gebe. Das war offenbar nicht der Fall. Im Gegenteil. Seine Karriere hatte Rommel inzwischen ja weiter vorangebracht.

1965 soll Rommel nicht mehr als eine Nacht über das Angebot geschlafen haben, ehe er es ausschlug. Auch 1974 neigte er rasch wieder dazu, das Werben der Stuttgarter Parteifreunde abschlägig zu bescheiden, zumal in Heiner Geißler, Lothar Späth und Manfred Wörner andere mögliche Kandidaten gehandelt wurden. Rommel träumte immer noch davon, auf der von ihm beschrittenen Karriereleiter beim Land weiter aufzusteigen. Wenn ihn überhaupt irgendetwas an der Aussicht reizte, OB der

Manfred Rommel wurde gerade zum Oberbürgermeister von Stuttgart gewählt

Landeshauptstadt zu sein, dann höchstens die Herausforderung einer politischen und administrativen Aufgabe, die seiner Meinung nach im Land nicht ihresgleichen hatte.

Er war dennoch entschlossen, dem CDU-Kreisvorsitzenden Siegbert Alber und dem CDU-Fraktionsvorsitzenden im Gemeinderat, Otto Müller, abzusagen. Dieses Mal aber sollte er den Werbern nicht so einfach die Türe weisen können. Sein Freund und Kollege Gerhard Mayer-Vorfelder hielt ihn davon ab. Dessen Argument sei gewesen, verriet Rommel später, andere mögliche Bewerber innerhalb der Partei würden sich zu Vertretern der zweiten Garnitur degradiert fühlen, spräche er sich so schnell und unumwunden gegen eine Kandidatur aus. Das war vielleicht ehrlich gemeint, aber auch ein listiger Schachzug, um Zeit zu gewinnen.

Die Aufforderung des CDU-Landesvorstands, er solle sich bewerben, lastete ebenfalls auf Rommel. Schließlich forderte der Landesvorsitzende und langjährige Rommel-Chef Hans Filbinger höchstpersönlich von ihm, endlich ja zu sagen, obwohl es auch in seiner Partei warnende Stimmen gab, die Rommel die Eignung zum Volkstribun absprachen – und sich am Ende damit irren sollten. Filbinger machte Druck. Wenn er jetzt nicht springe, bedeutete er seinem früheren Chefstrategen, werde er als Ministerialbeamter versauern.

»Wer etwas verspricht, verpfändet seine Ehre dafür,
dass es geschieht.«

Über die Gründe dafür ist viel spekuliert worden. Manche Beobachter der Landespolitik waren überzeugt davon, dass Filbinger in Rommel einem möglichen Nachfolger die Chance verbauen wollte, den Posten des Regierungschefs zu beanspruchen. Zumindest zu diesem Zeitpunkt. Nicht solange Filbinger die Regierungsverantwortung behalten wollte. Andere fragten sich im Gegenteil, ob Rommel damit gerade zum Nachfolger von Filbinger aufgebaut werden solle und man in der OB-Wahl Rommels Zugkraft ausloten wolle. Denn im Grunde wurden Filbingers Sympathien eher bei Rommel vermutet als bei Lothar Späth, der es zum Fraktionschef im Landtag gebracht hatte, dessen Ehrgeiz damit aber erkennbar nicht gestillt war.

Nicht unerheblich war an diesem Punkt, dass die vom Zeitgeist geprägte SPD überraschend nicht ihrem Ersten Bürgermeister Jürgen Hahn die Kandidatur andiente, weil er vielen zu konservativ erschien, anderen etwas zu brav und bieder. Vielmehr setzten die Sozialdemokraten auf den Architekten Peter Conradi, der weiter links stand, draufgängerischer und angriffslustiger daherkam. Umso mehr sehnte sich die CDU nach einem Kandidaten mit Erfahrung und Tiefgang, der nicht gleich untergehen würde, wenn Conradi die See aufwühlte.

Bei weiterer Weigerung, sah Rommel schließlich ein, wäre er in dieser Lage als »Schlappschwanz« betrachtet worden. »Unfroh« habe er sich schließlich zur Kandidatur bereit erklärt. Ob ein Sieg dabei herausspringen würde oder eine Niederlage, war Rommel zunächst einerlei.

Und was war das für ein Kandidat, der da den ersten Schritt auf die kommunalpolitische Bühne machte! Die Fotos von damals sprechen für sich. Die Haare trug er zu lang und zu ungeordnet, um dem Wunschbild seiner konservativen Parteifreunde zu entsprechen. Die Zeit seines Lebens recht leger erscheinende Kleidung tat ein Übriges zu dieser Wirkung. Als Hang zum Künstlerischen konnte man dem langjährigen Pfeifenraucher all dies auch nicht recht auslegen. Das gelassene bis heitere, manchmal etwas schelmische Auftreten, das Rommel so oft auszeichnete, reichte dafür nicht aus. Die Brille war zu altmodisch, das Äußere zu wenig gestylt, die Aura des Intellektuellen war, falls überhaupt zu erkennen, schwach ausgeprägt.

> *»Wer jedermanns Liebling sein will,*
> *wird zu jedermanns Dackel.«*

Die Wahrheit ist: Mit ihrer Entscheidung für Rommel lehrte sich die CDU zunächst selbst das Fürchten. Die Podiumsdiskussionen, mit denen damals maßgeblich der Wahlkampf geführt wurde, gerieten für Rommel und die CDU anfangs zum Desaster. Gegen den eleganten und liebenswürdigen FDP-Bewerber Kurt Gebhardt, zuvor schon OB in Waiblingen, mochte Rommel nichts Böses sagen. Der berüchtigte »Remstal-Rebell« Helmut Palmer, der in seinem Zorn zu vielem fähig und schwer zu stoppen war, nahm sich des CDU-Mitbewerbers bei dessen erster Veranstaltung in Stuttgart-Feuerbach besonders engagiert an. Im Vergleich zu dem SPD-Mann Conradi konnte Rommel bei den Veranstaltungen auch äußerst wenig kommunalpolitische Kenntnis ausspielen, denn sein Metier war die Landespolitik.

Kaum jemand hat es treffender auf den Punkt gebracht, als Rommel selbst: Seine eigenen Anhänger seien überwiegend erschüttert gewesen. Einzig sein Freund Mayer-Vorfelder habe das Vertrauen nicht verloren.

In dieser schwierigen Lage ging ein Ruck durch die Partei. Ziel war es, den CDU-Bewerber Rommel mit diversen Kunstgriffen doch noch konkurrenzfähig zu machen. Dass er einer neuen Frisur bedurfte, war sonnenklar. Rommel, dem seine junge Adoptivtochter Catherine auch noch gestand, er sei für sie unter den Kandidaten leider »der Wüsteste«, verordnete sich auch eine modernere Brille und Sitzungen unter der künstlichen Höhensonne, auf dass er selbst mehr Dynamik ausstrahle und bei der Bevölkerung mehr Gefallen finde. Nach und nach punktete er auch mit Eigenschaften, die im Lauf des Wahlkampfs immer mehr durchschimmerten und während seiner Zeit als Oberbürgermeister voll zum Tragen kommen sollten.

Versprechungen lehnte er strikt ab. Er bekannte sich zum »Mut zur Wahrheit« und stellte in Anzeigen klar: »Gelddrucken kann ich eben auch nicht.« So wappnete er sich schon einmal gegen die Gefahr, nach einem etwaigen Erfolg bei der Wahl Dankesschulden begleichen zu müssen. Mit feiner Beobachtungsgabe registrierte er bei Auftritten, welche Formulierungen zuverlässig Applaus ernteten, und setzte sie gezielt immer wieder ein.

Seine Werbekampagne entwarf er selbst und stimmte nur das Ergebnis mit Werbeleuten ab. Auf seinen Wahlplakaten wollte er nicht einmal das Logo der CDU sehen. Bald arbeitete der Slogan für ihn »Er tut, was er sagt«, worauf die SPD konterte: »Aber er sagt nicht, was er tut.« Rommel brachte diese Replik nicht aus der Fassung. Conradis Vorteil durch kommunalpolitische Detailkenntnis versuchte er gar nicht erst mit gleichen Mitteln zu parieren. Manchmal empfahl er einfach, Conradi zu fragen. Der wisse auf alles eine Antwort.

»Der Schwabe tut so, als ob er arm sei,
aber er ist beleidigt, wenn andere ihm das glauben.«

Rommel nutzte seine Erfahrungen in der Landesverwaltung dazu, ein Bild von der Amtsführung zu entwerfen, mit der er Stuttgarts Geschicke zu lenken gedachte. Langsam, aber sicher wurde er zu einer Marke. Der Kandidat gewann auch Sicherheit und Freude am Gedanken, die Wahl zu gewinnen und Oberbürgermeister von Stuttgart zu werden. Es war ein Wendepunkt im Wahlkampf, in dem ihm nach eigener Einschätzung auch das Ansehen seiner Frau und seiner Tante Helene zugute kam: Lilo Rommel als Lehrerin an einer renommierten Stuttgarter Schule, die Tante als Waldorflehrerin, die man über ihren Wohnort Stuttgart-Sillenbuch hinaus kannte. Die Stuttgarter, so soll Filbinger später gesagt haben, hätten sich besonders auch in Rommels Stil des Wahlkampfs verliebt.

Als Hilfe zum Wahlsieg hat Rommel überdies den Werbeslogan verstanden, den er später aufs Konto seines langjährigen Freundes Hans Joachim Schmidtgen, Geschäftsmann und später Honorarkonsul von Norwegen, verbuchte, obwohl der Slogan nach Überzeugung des späteren CDU-Finanzbürgermeisters Klaus Lang auf einen CDU-Kollegen Rommels im Staatsministerium zurückging: Manfred Thier. Auf jeden Fall kursierte bald der Spruch: »Schultes wird bloß einer: dem Wüstenfuchs sein Kleiner.«

Manche hielten es auch für angemessen, Filme über seinen Vater zu zeigen. Rommel betrachtete es nach eigener Aussage mit Unbehagen, wie er sich überhaupt oft sträubte, das Etikett »Sohn von Erwin Rommel« verpasst zu bekommen und in den Verdacht zu geraten, vom großen Namen des Vaters zu profitieren.

Im OB-Wahlkampf 1974 spielte der große Name ihm allerdings in die Karten. Er war sozusagen ein Kandidat mit einem selbsterklärenden Namen. Und dieser Bewerber war dann auch nicht mehr zu schlagen. Im zweiten Wahlgang obsiegte der damals 45-jährige Rommel mit 58,9 Prozent. Sein schärfster Rivale war und blieb Peter Conradi, der fast 40 Prozent der Stimmen errang, aber eben zu wenig punktete, um mit seinem Ergebnis zufrieden sein zu können, geschweige denn, um zu gewinnen.

»Es gibt auch in der Politik ein gewisses Aussteigertum.
Es ist schlecht, wenn jemand aus der Verantwortung aussteigt,
aber im Amt bleibt.«

Das Aufsehen in Deutschland über Rommels Erfolg war groß, denn mit ihm reihte sich der erste CDU-Mann unter die Oberbürgermeister der zehn größten deutschen Städte ein. Er war nun das einzige CDU-Stadtoberhaupt in einer Großstadt mit mehr als 500.000 Einwohnern.

Rommel sollte damit seine neue Bestimmung gefunden haben. Als Beamter hatte er den Rufen der großen CDU-Politiker Erhard und Kiesinger sowie des damaligen Ministerpräsidenten Helmut Kohl auf wichtige Beamtenstellen in Bonn und Mainz widerstanden, weil er den Arbeitsort und den Arbeitsstil dieser Politiker scheute. Im Stuttgarter Rathaus bot sich ihm nun die Chance, sein eigener Chef zu sein und unabhängig von der Partei. Er nutzte sie konsequent. Nur einmal, 1978, erlag er gründlich der Versuchung, diesen Weg zu verlassen.

Behutsam auf neuem Terrain

Am 19. Dezember 1974 trat Rommel nach der gewonnenen OB-Wahl im Stuttgarter Rathaus sein Amt an. Offiziell begann die Amtszeit im Januar 1975. Es war der Beginn einer wunderbaren Verbindung, wenngleich Rommel zu seiner neuen Tätigkeit erst hatte genötigt werden müssen. Er sei, hat Rommel verschiedentlich gestanden, nur ungern Oberbürgermeister geworden, später aber immer gern gewesen.

Rommel tastete sich im Rathaus sachte vor. Er erkundete sorgfältig das Terrain, ehe er den Fuß aufsetzte. Er versuchte, Fehler zu vermeiden. Er bewies Gespür. Vom Finanzministerium hatte er ins Rathaus nur seinen Fahrer mitgebracht. Ansonsten bediente er sich im kommunalpolitischen Machtzentrum ausschließlich der angestammten Mitarbeiter. Sehr rasch ging er auf den Ersten Bürgermeister Jürgen Hahn von der SPD zu und bat ihn, nicht nach einer neuen Aufgabe außerhalb des Rathauses Ausschau zu halten, sondern an Bord zu bleiben und mit ihm zusammenzuarbeiten. In der Funktion des Persönlichen Referenten, stets eine Vertrauensstellung, durfte Arnulf Kletts Mitarbeiter weitermachen, obwohl Walter Gehring, der spätere Direktor der Stuttgarter Messegesellschaft, der SPD angehörte.

Dies waren Angebote zur Zusammenarbeit für die Akteure, die Rommel im Rathaus vorfand. Es diente auch seinen eigenen Interessen, denn die Verwandlung vom Landesbeamten zum Stadtoberhaupt war nicht einfach. Sie verlangte grundlegendes Umdenken von Rommel, eine gute Aufnahme im neuen Umfeld und die Mitarbeit derer, die ihm bei etwas weniger gutem Willen auch sehr hinderlich hätten sein können. Wahrscheinlich war Rommels Vorgehen also schiere Notwendigkeit, in der Verwaltung wie im Gemeinderat.

Draußen bei den Menschen musste er Bürgernähe beweisen und sich einführen. Daher sah er sich in der Pflicht, als Ehrengast bei Stadtteilfesten zu erscheinen und zum Zeichen des guten Willens dort mal ein Glas Bier zu trinken, an anderer Stelle ein Viertele Wein anzunehmen und eine Rote Wurst – oder wenigstens nach einer schwäbischen Laugenbrezel zu greifen.

Die Macht solcher Symbolik kostete Rommel auch später bei eigenen Veranstaltungen im Rathaus weidlich aus. Die Brezel, die er als unglaublich nahrhaft und als die Figur gefährdend erkannte, schien ihm auch gut als Wahrzeichen einer sparsamen schwäbischen Gastfreundschaft geeignet zu sein. Sie sei unentbehrlich für die städtische Repräsentation, urteilte Rommel später. Spötter hielten ihm vor, er habe seine Mitarbeiter nicht nur zum Weglassen der Butter angehalten, sondern bei Empfängen der Stadt halbierte Brezeln darreichen lassen. Derartiges Kalkül war ihm jedenfalls nicht fremd, enthüllte Rommel später doch höchstpersönlich, dass man bei den Getränkekosten sparen könne, wenn man bei den Brezeln das Salz abkratze und die Gäste somit nicht zu durstig mache.

»Humor zu haben, ist nicht einfach.
Letztlich muss man über sich selbst lachen können.
Dazu gehören Selbstbewusstsein und Distanz zu sich selbst.«

Den Anschein des schwäbischen Geizes kultivierte Rommel auch mit anderen Mitteln. So ließ er beispielsweise das alte Mobiliar seines Vorgängers im Dienstzimmer stehen, um mit kaputten Sesseln kärgliche Verhältnisse statt Reichtum zu demonstrieren, wann immer er Bittsteller oder auch Geldgeber der Stadt und Chefs der international tätigen Stuttgarter Unternehmen empfing. Die Sitzmöbel in seinem Dienstzimmer ließ Rommel erst austauschen, nachdem der Mercedes-Chef Werner Niefer einen bereits beschädigten Sessel endgültig zerstört und das knauserige Stadtoberhaupt damit förmlich zum Handeln gezwungen hatte.

Oder hat Rommel Eigenheiten wie die Brezel-Episode in seinem Erinnerungsband etwa nur benützt, um nachträglich Marotten zu Elementen von Strategie und Überlegung zu stilisieren? Sicher ist, dass ihm mancherlei Äußerlichkeiten fremd waren und ihm sein Protokollchef vom benachbarten Kaufhaus eine Auswahl neuer Kleidungsstücke oder vier Paar Schuhe ins Rathaus bringen musste, weil er selbst an der Vielfalt des Angebots dort nur mäßig interessiert und der Mühe des Auswählens überdrüssig war. Von der Kleidung, in der Rommel morgens ins Rathaus kam, musste ihm manches Mal auch das eine oder andere Haar seines Katers beseitigt werden.

Dass er gleich nach seinem Amtsantritt trotz des einschlägigen Familiennamens so gar nicht militärisch daherkam, gab manchem Beobachter zu denken – dabei hatten sich nur die alten Bandscheibenprobleme bei Rommel zurückgemeldet, die ihn schon in seiner Zeit als Staatssekretär geplagt hatten. Wenige Monate nach seinem Amtsantritt im Rathaus ging er vorübergehend sogar am Stock. Persönlich und politisch aber gewann Rommel, der Spielerei mit Schwabentümelei und seinen Bandscheibenbeschwerden zum Trotz, verhältnismäßig rasch an Statur.

Mit kleinlicher Parteipolitik hielt er sich nicht auf. Einem wie ihm machte es nichts aus, sich über alle Parteigrenzen hinweg für seine Vorhaben Mehrheiten im Gemeinderat zu suchen, wie es in der Kommunalpolitik oft notwendig und üblich ist, worauf sich aber nicht alle verstehen. Und wenn am Ende nur die 61. Stimme im Gemeinderat den Ausschlag gab, die des Oberbürgermeisters und Gemeinderatsvorsitzenden, grämte sich Rommel auch nicht, sofern die Entscheidung aus seiner Sicht passte: So habe der Hegel'sche Weltgeist nun mal die Dinge geordnet, belustigte er sich im Jahr 1977 bei einer Gelegenheit einmal.

>>*Das Streben der Parteien und Fraktionen nach Einmütigkeit*
sollte nicht übertrieben werden.
In der Kommunalpolitik ist es lächerlich,
wenn Fraktionen immer geschlossen abstimmen.<<

Ohne Scham stimmte er manchmal anders ab als die Parteifreunde von der CDU. Und nicht nur zur FDP, auch zur SPD wurden ihm vorwiegend gute Beziehungen nachgesagt, was ihm nicht schwerfallen konnte, denn in Diensten des Landes hatte Rommel sowohl unter Kiesinger wie auch unter Filbinger reichlich Erfahrungen mit Großen Koalitionen sammeln können. Dort hatte er auch beobachtet, dass für wichtige Weichenstellungen, die das Land lange prägen sollten, manchmal das Zusammenwirken von CDU und SPD vonnöten sei. Berührungsängste gegenüber den Sozialdemokraten im Rathaus wären daher völlig unverständlich gewesen.

Manchen Parteifreunden von der CDU ging das Miteinander zwischen Rommel und den Sozialdemokraten trotzdem zu weit. Im Laufe der Zeit hieß es, Rommel handle wie der beste SPD-Bürgermeister, den man sich vorstellen könne. Eine Attacke, die er auf die »lieben Parteifreunde auf der Bundesebene« zurückführte, weil er es ablehnte, »alles zu begrüßen, was von oben kommt, und in goldenen Schalen aufzufangen und zu verteilen«.

>*Der Stadtverwaltung täglich Brot*
>*ist und bleibt der Hundekot.*«

Mehr noch: Das Gespräch mit den Fraktionen, der Konsens im Rathaus, die Gemeinsamkeit mit Stadträten und Personalräten, wenn es um vernünftige Ziele ging, waren Rommel mehr als Mittel zum Zweck. In seinem Dienstzimmer wurden Wege ausgelotet, wurde ihre Beschreitung besprochen – und die Worte hatten Bestand. Mittler zwischen OB und Gemeinderat, die die Defizite auffangen und Mehrheitsentscheidungen einzufädeln versuchen, brauchte es im Stuttgarter Rathaus damals nicht.

Nicht nur in diesem Sinne, zwischen Stadtoberhaupt und Stadträten, war das Wort bedeutsam. Es war vielleicht überhaupt der Schlüssel zu Rommels Wirkung, lang vor den Jahren, da Studenten der Politikwissenschaft lernen sollten, dass Politik vor allem eines sei: Kommunikation.

Die Wirkung des Wortes hat Rommel immer zu nutzen versucht. Mit Wörtern hat er als Kommunalpolitiker gearbeitet wie ein Bildhauer mit Stein oder Holz. Er hatte aber nicht nur die Mittel dazu, er hatte auch Botschaften.

POPULÄR ALS REDNER
UND ALS AUTOR

Man stelle sich einmal vor, beim Fassanstich im Festzelt ginge alles glatt, dem Mann mit dem Hammer würde ein Schlag reichen, um den Spund ins Fass zu treiben und das Bier in den Maßkrug fließen zu lassen: Die Eröffnung des Volksfestes wäre dann nur der halbe Spaß. In den Zeitungen würde die Zeremonie fürs Volk kaum zur Geltung kommen und auch im Fernsehen würde etwas fehlen. Manfred Rommel wusste das und stellte sich während seiner OB-Amtszeit darauf ein.

Selbst ein Fassanstich mit drei Schlägen, schrieb er, wäre kein erwähnenswerter Vorgang. Zehn Schläge jedoch, mit denen nicht nur das Fass angestochen, sondern versehentlich auch der bereitgehaltene Bierkrug zertrümmert werde, sowie eine Fontäne aus Bierschaum stellten ein Ereignis dar, das von den Menschen nicht so schnell vergessen werde. Beim Fassanstechen sei es halt wie in der Politik: Es dürfe nicht alles klappen, weil die Chose sonst schnell langweilig werde.

In diesem Sinne äußerte sich Rommel am Ende seiner Amtszeit im September 1996. Er hatte aber schon von Beginn seiner ersten Amtszeit an die Chancen der Gaudi auf dem Cannstatter Wasen erkannt. Schnell machte er aus der Pflicht, das Cannstatter Volksfest zu eröffnen, eine Tugend. Er nützte auch die Bühnenbretter im Festzelt, die dem gemeinen Mann ein bisschen Welt bedeuten, um sich als Mensch unter Menschen zu präsentieren. 22 Jahre diente er den Stuttgartern als Oberbürgermeister – und 22 Mal eröffnete er mit einer Rede das Volksfest. Nur drei Witze, so hielt sich Rommel selbst zugute, habe er mehrmals verwendet. Witzig aber musste es sein. Bald galt seine Volksfestrede als Höhepunkt des Jahres bei seinen öffentlichen Auftritten.

Wer die Reden heute nachliest, ist zu denken versucht, dass Rommels Witze nicht immer leicht und süffig daherkamen. Bisweilen gönnte er sich sogar Kalauer wie diesen: »Lieber Bier auf Krankenschein, als operiert von Frankenstein.« Oder er frönte

Ein Oberbürgermeister beweist Schlagkraft: Bei fast zwei Dutzend Cannstatter Volksfesten hat Rommel den Fassanstich zelebriert. Die Eröffnungsreden machten ihn stetig populärer.

dem schwarzen Humor: Eine soeben verwitwete Frau füllt die Asche ihres Mannes in eine gläserne Urne. Danach befragt, warum sie das tue, antwortet sie: »Mein Gatte hat doch immer so gern aus dem Fenster hinausgeschaut.«

Manches davon wirkt im Nachhinein nicht sehr heiter. Das liegt unter anderem aber sicherlich daran, dass die reine Lektüre der Volksfestrede eine über die Maßen trockene Materie ist. Nicht so spritzig wie der Fassanstich. Verlorene Zeit war es für die Menschen im Zelt und an den Fernsehgeräten aber wahrlich nicht, wenn sie Rommels Eröffnungszeremonie verfolgten. Zwar sagte er selbst: »Sie werden dieses Volksfest nicht klüger verlassen«, er fügte allerdings hinzu, »aber im Unterschied zu manchen politischen Veranstaltungen auch nicht dümmer.«

Nicht wenige Stuttgarter waren entschieden der Meinung, die Volksfesteröffnungen hätten den Grundstock zu Rommels Popularität gelegt. Zu einer Popularität im Land, die auch Rommel selbst im Jahr 1978 für größer hielt als die Popularität des Innenministers und angehenden Ministerpräsidenten Lothar Späth.

Es konnte nicht ausbleiben, dass Rommel auch die Bütt als Bühne für den Auftritt mit wohlformulierten Worten entdeckte. Zunächst betrachtete er das Gastspiel bei Prunksitzungen noch als Pflichtübung, um die Erwartungen der Karnevalsgesellschaften zu befriedigen und mit »etwas an den Haaren herbeigezogenen Beiträgen« Frohsinn zu erzeugen. Aber bald ging er mit Lust zu den närrischen Anlässen und gaukelte sich und den Stuttgartern vor, dass die Stadt auf dem Gebiet der Narretei Substanzielles zu bieten hätte.

Wie der Chemiker im Labor Reaktionen zwischen unterschiedlichen Elementen untersucht, so lotete der Redner Rommel im Festzelt die Reaktionen des Publikums auf seine Textbausteine aus. Was manchmal spielerisch leicht wirkte, war zu Teilen das Ergebnis einer wohlüberlegten Strategie und einer guten Organisation. Dem Zufall überließ er seine Wirkung nicht.

Rommel war ein Sammler von Worten und Witzen. In seine Reden flossen Notizen aus 54 Heften ein, die er im Lauf seiner Amtszeit angelegt und beschrieben hat. Gedanken müsse man aufschreiben, wenn sie einem in den Sinn kämen, sagte er, nicht erst dann formulieren, wenn man sie für einen Vortrag brauche. So legte er viele Gedanken zuerst auf Zetteln nieder, dann in seinen Notizheften. Im Lauf der Zeit besaß er ein umfassendes Grundgerüst für Reden. Wenn er eine neue vorbereitete, konnte er die Elemente dafür durch den Griff in seinen Zettelkasten und den Blick in seine Notizhefte schnell kombinieren. Und mit jeder Vorbereitung einer Rede, sagte Rommel, wachse das präsente, jederzeit wieder abrufbare Wissen.

Manchmal tauschte er sogar mit ausländischen Staatsgästen, die Stuttgart besuchten, Witze, Anekdoten, Erkenntnisse und geistreiche Formulierungen aus. Nicht selten fragte er Gesprächspartner, denen er einen klugen oder launigen Gedanken zutraute, ob sie nicht etwas Passendes für ihn hätten.

Der Bedarf war groß, denn in seiner Zeit im Stuttgarter Rathaus hat Rommel nach eigener Schätzung etwa 5.000 dienstliche Reden gehalten: in Stuttgart, in der früheren Bundeshauptstadt Bonn, an Veranstaltungsorten des Deutschen Städtetags, in Partnerstädten oder in anderen Städten im Ausland. Oft trug er sie frei vor, meist hatte er sie selbst verfasst, die Texte nicht selten mit einer alten Schreibmaschine getippt, die auf einem Fenstersims des Häuschens in Sillenbuch stand. Manchmal trug

Rommel Reden auch in einer englischen Fassung vor, über die er selbst spottete, er habe darüber nachgedacht, dieses Englisch patentieren zu lassen. Man lasse sich aber nicht durch diesen Ausbruch von Selbstironie in die Irre führen. Rommels Englisch mag manchmal unbeholfen geklungen haben, aber: Längst im Ruhestand, von seinen Krankheiten belästigt, konnte er Interviews mit ausländischen Fernsehjournalisten über die Rolle seines Vaters noch in der Fremdsprache führen, ohne dass er Furcht haben musste, bei heiklen Sujets falsch verstanden zu werden.

»Bedenken sind immer mehrheitsfähig.«

Auch der Vortrag der Reden lebte von der Strategie der Ausführung. Manchmal sprach Rommel zwar stockend, bisweilen, vor allem in späteren Jahren, vollendete er Sätze nicht immer. Manches erzielte aber gerade Wirkung durch den Anschein, dass es nicht perfekt sei – dabei hatte Rommel diese Reden oft genug sorgfältig bedacht und die Wirkung der scheinbaren Stolperer eingeplant wie die Schläge bei der Eröffnung der Cannstatter Volksfeste, mit denen er scheinbar tölpelhaft ein Schaumbad aus Bier herbeiführte, weil er den Zapfhahn nicht richtig traf.

Oft eine Denkschrift parat

Neben den vielen Reden, die er eigenhändig zu Papier brachte, verfasste Rommel noch in der Endphase seiner Amtszeit als OB in ruhigen Stunden Positionspapiere, die sich mit Gott und der Welt befassten – mit Steuergesetzen, mit der Integration von Migranten, mit Finanzpolitik und gern auch mit der Nanotechnologie.

Technikfeindlichkeit war ihm eigentlich fremd, und die Ablehnung der Atomkraft hat Rommel nie gutgeheißen. Er kritisierte aber beständig den Versuch, mit immer genaueren Messgeräten Schadstoffe im Nanogramm-Bereich nachzuweisen und sie zum Beleg für Umweltgefahren zu nehmen. Die durchschnittliche Lebenserwartung der Menschen sei ja gestiegen, nicht gesunken, hielt Rommel bei vielen Gelegenheiten fest. In regelmäßigen Abständen brachte er diese Denkschriften und Essays, seine Positionsbeschreibungen und manchmal auch Polemiken unters Volk, wenn er die Journalisten zum »Pressekaffee« in den Ratskeller bat. Manchmal erläuterte er das Geschriebene, oft gab er den Presseleuten die Papiere einfach ohne große Worte mit in die Redaktionen. Des Öfteren konnte Rommels Umfeld vor dem Pressekaffee weder Denkschriften noch eine halbwegs aussagekräftige Themenliste avisieren. Dann lieferte der OB mit mündlichen Reaktionen auf tagespolitische Ereignisse in Deutschland in der Regel noch genügend Stoff, damit wenigstens ein Artikel geschrieben werden konnte.

Rommels Autorität und sein Charisma waren allemal groß genug, sein Wort gewichtig genug, dass die Journalisten seine Anstöße weitergaben. Und gut unterhalten fühlten sich die Reporter auch fast immer. Doch ohne einen solchen Mann, der selbst Programm ist, konnte auch diese Pressepolitik nicht lange überleben.

Nach Rommels Abschied aus dem Rathaus wurde der Pressekaffee als altmodisch enttarnt und abgeschafft. Eine vergleichbare Einrichtung, die dem OB ähnlich viel Presse jenseits des Tagesgeschäftes einbringen würde, gab es fortan nicht mehr. Allerdings gab es nach Rommel auch kaum mehr das Stadtoberhaupt, das sich dieses Instrumentes so souverän hätte bedienen können.

Rund zwei Dutzend Bücher veröffentlicht

Mit Büchern gewann er große Reichweite. Rund 20 davon hat der Autor Rommel im Lauf der Zeit veröffentlicht. Sie sind, wie er war: vielseitig, humorvoll, kenntnisreich, gescheit; manchmal ganz der Lust an Aphorismen gewidmet. Dann wieder erläuterte er, als Herr über Erwin Rommels Hinterlassenschaft, seine Interpretation der letzten Tage des Hitler-Reiches. Oft postulierte er den Abschied vom Schlaraffenland und rief auf, Maß zu halten.

Nur ein Staat, der sich finanziell nicht überfordere, könne seinen Aufgaben und seiner Verantwortung gerecht werden und sich das Vertrauen der Menschen erhalten, lautete Rommels Credo. Eine zu ausgabefreudige, unrealistische Sozialpolitik sei eine schlechte Sozialpolitik. Der Sozialstaat müsse wirtschaftlich erfolgreich sein, die Finanzpolitik die ganze Politik zu einem Ganzen zusammenbinden.

Der Zahlenfuchs konnte nicht über seinen Schatten springen. Doch mit den ständigen Appellen lief der glänzende Entertainer aus der Politik dann doch Gefahr, sein Publikum ab und an ein wenig zu ermüden. Erst die akute Krise des weltweiten Finanzsystems, das Schwächeln des Euro und vor allem die hoffnungslose Überschuldung von Staaten wie Griechenland rehabilitierten seine Ansichten glanzvoll: seinen Glauben an die Notwendigkeit des staatlichen Maßhaltens und seine Furcht vor der Demoralisierung der Bürger durch die Schuldenpolitik.

Den Auflagen von Rommels Büchern hat das zeitweilige Verschwinden seines großen Anliegens kaum geschadet. Kein anderer Autor aus Stuttgart hat seine Werke, hat sich selbst so gut verkauft. Schon das erste Buch mit dem Titel »Abschied aus dem Schlaraffenland«, mit dem Rommel 1981 auf eine Anregung seines Pressechefs Klaus Dieterle ausgewählte Aufsätze und Reden zusammenfasste, erwies sich als Bestseller.

Man habe sich nach einigem Zögern dazu durchgerungen, in der ersten Auflage gleich 10.000 Exemplare drucken zu lassen, berichtete Rommels Freund und Verleger Ulrich Frank-Planitz 1996. Mitarbeiter hätten voller Sorge gewarnt, davon werde man nicht einmal die Hälfte verkaufen. Tatsächlich sei allein die Originalausgabe achtmal aufgelegt worden mit dann insgesamt 78.000 Exemplaren. Das Buch »Manfred Rommels gesammelte Sprüche«, erstmals 1988 veröffentlicht, brachte es in rund acht Jahren auf 16 Auflagen und insgesamt 128.000 Exemplare. Das lässt erahnen, dass nicht nur der Verlag sich mächtig über diesen Bestsellerautor freute, sondern auch Rommel selbst nicht unerhebliche Nebeneinnahmen verbuchen konnte.

Er eroberte die Leser, wie sein Verleger 1996 nach der Auswertung der Verkaufszahlen verriet, vor allem in Südwestdeutschland, aber auch in Bayern, in der Schweiz, in Hamburg und Schleswig-Holstein. Warum er in Hessen, in Nordrhein-Westfalen und in Österreich nicht auf ähnlich großes Gefallen stieß, wusste Frank-Planitz freilich nicht zu erklären. Er konnte allenfalls spekulieren, dass an Rhein und Ruhr, am Main und an der mittleren Donau Rommels trockener Humor und sein aphoristisches Talent vielleicht nicht so gut verstanden würden.

Als Dichter reimte der OB sehr populäre Verse. Als politischer Schriftsteller setzte er sich so gekonnt in Szene wie wohl kein anderer deutscher Kommunalpolitiker. Dem Aphoristiker Rommel bescheinigte Frank-Planitz gar eine Ausnahmestellung in Deutschland. Wer sonst hätte es so souverän geschafft, das Wesen, die Widersprüche oder auch die Unfähigkeit der Politiker mit so wenigen Worten so gewitzt zu formulieren?

Rückgriffe auf Hegel

Die Frage, was die großen Denker hergeben, um den Gegenstand seines Grübelns und Sinnierens zu erhellen, ließ Rommel ebenfalls nicht ruhen. Manche Beobachter glaubten nicht ganz zu Unrecht, zu bemerken, dass sich der Stuttgarter OB, fast bis zur Selbstaufgabe pflichtbewusst, am ehesten im Sinne der Erkenntnisse von Immanuel Kant verhalte. Oft wurde Rommel zwar eine geistige Orientierung an Georg Friedrich Wilhelm Hegel nachgesagt, seine Auseinandersetzung mit diesem in Stuttgart geborenen Philosophen und Rommels Verständnis von Hegels Lehre dürften allerdings erheblich überschätzt worden sein.

Gewiss: Rommel bezog sich verhältnismäßig oft auf Hegel. Er trug auch Sorge dafür, dass das Geburtshaus des Philosophen nach allen Regeln der Kunst renoviert und als Gedenkstätte zu einem Kleinod der Stuttgarter Museumslandschaft gemacht wurde. Als 1991 der bulgarische Staatspräsident Schelju Schelew nach Stuttgart kam, der die Berufsbezeichnung Philosoph führte, ließ Rommel ihn selbstredend auch ins Hegelhaus lotsen. Im Grunde seines Herzens konnte der Pragmatiker Rommel mit dem Theoretiker Hegel möglicherweise aber weniger anfangen als er suggerierte, zumal den Stuttgarter OB stets mehr der Mensch beschäftigte und nicht eine ins Reich des theoretischen Materialismus verweisende Lehre.

Rommel gestand auch wiederholt, viel von Hegel gelesen, die Hälfte aber wieder vergessen und überhaupt nur ein Drittel verstanden zu haben. Deswegen habe er sich die Grundzüge des Hegel'schen Denkens durch Sekundärliteratur erschlossen. Das reichte immerhin aus, um mit Besuchern aus dem damaligen Ostblock über Hegel, den Vordenker von Karl Marx und Friedrich Engels, zu sprechen. Dass er persönlich Hegel nur vage kannte, machte Rommel nichts aus. Leute, die mit Hegel umgingen, seien es ja gewohnt, dass sie sich gegenseitig nicht verstehen. Das Stadtoberhaupt wusste den zeitweiligen Stuttgarter Bürger Hegel freilich immerhin zu instrumentalisieren, um der Stadt geistesgeschichtliche Aura zu verschaffen. Es gelang ihm mit einem einfachen Mittel. Er ließ Himbeergeist in Flaschen abfüllen und als »Stuttgarter Weltgeist« etikettieren, damit den Schnaps und den Denker verbindend, der den Gang der Geschichte als die ewige Entfaltung des Weltgeistes verstand. Darunter ließ Rommel das Hegel-Zitat schreiben: »Das Geistige allein ist das Wirkliche.«

Dieser Kunstgriff ist eines der seltenen Beispiele, wie die populärste Werbefigur der Stadt selbst ein neues Werbemittel für den Stadttourismus schöpfte. Das Etikett, das man ihm verpasst hatte, er sei »der Philosoph im Rathaus«, betrachtete Rommel sehr distanziert. Als Philosoph werde er nicht bezahlt. Man sei das, wofür man bezahlt werde. Also sei er Politiker.

Warnungen vor Pauschalurteilen

Bei einigen Gelegenheiten, die Rommels Ruf vor allem im Ausland begründeten, verbanden sich Worte und Taten. Es waren Anlässe, bei denen Rommel Maßstäbe setzte, indem er der Versuchung des Populismus widerstand und das Risiko einging, selbst unpopulär zu werden. Es waren Rommels Gratwanderungen.

Dass die Menschen ehrliche Angaben über den Zustand der Stadt- und der Staatsfinanzen auf lange Sicht zu würdigen wüssten, das hatte Rommel bereits vorexerziert. Doch später sah er sich wiederholt in anderer Weise gefordert, besonders in der Zeit des RAF-Terrorismus Ende der 1970er, aber auch am Ende der 1980er-Jahre. Denn wenn sich Ungewöhnliches ereignet hatte, wenn die Aufregung in der Bevölkerung groß war und wenn pauschaler Volkszorn die Falschen zu treffen drohte, dann fühlte sich Rommel zum Eingreifen aufgerufen – im Zweifel für die Opfer des Zornes.

Anlass dafür gab auch der 8. August 1989. Auf der Brücke über die Bundesstraße 10 in Stuttgart-Gaisburg tötete ein Schwarzer, der zuvor in einer Straßenbahn durch einen Streit mit Kontrolleuren aufgefallen war, zwei Polizisten, die den Asylbewerber in Gewahrsam nehmen wollten. Der wirre Mann aus Kamerun, der nach einer 21 Jahre währenden Odyssee durch diverse europäische Länder und die USA in Stuttgart gelandet war, der eine falsche Identität vorgeschützt hatte und auf dessen Spuren dennoch seit einigen Tagen Kriminalbeamte waren, zückte zwei Bajonette, die er versteckt mit sich getragen hatte. Er selbst wurde von einem der Polizisten erschossen. So lagen drei Tote auf der Brücke – das Ergebnis einer Tat, die viele Stuttgarter schockte und kaum jemanden unberührt ließ.

Die einen beschlich das fatale Gefühl, dass sie selbst bedroht sein könnten durch Menschen, die sich ins Land und in die Stadt mogelten und jederzeit Amok laufen könnten. Und die, deren Hautfarbe schwarz war und die in der Stadt unterwegs waren, fühlten sich seit dieser Tat unter Generalverdacht gestellt und verurteilt. Vor der katholischen Domkirche St. Eberhard, in der die Trauerfeier für die getöteten Polizisten stattfinden sollte, führte einer dieser Schwarzen Klage darüber. Spontan beschloss Rommel deswegen, in seine Trauerrede ein paar Sätze einzuflechten, um vor voreiliger Pauschalisierung zu warnen. Als Stadtoberhaupt habe er einen derartigen Ausländerhass nicht ignorieren dürfen, schrieb er später. Wieder einmal brachte er die Stimmungslage 1989 auf den Punkt – und prüfte die Nehmerqualitäten seiner Stuttgarter. »Es hätte auch ein Weißer sein können«, sagte Rommel in der Kirche, »es hätte auch ein Schwabe sein können. Wir sollten unserer Trauer dadurch Würde geben, dass wir nicht generalisieren.«

Viele mussten heftig schlucken, nachdem ihr Oberbürgermeister gesprochen hatte. Andere ließen ihrer Wut freien Lauf. In Rommels Dienstzimmer gingen in den folgenden Tagen »ganz fürchterliche« anonyme Briefe ein. Manche Verfasser schrieben, sie wollten Rommel totschlagen und auf sein Grab »seichen«, wobei sie das Wort noch falsch geschrieben hätten, wie der Beschimpfte sich belustigte.

Rommel lernte bei dieser Gelegenheit, dass solche Geister desto weniger der deutschen Sprache mächtig seien, je nationalistischer sie sich gebärden. Umbesonnen hat sich der OB deswegen nicht. »Ich würde das in der gleichen Situation noch einmal sagen«, erklärte Rommel gut sieben Jahre später aus Anlass seines Abschieds aus dem Rathaus.

Die Stimmung war also wieder einmal hitzig im Sommer 1989 und Rommel durchaus in der Kritik – dabei sollte er sich 15 Monate später wieder um eine Amtszeit, um seine dritte Amtsperiode bewerben. Es zeigte sich dann aber, dass die Zustimmung für ihn nicht zurückging, sondern noch anwuchs. Bei der OB-Wahl im November 1982 hatten schon 69,8 Prozent der Wählerinnen und Wähler im Amt bestätigt. Auch der Herausforderer Ulrich Maurer, immerhin ein bereits profilierter Landespolitiker der SPD und eine Identifikationsfigur der Stuttgarter Sozialdemokraten, erreichte nur 24,7 Prozent. 1990 fielen Rommel dann sogar 71,1 Prozent der Stimmen zu.

Die SPD hatte dieses Mal mangels Erfolgsaussichten von vornherein die Waffen gestreckt, versuchte sich aber damit zu rechtfertigen, dass man den Eindruck gewonnen habe, Rommel und die CDU verbinde kaum noch etwas, wohingegen die SPD und Rommel eine Reihe von Positionen teilten. Ja, manche in der SPD sahen in dem OB sogar fast schon einen verkappten Sozialdemokraten.

Rezzo Schlauch von den Grünen brachte es immerhin auf 20,7 Prozent, erwarb sich mit einem kraftstrotzenden Wahlkampf eine beachtliche Popularität in Stuttgart und legte wahrscheinlich schon einen Grundstein dafür, dass seine Partei von 2009 an bei mancherlei Wahlen die SPD als Partei Nummer 2 in Stuttgart ablösen und der CDU die führende Rolle streitig machen konnte. Rommels Ansehen bei den Bürgern jedoch hatte da schon seinen Zenit erreicht. Mit seinem Talent zum populären Auftritt, mit einer bescheidenen Lebensführung und mit der Integrität eines Politikers ohne persönliche Affären hatte er es dahin gebracht. Der OB von Stuttgart und philosophierende Schwabe, der Weltbürger und Buchautor und der Unterhaltungskünstler auf dem Volksfest und bei der Prunksitzung – sie waren mehr und mehr zu einem Gesamtkunstwerk verschmolzen. Stuttgart hatte in Manfred Rommel einen Moderator, der zusammenführte und versöhnte, notfalls aber auch Unpopuläres sagte, um den Volkszorn in die Schranken zu weisen und unveräußerliche Werte zu verteidigen.

Die Stadt hatte in ihm ein Oberhaupt von staatsmännischem Zuschnitt, einen Botschafter, der weit über die Grenzen Baden-Württembergs hinaus wahrgenommen und geschätzt wurde. Sie hatte also nicht einfach einen Stuttgarter an der Spitze, auch keinen Oberschwaben oder württembergischen Unterländer, mit dem sich nur Teile der Bevölkerung hätten identifizieren können, sondern sozusagen einen Über-Schwaben. Einen, der bisweilen auch für höhere Ämter in Deutschland gehandelt wurde. Immer deutlicher kristallisierte sich in zwei Jahrzehnten heraus, dass im Stuttgarter Rathaus der Mann und das Amt in idealer Weise zusammenpassten.

KONFLIKT
UM EIN TERRORISTENGRAB

Manfred Rommels Ruf als großer und vielleicht letzter Liberaler im Land festigte sich, als das deutsche Staatswesen in den 1970er-Jahren vom linken Terrorismus erschüttert wurde. Schon in der Anfangszeit der terroristischen Übergriffe und noch vor Rommels Amtsantritt als Oberbürgermeister erfassten die Turbulenzen das ansonsten eher beschauliche Stuttgart. Polizeikontrollen unter dem Einsatz von Maschinenpistolen waren auf den Straßen in der Landeshauptstadt und der Umgebung zeitweilig fast an der Tagesordnung. Für Fahrer bestimmter Automarken war die Wahrscheinlichkeit, herausgewinkt zu werden, besonders groß.

Überraschte Reaktionen und unbedachtes Verhalten hatten die Betroffenen damals tunlichst zu vermeiden. Die Waffen der Polizei waren entsichert, die Notwendigkeit der eigenen Verteidigung war den Beamten eingeschärft. Mit Überreaktionen musste auch auf dieser Seite gerechnet werden. Kurzum, es herrschte eine Stimmung des Misstrauens im Land. Es war die bleierne Zeit in der Bundesrepublik Deutschland.

Tatsächlich führten die Spuren der RAF-Gruppe auch nach Stuttgart. Zwei Wohnungen in der Seidenstraße im Stadtbezirk West und in der Oberen Weinsteige im Stuttgarter Süden wurden als konspirative Treffpunkte von RAF-Mitgliedern und Lagerstätten von Waffen enttarnt – als sie allerdings bereits aufgegeben waren. Einem Vormieter der Wohnung im Westen, dem schottischen Geschäftsmann Ian McLeod, sollten die Erkenntnisse den Tod bringen. Am 25. Juni 1972 wurde er in seiner neuen Mietwohnung im Stuttgarter Wohnsilo Asemwald unter mysteriösen Umständen erschossen.

Ein Polizeitrupp war in seine Wohnung im fünften Stock eingedrungen. Der Schotte öffnete die Tür zwischen Schlafzimmer und Flur, schaute in die Mündung einer Maschinenpistole, flüchtete ins Schlafzimmer zurück und schlug die Tür hinter sich zu. Ein Polizist drückte ab. Zwei Projektile durchschlugen das Türblatt. Dahinter brach der nackte Geschäftsmann zusammen – von einer Kugel tödlich in den Rücken getroffen. Ende eines mutmaßlichen Terroristenhandlangers oder Betriebsunfall der um Wehrhaftigkeit bemühten Demokratie?

Generalbundesanwalt Siegfried Buback beharrte gegenüber den kritisch berichtenden Medien in Großbritannien und Deutschland darauf, dass es eine Verdachtslage gegeben habe und dass sie weiter bestehe. Für Teile der Öffentlichkeit erhoben sich viele Zweifel. Vielleicht, so lauteten die Vermutungen auch, habe der Schotte nur deshalb sterben müssen, weil er sich nach seinem Umzug bei der Meldebehörde nicht gleich aus der alten Wohnung abgemeldet hatte und so verdächtigerweise als Mieter mit zwei Wohnungen ins Fadenkreuz der Terrorismus-Ermittler geriet. Die genaueren Umstände blieben über die Jahrzehnte hinweg Gegenstand von Spekulationen.

Der Vorfall illustriert das Klima jener Jahre, in denen unter Hochdruck nach Terroristen gefahndet wurde, während Funktionsträger von Staat und Wirtschaft sich vor Anschlägen fürchten mussten und Polizisten um ihre Sicherheit bei der Arbeit. Auch Rommel hegte zeitweilig Befürchtungen und führte in seinem Wagen eine Pistole mit sich, um notfalls sein Leben verteidigen, auf jeden Fall teuer verkaufen zu können. Als er gewahr wurde, dass er einen um seine Sicherheit besorgten Zivilbeamten für einen Verfolger gehalten hatte, legte er die Waffe weg. Ihm dämmerte, dass sie sich mit etwas Pech gegenseitig hätten erschießen können.

Nothelfer für einen Theaterdirektor

1977 spitzten sich die Aufregungen auch in Stuttgart weiter zu. Mit Lust zur Provokation und voller Berechnung brachte sich der Schauspieldirektor Claus Peymann selbst in die Diskussion und forderte Rommel dazu heraus, der um sich greifenden Feindseligkeit entgegenzutreten, die sich gegen alle und alles richtete, was der Komplizenschaft mit den mordenden Terroristen verdächtig erschien. Wie der Theatermacher Peymann.

Von Gudrun Ensslins Mutter um Hilfe gebeten, hängte Peymann am Schwarzen Brett der Württembergischen Staatstheater einen Spendenaufruf für die Zahnbehandlung der Terroristen aus, die im Gefängnis in Stuttgart-Stammheim einsaßen. Der Vorgang wurde publik, kurz bevor andere Terroristen den in Stuttgart wohnenden

Am 27. Oktober 1977 werden in Stuttgart drei Terroristen beerdigt. Manfred Rommel hat es zum Ärger vieler Bürgerinnen und Bürger erlaubt.

Arbeitgeberpräsidenten Hanns Martin Schleyer entführten. Dass sie mit seiner Verschleppung den Staat zu erpressen versuchten und dass bei der Entführung Schleyers Fahrer und ein Sicherheitsbeamter getötet wurden, machte die Entrüstung der Bevölkerung über Peymanns Sammelaktion noch größer. Schon die Zeitungsmeldung, dass Terroristen im Gefängnis täglich Zwetschgenkuchen mit Sahne erhalten würden, schürte den Volkszorn.

Nicht nur in der CDU war die Empörung über Peymann groß, sondern auch in anderen Parteien und bei den Verantwortlichen des Landes, das zusammen mit der Landeshauptstadt die Staatstheater alimentiert. Aus der Landesbürokratie ereilte Rommel der Hinweis, bei einem Terroranschlag in Stockholm seien auch Gegenstände aus dem Stuttgarter Theaterfundus verwendet worden. Der OB tue gut daran, sich nicht weiter für Peymann einzusetzen. Rommel ging dem Hinweis nach und kam zur Überzeugung, dass an der Sache nichts dran sei.

In der Öffentlichkeit war aber schon der Ruf nach Peymanns Entlassung aufgekommen. Ministerpräsident Hans Filbinger und Landtagsfraktionschef Lothar Späth urteilten ebenfalls, angesichts des Volkszorns sei Peymann nicht mehr zu halten. Rommel jedoch schätzte die Situation anders ein. Er bescheinigte Peymann zwar, er sei ein »Virtuose politischer Ungeschicklichkeit«, und er ermahnte die Künstler auch, nicht überall sofort Unterdrückung zu wittern (»der Mensch kann nicht wie eine Wildsau durchs Unterholz brechen«); doch Rommel stellte sich zugleich vor den Provokateur Peymann und empfahl die Rückkehr zu Ruhe und Gelassenheit.

»Wer im Bereich der Kunst aus Angst vor Missbrauch
auch die Freiheit lieber eingeschränkt sehen würde,
handelt wie ein Mann, der aus Angst vor dem Tod Selbstmord begeht.«

Dabei folgte er nicht nur seiner tiefen Überzeugung, dass zu große Einflussnahme der Politik gerade auf dem Feld der Kultur nachteilige Wirkung hätte. Er war auch überzeugt, dass das Wort »Sympathisant« in jenen Tagen inflationär verwendet werde und die Vorwürfe gegen Peymann maßlos überzogen seien. Überdies lag ihm daran, einen »ungewöhnlich qualifizierten Schauspieldirektor« zu halten, der für Stuttgart in der europäischen Theaterlandschaft Ehre eingelegt habe. Prompt fragten Parteifreunde ihn, ob er vergessen habe, welcher Partei er angehöre. Und im Hof des Neuen Schlosses musste Rommel sich nach einer Trauerfeier für Schleyers ermordete Begleiter von Zaungästen beschimpfen lassen. Der OB aber verhinderte im Verwaltungsrat der Staatstheater die von den Landespolitikern erwogene fristlose Kündigung. Peymann arbeitete bis zum turnusmäßigen Auslaufen seines Vertrages weiter.

Bis dahin freute sich Rommel noch über einige »beachtliche Inszenierungen«. Der Theatermann, der noch vom Buhmann auf die Rolle des Publikumslieblings umsatteln konnte und nach Rommels Einschätzung zum »Märtyrer der Kunstfreiheit« aufstieg, sei mit seinen Schauspielern noch einmal zu großer Form aufgelaufen, bescheinigte Rommel ihm. Dann aber zog es der Schauspieldirektor trotz Rommels Hilfe vor, Stuttgart zu verlassen. In dem dort vorherrschenden Klima, machte er dem OB klar, könne man nicht mehr künstlerisch arbeiten.

Der Staat beugte sich den Forderungen der Terroristen nicht. Schleyer blieb nicht das letzte Opfer dieses Machtkampfes. Nach der Entführung einer Lufthansa-Maschine, deren Passagiere und Besatzungsmitglieder von der Bundespolizei-Eingreiftruppe GSG9 in der somalischen Hauptstadt Mogadischu befreit wurden, kam es in den Gefängniszellen in Stammheim unmittelbar zum Selbstmord der Terroristenanführer, den heute noch manche zum staatlichen Mord an politischen Aktivisten umdeuten möchten. Nach dem Suizid der Terroristen Gudrun Ensslin, Andreas Baader und Jan-Carl Raspe äußerten ihre Familien den Wunsch nach einem Gemeinschaftsgrab auf dem Stuttgarter Dornhaldenfriedhof – und stellten damit die Toleranzfähigkeit von Regierung, Behörden und Gesellschaft auf eine harte Probe.

Ein Signal der Menschlichkeit

Am 20. Oktober 1977 wurde der Oberbürgermeister von seinen Mitarbeitern über den Wunsch der Familien unterrichtet, und es begannen einige Tage der aufgeregten Diskussion und der Hysterie. Viele Menschen in der aufgewühlten und erschreckten Bevölkerung hätten es zweifellos begrüßt, wenn Rommel die Zustimmung nicht gegeben hätte. Der Hass auf die toten Terroristen war groß. Im Volk wurden Stimmen laut, die Leichname sollten im Wald verscharrt werden.

Rommel wurde überrascht von diesen Reaktionen und der »unglaublichen Aufgeregtheit«. Er entschied sich aber – nach eigener Auskunft ohne Zögern – dazu, den Wunsch der Familien zu erfüllen.

»Im Tod endet jede Feindschaft«, sagte er ganz einfach, während manche den Eindruck zu erwecken versuchten, er wolle den Selbstmördern ein Ehrengrab geben. Ihm sei völlig klar gewesen, was eine Verweigerung der gemeinsamen Beisetzung in Stuttgart bedeutet hätte, sagte Rommel später. »Die Fernsehgesellschaften aus dem Ausland hätten sich auf dieses Thema gestürzt.« Hätte er versucht, die Toten irgendwohin abzuschieben, »wären sie wie Fliegende Holländer herumgereicht worden«. Die Diskussionen im Gemeinderat und in den darunter angesiedelten Bezirksbeiräten, wer ein Grab in Stuttgart bekommen darf und wer nicht, wollte Rommel schon im Ansatz verhindern. Stuttgart hätte sonst der ganzen Welt, die damals hierher schaute, ein »schauerliches Schauspiel, ein bürokratisches Theater« aufgeführt, sagte er.

Rommel legt vor der Presse seine Argumente dar, weshalb er die Terroristenbeisetzung in Stuttgart nicht verhinderte.

Filbinger äußerte bei einem Telefonat Verständnis für Rommels Entscheidung. Viele andere verurteilten sie, fürchteten künftigen Terrorkult auf dem Stuttgarter Dornhaldenfriedhof oder drohten damit, ihre verstorbenen Angehörigen der unpassenden Nachbarschaft durch Umbettung der Leichname zu entziehen. Sogar von manchen Politikern und Bürgern sah sich Rommel bei der Familie Schleyer so angeschwärzt, dass er zusammen mit dem Ersten Bürgermeister Jürgen Hahn bei ihr vorsprach, um die Gründe für sein Handeln zu erläutern. Er habe Verständnis gefunden, notierte er.

Nach Rommels eindeutiger Ansage reagierte die Weltpresse – aber positiv, nicht negativ, wie es bei einer anderen Entscheidung wohl der Fall gewesen wäre. Wochenlang standen die Journalisten beim OB fast schon Schlange, um Interviews mit ihm zu führen. In den Augen einer Weltöffentlichkeit gewann Rommels Profil plötzlich überraschende und interessante Konturen. Er war schlagartig über die Grenzen Deutschlands hinaus berühmt. Einmal mehr hatte sein Gespür für die richtige Geste ihm geholfen und eine knifflige Situation bereinigt.

Am 27. Oktober 1977 fand das Dreifachbegräbnis, das so umstritten gewesen war, unter den Augen einer großen Öffentlichkeit statt. Neben den Verwandten standen am Grab auch Gleichgesinnte, manche von ihnen vermummt, um nicht von Polizeibeamten oder anderen Beobachtern gefilmt oder fotografiert zu werden. Schon in jenen Wochen mahnte Rommel, man dürfe jetzt nicht in den Fehler verfallen, all jene mit dem Brandmal des Sympathisantentums zu versehen, die politisch irgendwo links stünden oder sich schon einmal mit der Anarchie beschäftigt hätten. Wer mit Intoleranz auf Intoleranz reagiere, bringe auf längere Sicht die ethische Substanz des Staatswesens in Gefahr.

Drei Jahre nach seiner Pensionierung nahm Rommel erneut dazu Stellung. Es sei gefährlich, wenn man alle möglichen Leute, die eigentlich nichts damit zu tun hätten, dem Terroristenfeld zurechne. Dass das Volk damals den Inhaftierten sogar das tägliche Stück Zwetschgenkuchen neidete, erschien ihm geradezu als grotesk. Eine gewisse Gelassenheit habe er damals als unbedingte Pflicht angesehen, forderte der Volkszorn doch sogar, die Terroristen aufzuhängen, statt ihnen einen rechtsstaatlichen Prozess zu machen.

Die Ereignisse in den 1970er-Jahren erschienen Rommel auch 1999 nach wie vor so bezeichnend, dass er sie nicht dem Vergessen anheimgeben mochte. Sollten sie tatsächlich in Vergessenheit geraten, sagte er, wäre das seines Erachtens »ein Drama«. Die Rote Armee Fraktion zeige mit ihrer Geschichte nämlich auf, wie leicht der Mensch von einer »Wesensveränderung« erfasst werden könne – selbst in einer Demokratie. Sie zeige, wie Terroristen vorgaben, für die Menschheit zu kämpfen, und doch überhaupt nicht gezögert hätten, zuerst die Begleitmannschaft des Arbeitgeberpräsidenten umzubringen, dann auch noch Schleyer selbst.

»Ich bin gegen Schwarzmalerei, aber auch gegen Weißmalerei.
Ich bin für Vertrauen erweckende Grautöne.«

Im Lauf der Zeit verstanden mehr und mehr Menschen, wie wertvoll die Haltung Rommels damals gewesen war: Mit erheblichem Risiko für sein Ansehen hatte er im Herbst 1977 wieder einmal einen jener Sätze formuliert, an denen sich zunächst die

Geister scheiden, die dann aber ähnlich wie Denkmale an jederzeit gültige Gewissheiten erinnern. Sätze, die in Tagen historischer Ereignisse ausgesprochen werden, die die Gefahr von Missverständnissen und von Missbilligung in sich bergen – und sich als richtig erweisen. Rommel selbst stufte die Aufsehen erregenden Wörter später jedoch ein Stück herunter. Als Held oder als Märtyrer habe er sich nicht gefühlt. Die Demokratie, in der man zum Glück lebe, brauche keine Helden. Der Vorgang sei aufgebauscht worden.

»Es kommt nicht darauf an,
im Moment Applaus zu bekommen,
sondern dass man wiederkommen kann,
ohne den guten Namen verloren zu haben.«

Mit dem Abstand von fast 35 Jahren nahm er dann sogar kritisch die Verhältnisse im Stammheimer Hochsicherheitsgefängnis ins Visier: Vielleicht hätten die Terroristen ja alles überlebt, wenn man sie nicht in einer lebensfernen, ausweglosen Situation zusammen inhaftiert hätte. Auch die damaligen Neigungen, überall nach möglichen Sympathisanten der Terroristen zu spähen, rollte Rommel bei dieser Gelegenheit noch einmal auf. Das deutsche Grundgesetz erlaube es dem Bürger, links zu sein und sich links zu äußern, selbst wenn er damit vielleicht an verfassungsrechtliche Grenzen stoße. Das gelte auch und besonders für die Freiheit der Kunst. Andererseits dürfe kein Bürger und kein Künstler das Gesetz des demokratischen Staates brechen. »Nur da verläuft also die Grenze, zwischen Legalität und Illegalität. Der vage Begriff des ›Sympathisantensumpfes‹, der damals verwendet wurde, führt in die Irre.«

EIN BOTSCHAFTER DEUTSCHLANDS

Rommel wusste die Aufmerksamkeit der Welt, die ihm im Deutschen Herbst zuteil geworden war, gut zu nutzen. Und mit Geschick. Auch bei seinen Auftritten im Ausland zollte man Rommel nun verstärkte Beachtung, beispielsweise bei einem Besuch der USA im Oktober 1995. Neben seiner Fähigkeit zur ernsthaften, die Worte abwägenden Rede konnte er sich auch dort von seiner witzigen Seite zeigen.

So manche Anekdote hatte er ins Englische gebracht, obwohl sie kaum übersetzbar ist. Von City Hall zu City Hall, von Handelskammer zu Handelskammer variierte er seine Rede. Für besondere Werbung zugunsten Stuttgarts nützte er nur wenige Gelegenheiten. Stuttgart, das war er. Wer ihn schon kannte, sah sich durch das Erlebnis bestätigt und lachte. Wer ihn zum ersten Mal erlebte, war vielleicht verwundert, aber doch angetan, wie eine bildhübsche junge Bankiersgattin im Kunstmuseum von St. Louis im US-Staat Missouri: »Er hat so eine ganz besondere Art.« Die eigentliche Bewährungsprobe wartete aber nicht in der Partnerstadt St. Louis auf Rommel, sondern im tiefen Süden der USA, in Alabamas Hauptstadt Montgomery, nahe des Fleckens Tuscaloosa, wo Daimler-Benz in jenen Tagen seine erste Fabrik in den USA aus dem Boden stampfte. Dort, wo 30 Jahre zuvor der Bürgerrechtskämpfer und Pastor Martin Luther King den Aufstand gegen die Rassentrennung organisiert hatte. Wo sich die Rassistenorganisation Ku-Klux-Klan an Kings Fährten heftete, bis er 1968 in Memphis/Tennesse für seine Überzeugungen mit dem Leben bezahlen musste.

Auch Rommel wird daran gedacht haben. Denn was sich damals, in den 60er-Jahren, in Alabama abspielte, passte so gar nicht zu dem Bild der demokratischen Lehrmeister, die Rommel nach dem Zweiten Weltkrieg zu schätzen gelernt hatte. Aber darüber redete er nicht. Die Menschen dort wollten hören, was der OB aus der Heimatstadt von Daimler-Benz vom Daimler-Fabrikbau in Alabama hielt. Und sie wollten hören, was ihnen Rommel über seinen Vater, über die Geschichte, die Gegenwart und die Politik in Deutschland zu sagen hätte. Hier, auf dem US-Luftwaffen-stützpunkt Maxwell in Montgomery, in einer Denkfabrik der Air Force. Tausende von Luftwaffenangehörigen hatten dort eine Ausbildung in militärischer Taktik und anderen militärischen Fertigkeiten genossen. In der Bücherei schlummerte Literatur, in der Erwin Rommel als einer der besten Taktiker der Kriegsführung gewürdigt wurde.

Die Offiziere, die dort zusammenströmten, um sich den Sohn des Generalfeldmarschalls anzuhören, platzten fast vor Neugier. Wohlvorbereitet stellte sich der OB den annähernd 1.000 Zuhörern, sprach im Rückblick auf den Nationalsozialismus von einer moralischen Katastrophe der Deutschen und dankte den Amerikanern für den Aufbau der Demokratie. Dahinter stand seine tiefe Überzeugung, dass die Deutschen es ohne die »freundliche Diktatur« der alliierten Militärregierungen nicht geschafft hätten, die Demokratie in ihrem Land zu verankern. Auf sich allein gestellt, dachte Rommel bis zu seinem Lebensende, hätten sich die Deutschen befehdet. Ihre Entnazifizierung durch die Besatzer betrachtete er stets als Versuch, den Menschen nach den Schrecken des Naziregimes und des Zweiten Weltkrieges eine Identität zurückzugeben. Das war es, was er als »Großherzigkeit« der Siegermächte verstand, die er nie vergessen wolle. Und danach handelte er. Dafür suchte Rommel nach symbolischen Sätzen, die die moralische Katastrophe der Deutschen und ihre menschliche Läuterung zum Ausdruck bringen sollten. Wie der Satz: »Die Mehrheit der Deutschen weiß heute, dass es besser war, den Krieg zu verlieren, als ihn mit Hitler zu gewinnen.«

Es lag an Sätzen wie diesen, dass der noch im Jahr 1995 in Stuttgart stationierte Air-Force-General Charles G. Boyd bei Rommels Vorstellung in Montgomery eine geradezu weihevolle Stimmung verbreitete. Es gab aber auch die anderen Amerikaner, darunter viele junge, denen Manfred Rommel kein Begriff war, die jedoch vom Feldmarschall Erwin Rommel gehört hatten. Auch bei ihnen tat seine Rede ihre Wirkung, obwohl Rommel, wie im Deutschen, nicht jeden Satz vollendete, gelegentlich nach Worten suchte. Dabei waren ihm die Anstrengungen der Reise anzumerken, waren seine Rückenschmerzen fast spürbar.

Rommel in Amerika – das war eine kampflose Eroberung. Auch die Militärs streckten die Waffen. »Mein Vater war ja auch ihr Hauptkriegsgegner«, erklärte Rommel das große Interesse. Im großen Auditorium der Maxwell-Airbase erzählte der OB für sie von den dramatischen Ereignissen in den letzten Kriegsjahren, vor allem von 1944. Sein Vater habe Hitler loswerden, aber nicht töten wollen, weil »er den toten Hitler mehr fürchtete als den lebenden«. Nein, Selbstmord sei es nicht gewesen. Der Vater habe unter der Bedrohung von Gestapo und SS das Gift genommen, um die Familie vor Schaden zu bewahren. Nach der Rede auf dem Stützpunkt standen die Menschen Schlange. Sie wollten nicht nur Bücher signieren lassen. Einer von ihnen sagte: »Ich war in Crailsheim stationiert und möchte Ihnen herzlich dafür danken, was Sie uns Gutes getan haben.« Dieser Offizier war nur einer von vielen, bei denen sich Rommel für die Rolle der Amerikaner im geschlagenen Deutschland, für ihr Geschenk der Demokratie und für die Wiederaufbauhilfen bedankte. Dass den Amerikanern von der außerparlamentarischen Opposition und der Studentenbewegung Ende der 1960er-Jahre Feindschaft entgegenschlug, hat Rommel nie verstanden.

Im Stuttgarter Rathaus hatte er schon bald nach seinem Dienstantritt regelmäßige Begegnungen mit neu eingetroffenen US-Soldaten eingeführt. »Meet the mayor – begegne dem Oberbürgermeister« lautete dieses gern akzeptierte Angebot, das dem scheidenden US-Präsidenten Ronald Reagan im Jahr 1988 ein persönliches Dankesschreiben an den Stuttgarter OB wert war. Mit den Einladungen wollte Rommel den GIs ein wenig mehr Wohlfühlatmosphäre bieten, denn die US-Gemeinde in Stuttgart war und ist groß. Ende der 1980er-Jahre dürften in Stuttgart rund 13.000 US-Soldaten stationiert gewesen sein, mindestens ebenso hoch wurde die Zahl der Angehörigen eingeschätzt, und regelmäßig wurden die Soldaten ausgetauscht.

Sehr viele ließen sich von der Person Rommel anlocken. Ohnehin pflegte der OB einen Kontakt zu hochrangigen Offizieren, die in der europäischen Kommandozentrale der US-Streitkräfte in Stuttgart-Vaihingen ein- und ausgingen. Das Besuchsprogramm und die Kontakte zu den Befehlshabern sorgten nicht nur für mehr Menschlichkeit im Miteinander in der Stadt, sie symbolisierten auch Rommels Bemühungen um Aussöhnung mit den früheren Kriegsgegnern und mit den Opfern von Nazideutschland.

Die andere Säule dieser Verständigungsarbeit bildeten regelmäßige Einladungen, die von 1983 an von den Nationalsozialisten vertriebene jüdische Mitbürger wieder für Besuche in Stuttgart gewannen.

Immer größerer Respekt in der Welt

Im Laufe der Zeit konnte Rommel sein Ansehen in vielen Ländern mehren. Besonders auch einige Repräsentanten der Sowjetunion wie die Botschafter Nikolaj Semjonow und Valentin Falin schätzten ihn bei ihren Besuchen in Stuttgart als Gesprächspartner, mit dem sie gut über den Kommunismus, über Gott und die Welt scherzen konnten.

Die internationalen Medien nahmen ebenfalls oft wohlwollend von Rommel Notiz. Bald galt er gar als berühmtestes deutsches Stadtoberhaupt im Ausland. Die »Washington Post« nannte ihn, als das erste Rommel-Buch mit Reden und Aufsätzen erschienen war, »einen der nachdenklichsten Deutschen«. Die »New York Times« bat ihn, für eine Sonntagsausgabe die politischen und gesellschaftlichen Verhältnisse in Deutschland zu beschreiben. Rommels Text wurde zu einem Bekenntnis, dass die Deutschen sich mehr auf die Anwendung der Vernunft verlegen, ihre Politiker mehr Mut zu wahrheitsgemäßen Standortbestimmungen finden und die Bürger den Hang zum Moralismus abbauen sollten, der vielleicht am gefährlichsten sei bei der Diskussion über die Armee und die Verteidigungspolitik. 1996 feierte die italienische Tageszeitung »Corriere della Sera« Rommel als Nonkonformisten und riet: »Wenn das Nachkriegsdeutschland ein Symbol braucht, sucht es in Stuttgart.«

Die Länder, die von Hitler-Deutschland in den Zweiten Weltkrieg hineingezogen worden waren, hatte Rommel bei der Pflege der Auslandsbeziehungen stets besonders im Blick. Außerdem die Türkei, aus der viele Arbeitsuchende nach Stuttgart gekommen waren und wo seine Schwiegermutter, nämlich aus dem früheren Konstantinopel, herstammte. Unter Rommels Regie entfaltete Stuttgart aber auch eine Art von kommunaler Außenpolitik, die zu mehr und mehr Städtepartnerschaften führte und von Rommels Nachfolger übernommen wurde.

Heute pflegt Stuttgart nicht weniger als zehn Städtepartnerschaften auf vier Kontinenten.

Große Verbundenheit mit Teddy Kollek

Um sich mit den Leidtragenden des Holocaust und den Erben ihrer Opfer auszusöhnen, wagte sich der Sohn des Generalfeldmarschalls auch in die Höhle des Löwen.

Es war das Jahr 1987. Der Jerusalemer Bürgermeister Teddy Kollek, dem sich Rommel stets eng verbunden fühlte, hatte seinem Gemeinderat Rommel als Kandidaten für den Ehrentitel Guardian of Jerusalem – also Wächter Jerusalems – vorgeschlagen. Als die Stunde der Auszeichnung im Rathaus gekommen war, formierten sich vor dem Rathaus Demonstranten. Sie wollten Rommel daran erinnern, dass es ein noch größeres Unglück für die Juden bedeutet hätte, wären die Truppen seines Vaters nach Jerusalem durchgekommen.

Dass in Palästina der Vormarsch seines Vaters 1942 in Ägypten als tödliche Bedrohung empfunden werden musste, sei ihm klar gewesen, schrieb Manfred Rommel in seinen Erinnerungen. Es sei ein glücklicher Umstand gewesen, dass diese Truppen nicht zum Nildelta und nicht in den Nahen Osten durchgekommen seien. Auch die Demonstranten in Jerusalem konnten darauf vertrauen, dass Manfred Rommel, der wiederholt die Holocaust-Gedenkstätte Yad Vashem besuchte, ehrlich davon überzeugt war. Man gab sich die Hand und ging wieder auseinander. So fand die Ehrung, die manche Israelis zunächst als besondere Provokation empfunden hatten, ein Happy End.

Zwei Jahre zuvor hatten Kollek und Rommel allerdings schon Vorarbeit geleistet, vielleicht auch in Jerusalem ein wenig Verständnis gesät. 1985 nämlich wurde Kollek mit dem Friedenspreis des deutschen Buchhandels ausgezeichnet. Diese Ehrung galt seinem engagierten Eintreten für das Miteinander verschiedener Völker und Religionsgemeinschaften. Dadurch habe er Israelis und Arabern einen Weg in eine gemeinsam zu gestaltende Zukunft gewiesen, hieß es in der Verleihungsurkunde des Friedenspreises.

Als seinen Laudator bei der feierlichen Verleihung empfahl Kollek den Stuttgarter Oberbürgermeister – nicht etwa deshalb, weil er in Rommel durch seine Arbeit in Stuttgart einen Bruder im Geiste erkannt hätte; Kollek schlug Rommel vor, weil sein Vater in Nordafrika das Heer geführt hatte, das den Juden in Palästina hätte gefährlich werden können, wenn es die Schlacht bei El Alamein nicht verloren hätte. Den Sohn des »Wüstenfuchses« für die Rede vorzuschlagen, deutete Kollek an, habe er als symbolisch verstanden für den Prozess des Friedens, für den er sich daheim in Jerusalem einsetzte.

Es war alles andere als selbstverständlich. In jenen Jahren lag immer noch ein großer Schatten über dem deutsch-israelischen Verhältnis, der von der unseligen deutschen Vergangenheit herrührte. Immerhin war dagegen schon auf beiden Seiten angekämpft worden, in Deutschland etwa durch den Bundespräsidenten Richard von Weizsäcker, der am 8. Mai 1985 eine eindrucksvolle Rede zur deutschen Vergangenheit gehalten hatte. Und auf der israelischen Seite hatte Kollek schon früh nach dem Krieg die Hand ausgestreckt und sich dafür eingesetzt, dass Bundeskanzler Konrad Adenauer in Jerusalem herzlich aufgenommen wurde.

Die Paarung in der Paulskirche passte also. Da kamen zwei Versöhner zueinander. Kaum einem anderen hätte Rommel lieber eine Lobrede gehalten als diesem Kollek, der in der Stadt, die gleich für drei monotheistische Religionen herausragende Stätte des Glaubens ist, die widerstrebenden Interessen ausbalancieren musste. Der den Israelis genauso wie den Arabern in der 1967 wiedervereinigten Stadt ein gerechtes Oberhaupt sein musste.

Da kamen aber auch zwei Pragmatiker zusammen. Kollek, Sohn einer aus Wien emigrierten jüdischen Familie, war vermutlich der größere Pragmatiker, weil auch die Probleme in Jerusalem ungleich größer waren und sind als in Stuttgart. Wenn einer wirklich auf dem Pulverfass saß, dann dieser Teddy Kollek, und zwar zwischen einer Vielzahl von religiösen und ethnischen Gruppen, die nicht wirklich verschmelzen können.

Ein Pakt für den Frieden, der schlagartig greift, war und ist nicht zu erwarten. Das Außergewöhnliche von Kolleks Politik liege darin, sagte Rommel in seiner Laudatio, dass sie eine Fülle von vertrauensbildenden Maßnahmen anwende. Es handle sich auch um den nachhaltigen Einsatz für die wirklichen Interessen des Bürgers, »gleich, ob Jude, Araber oder Christ, und dass dieses Engagement offensichtlich nicht durch ein langfristiges politisches Kalkül motiviert ist, sondern dass es auf der Grundüberzeugung des Jerusalemer Bürgermeisters, wie man mit Menschen umgehen sollte, beruht«.

Das Jerusalem, wie es von Kollek regiert wurde, betrachtete Rommel als Ermutigung und Ansporn für die deutschen Städte am Vorabend einer großen Herausforderung. Den meisten großen Städten in Deutschland war damals eine mitunter dramatische Abnahme der Bevölkerung vorausgesagt. Wenn dies eintrete, sagte Rommel, sei es nicht auszuschließen, dass ausländische Bevölkerung nach den Arbeitsplätzen in den deutschen Städten strebe und einwandere. Dann könne es zu einer großen Zukunftsaufgabe werden, die Vielfalt in der Bevölkerung zu bewahren und doch Gemeinsamkeit in den wesentlichen Fragen zu erreichen. Dann könne Toleranz gefragt sein wie in Jerusalem. In der Stadt, die nach Kolleks damaliger Sichtweise eben kein Schmelztiegel ist, sondern in der jeder seine Tradition, seine Bräuche und seine Lebensweise behalten können soll.

So haben sich die beiden, der jüdische OB von Jerusalem und der auf dem OB-Sessel in Stuttgart thronende Sohn des »Wüstenfuchses«, in der Paulskirche zu Frankfurt ideal ergänzt. Zu Kollek habe er eine enge Beziehung, schrieb Rommel 14 Jahre später sogar. Er verdanke ihm viel, auch Ermutigung. Von Anfang an habe man sich gut verstanden. Und Kollek schätzte Rommel nicht minder. »Ich glaube nicht«, sagte er, »dass es irgendwo noch einen Oberbürgermeister mit so viel Humor gibt. Die vielen Momente guter Laune, die er mir mit seinen Briefen und Büchlein verschafft hat, sind unbezahlbar.«

AUF TUCHFÜHLUNG
MIT QUERKÖPFEN

Der Umgang mit schwierigen Zeitgenossen bleibt auch einem Oberbürgermeister selten erspart. Da ein Fossil aus anderen politischen Epochen im Gemeinderat, dort ein zum Dauernörgeln entschlossener Beschwerdeführer oder ein des Querulantentums verdächtigter Dauerkandidat für OB-Ämter – Manfred Rommel steckte das meist gelassen weg, obwohl es manchmal doch ärgerlich war, dass in den 1990er-Jahren sogenannte Jux-Kandidaten ohne nennenswerte Qualifikation überall in Südwestdeutschland bei den OB-Wahlen mitmischen wollten und die Kandidatenvorstellungen für skurrile Auftritte nutzten.

Schon in seinem ersten OB-Wahlkampf bekam es Rommel 1974 mit einem Kontrahenten zu tun, der bei ihm alles andere als freudige Gefühle auslöste. Er schien ihm der Vorläufer der späteren Jux-Kandidaten zu sein, sollte sich dann aber doch mehr und mehr als einzigartig erweisen: der im Volksmund »Remstal-Rebell« genannte Obsthändler Helmut Palmer. Dieser sei ihm als wahre Schreckensgestalt geschildert worden, schrieb Rommel später in seinem Erinnerungsband, als guter, aber stark polemischer Redner mit großer Schlagfertigkeit, der wenige Monate zuvor in der Mittelstadt Schwäbisch Hall um ein Haar zum Oberbürgermeister gewählt worden wäre.

Bereits bei der ersten gemeinsamen Podiumsdiskussion, bei der Rommel denkbar schlecht abschnitt, legte sich dieser eher unbedacht als gezielt mit dem stets heißblütigen, ja manchmal eifernden und nicht selten unbeherrschten Palmer an. In Stuttgart solle der Oberbürgermeister gewählt werden, nicht der Karnevalsprinz, sagte Rommel an Palmers Adresse. Eine jener Äußerungen, die den Obsthändler üblicherweise fast zum Platzen brachten. Wie ein Stier auf das rote Tuch sei Palmer auf ihn losgegangen, erinnerte sich Rommel später.

Es dauerte nicht lange, und Rommel sah ein, dass er Helmut Palmer zu Unrecht für einen verkappten Rechtsradikalen gehalten hatte. Später verstand er auch, was eigentlich die Triebfeder für des Obsthändlers unermüdliche Kandidaturen bei unzähligen Oberbürgermeister-Wahlen gewesen war; was ihn antrieb, landauf, landab in Wahlkämpfen mit einem Kleinlaster aufzutauchen, temperamentvolle Reden an das Volk zu halten und dabei seine Äpfel zu verschenken.

Rommel führte Palmers Umtriebe auf bittere Erfahrungen als junger, im Nationalsozialismus drangsalierter Halbjude zurück – als unehelicher Sohn eines Juden und einer Angehörigen der NS-Frauenschaft.

Der »Jud aus Geradstetten« im Remstal, wie Palmer selbst die Anfeindungen beschrieb, blieb auch später ein Außenseiter, dem man das Bundesverdienstkreuz nicht geben wollte, obwohl so mancher Ausgezeichnete weniger erreicht hatte als er. Nicht einmal der örtliche Obstbauverein habe ihn aufnehmen wollen, klagte Palmer, der sein Leid selbst auf den Begriff brachte: »Ich will doch nur in die Gemeinschaft aufgenommen werden.«

Dass dem Obsthändler regelmäßig der Kragen platzte, wenn er in harschem Ton angesprochen wurde, noch dazu von Uniformträgern, konnte natürlich auch Rommel nicht gutheißen. Leider habe Palmer immer wieder in der festen Überzeugung, dass er recht habe, gegen das Recht verstoßen, hielt Rommel bedauernd fest. So konnte es schwerlich ausbleiben, dass Palmer sich zunehmend in Schwierigkeiten brachte, weil er praktisch im ganzen Land seine von einem Trauma gespeiste Streitlust auslebte.

1997 schickte ein Gericht den unbeugsamen Mann, der schwer an Blasenkrebs erkrankt war, wegen Beamtenbeleidigung ins Gefängnis, weil er die Geldstrafe in Höhe von 4000 DM nicht zahlen wollte. Drei Jahre später verurteilte ihn ein Richter in Singen am Hohentwiel wegen Beleidigung zu drei Monaten Freiheitsstrafe ohne Bewährung, weil man der Öffentlichkeit zeigen müsse, dass der Staat reagiere.

Unter denen, die für Palmer warben und ein Gnadengesuch an den FDP-Justizminister Ulrich Goll schickten, war neben dem Tübinger Rhetorikprofessor Walter Jens und den Grünen-Politikern Rezzo Schlauch und Fritz Kuhn auch Manfred Rommel. In einem Zeitungsinterview äußerte er die Meinung, der Rechtsstaat werde nicht untergehen, wenn der kranke Palmer seine Strafe nicht absitzen müsse. Es ehre den Rechtsstaat sogar, urteilte der Jurist Rommel, wenn er in solchen Fällen menschlichen Erwägungen Raum gebe. Doch schon Jahre zuvor hatte er erkannt, dass die Rechtsordnung auf Menschen wie Palmer, der leider eine ganze eigene Auffassung von Beleidigung habe, nicht eingestellt sei: »Sie weiß nichts mit ihnen anzufangen.«

Als Palmer nach vielen OB-Kandidaturen, Beleidigungsanzeigen und Verurteilungen am Heiligen Abend 2004, an Rommels Geburtstag, an den Folgen von Blasen- und Nierenkrebs starb, bedauerte der Altoberbürgermeister seinen Tod zutiefst. Palmer sei ein Mann mit unglaublichem Engagement gewesen, »das beinahe selbstzerstörerisch war«. Kurz vor seinem Tod hatte Palmer aus dem Tübinger Krankenhaus heraus Rommel noch angerufen, um aus der Welt zu schaffen, dass er diesem mehrfach die Freundschaft aufgekündigt hatte – zuletzt zur Zeit der Stuttgarter OB-Wahl 2004, bei der Rommels politischer Ziehsohn Wolfgang Schuster sein Amt recht mühsam gegen Palmers Sohn Boris und die SPD-Bewerberin Ute Kumpf verteidigte.

Gerangel mit einem Altkommunisten

Von ganz anderer Art, aber auch ein Querkopf, der Rommels interessierte Betrachtung herausforderte, war der Stuttgarter Stadtrat Eugen Eberle. Er war geprägt durch die Nazizeit und vorübergehend selbst in die grob verharmlosend »Schutzhaft« genannte KZ-Haft genommen worden, was ihn aber nicht dazu verleitete, sich als Widerständler zu bezeichnen.

Das Versagen der bürgerlichen Kreise in der Weimarer Zeit ließ in ihm die Überzeugung reifen, dass das Volk die Verantwortung für die Politik selbst in die Hand nehmen müsse. In den Bombennächten, als Stuttgart in weiten Teilen zerstört wurde, legte er das Gelübde ab, im Falle seines Überlebens alles in seinen Kräften Stehende zu tun, damit eine Gesellschaftsordnung entstünde, die den Frieden will.

Journalisten, die Eugen Eberle kennenlernen und über die Jahre beobachten konnten, gerieten noch viel später ins Schwärmen, wenn sie auf ihn zu reden kamen. Das liegt nicht etwa am ideologischen Rüstzeug, das der Altkommunist 1948 in den Gemeinderat eingebracht hatte, sondern an der unverwechselbaren Art dieses streitlustigen und streitbaren Mannes, der eine marxistische Arbeiterschule gründete und eine Buchhandlung mit politisch links orientiertem Angebot unterhielt. Die Firma Bosch trennte sich Anfang 1952 fristlos von ihm, weil er ihr als Betriebsratsvorsitzender offenbar zu frech agiert hatte, weil er die Verstaatlichung der Produktionsmittel gefordert und die Verlagerung von Betriebsteilen ins Saarland bekämpft hatte. In der Folge versuchte er seinen Lebensunterhalt als Versicherungsagent zu verdienen. Außerdem stützte er sich auf kleinere Einnahmen durch seine ehrenamtliche Stadtratstätigkeit. Dem Gemeinderat gehörte Eberle zunächst als Vertreter der KPD an. Nachdem er sich mit den Genossen noch vor dem Verbot der KPD überworfen hatte, gründete er die Demokratische Linke, später auch noch das Parteifreie Bündnis Eugen Eberle (PFB), als dessen Galionsfigur er im Gemeinderat groß auftrumpfte. Der gebildete Mann und talentierte Redner galt den Stuttgartern als integrer Kommunalpolitiker. 37 Jahre lang konnte sich dieser Einzelkämpfer im Gemeinderat behaupten, und bei der OB-Wahl 1966 errang er gegen Amtsinhaber Arnulf Klett immerhin 15,8 Prozent der Stimmen. Solche Erfolge wären kaum denkbar gewesen, hätten nicht auch bürgerliche Kreise in den guten Wohnlagen ihre Stimme für Eberle abgegeben.

Dieser Stadtrat, den »Die Zeit« als »schwäbischen Mitterand« bezeichnete und den Freunde wie der Kabarettist Peter Grohmann einen »schwäbischen Jakobiner« nannten, imponierte vielen durch seine profunde Kenntnis der Sitzungsunterlagen, mit seiner Abneigung gegen die autogerechte Stadt und mit seinem entschlossenen Einsatz, durch die Bombardierungen beschädigte Baudenkmäler wieder aufzubauen. Wie andere Gegner der Politik des großen Abräumens im Stuttgarter Städtebau musste Eberle allerdings so manche Niederlage hinnehmen.

1979, vier Jahre nach Rommels Amtsantritt, konfrontierte Eberle den OB mit Versäumnissen des Stadtarchivs. Er beklagte, dass eine wichtige Materialsammlung über Stuttgart unterm Hakenkreuz gänzlich ausgeblendet worden sei, ja, dass Akten über die Stuttgarter Juden und die Reichspogromnacht verschlampt, dann wieder entdeckt und schließlich doch nicht berücksichtigt worden seien. Eberle erhob sogar den Vorwurf, dass hinter der Vernachlässigung Kalkül stecke und man die Akten einfach so lange liegen lassen wolle, bis die Überlebenden der Nazi-Zeit tot wären und sich niemand mehr vor Enthüllungen würde fürchten müssen. Mitstreiter Eberles stellten selbst Nachforschungen an und warfen der Stadtverwaltung unter Rommel vor, wenig Sinn für eine bessere Aufarbeitung der Geschehnisse entwickelt zu haben.

In der jahrelangen Diskussion stieß auch das formale Konzept der seit Jahrzehnten überfälligen Chronik für den Zeitraum von 1933 bis 1945 auf massive Kritik. Der

Leiter des Stadtarchivs hatte sich für eine Darstellung entschieden, die sich am Kalender orientierte und die Geschehnisse durch die Auswertung von Zeitungen erschloss, die freilich Opfer der Gleichschaltung durch die Nationalsozialisten geworden waren. Bei den gegebenen Mängeln, meinte Eberle, könne das Ergebnis nur eine Verfälschung der Geschichte und eine Verniedlichung der Ereignisse sein. Er und seine Helfer forderten stattdessen, die Ereignisse mit Hilfe von noch lebenden Zeitzeugen und aller vorliegenden Quellen zu erläutern und zu erhellen.

Eberle rührte aber auch an andere Fragen, die Stuttgart leicht noch Verwerfungen hätten einbringen können. Es könne keine Rede davon sein, urteilte er, dass der Stuttgarter Oberbürgermeister Karl Strölin ein Widerstandskämpfer gewesen sei. Ausdiskutiert wurde das nicht wirklich. Dabei hätte Manfred Rommel sicherlich dazu auch vieles sagen können, hatte er doch von seinem Vater erfahren, dass Strölin ihm Ende 1943 oder Anfang 1944 von der Vergasung von Juden berichtet habe.

Eberle und seine Helfer hatten sich zwar in eine riesige Arbeit gestürzt. Wegen des großen Aufwands und weil die Stadtverwaltung selbst den Stadträten nur Teile des Manuskripts zum Kennenlernen herausgegeben hatte, musste die Überprüfung sich auf einige wenige Punkte in der Chronik beschränken. Dennoch beanspruchte die Wiedergabe des Befundes fast 80 Blatt Papier.

Wie sollte aber nun weiter verfahren werden? Auf diese Frage spitzte sich der Streit letztendlich zu. Das Manuskript war vorhanden, die Chronik zu diesen verheerenden Jahren der deutschen und Stuttgarter Geschichte hätte eigentlich schon seit vielen Jahren gedruckt vorliegen müssen. Die Kritiker verlangten in einem Dringlichkeitsantrag, das Projekt zu stoppen und eine neue, wertende Darstellung der Daten und Ereignisse in Auftrag zu geben. Ende März 1981 unterlagen sie im Gemeinderat mit 24 zu 25 Stimmen.

Die Auseinandersetzungen zogen sich dennoch weiter hin. Kurz vor Ende des Jahres 1981 kam es schließlich zur entscheidenden Abstimmung darüber, ob man das Geld für den Druck bereitstellen solle oder nicht. Dabei vertrat der bürgerliche Teil des Gemeinderats einschließlich des Vorsitzenden Rommel die Meinung, weitere Verzögerungen wären nicht hinzunehmen, die Chronik müsse in Druck gehen und dann eben später um Bewertungen und Aufarbeitungen einzelner Themen ergänzt werden. Die Befürworter des umgehenden Andrucks setzten sich mit 33 zu 28 Stimmen durch, obwohl Eberle bei der SPD und den Grünen teilweise leidenschaftliche Mitstreiter gefunden hatte, auch eine FDP-Stadträtin das Ergebnis der Archivleistung missbilligte.

Eberle wurde auch sonst nicht müde, die Erinnerung an Stuttgarts jüdische Geschichte wieder einzufordern, womit er beachtlichen Druck auf den Oberbürgermeister ausübte. Dem Vorschlag, ehemalige Stuttgarter Juden an ihren früheren Wohnort einzuladen, soll Rommel zunächst eher skeptisch gegenübergestanden sein. Später allerdings ermöglichte dieses Besuchsprogramm so manche anrührende Begegnung zwischen ehemaligen Stuttgartern, die ins Exil gezwungen worden waren, und dem Stuttgart von heute.

Zumindest diese Auseinandersetzung mit Eberle nützte Rommel am Ende also mehr, als dass sie im geschadet hätte. Im Grunde kamen die beiden auch ordentlich miteinander zurecht. Trotz mancher Zusammenstöße, schrieb Rommels früher Biograf Widmar Puhl, habe der OB den Altkommunisten ganz freundschaftlich »d'r Eugen« genannt, aber auch gesagt, Eberle habe »für jeden Fall eine passende Rede. Bloß passen diese Reden alle nicht ganz zusammen«. Der Ärger um die Chronik hat allerdings schon kleine Kratzer in Rommels Ansehen hinterlassen.

Ein anderer Vorfall erhellte außerdem, dass auch der tolerante, liberale, gebildete und gescheite OB Rommel im Gemeinderat nicht jene Atmosphäre herbeiführen konnte, die der Jakobiner Eberle für notwendig gehalten hätte. Im August 1983 holte Eberle daher noch einmal zu einer seiner leidenschaftlichen Einlassungen aus, als sein 75. Geburtstag am 1. September bevorstand.

Aus diesem Anlass kündigte der dienstälteste Stadtrat den Verzicht auf eine erneute Kandidatur im folgenden Jahr an; eine Ansage, die zu einer Philippika geriet. Dem Gemeinderat warf Eberle vor, er diskutiere viel zu wenig, übe seine Kontrollfunktion nicht mehr aus, schlucke alles, was von der Verwaltung komme. Wer eine andere Meinung habe, werde als lästiger Störer abgestempelt.

Auch die Bürgermeister kamen nicht ungeschoren davon. Sie nähmen, ob nun freiwillig oder gezwungenermaßen, Rücksicht auf den Oberbürgermeister. Am Ende komme Rommels Meinung heraus. Darin sah Eberle sogar das Grundübel im Rathaus.

In Rommels früherem Leben waren Typen mit politischen Überzeugungen wie denen von Eberle kaum vorgekommen. Sie blieben ihm offenbar fremd. Verständlicherweise. Die Kasernenareale, auf denen er mit dem Vater wohnte, bildeten eine Welt für sich. Die Verwandtschaft war bürgerlich. Und der Blick eines Bürgerlichen ist es denn auch, mit dem in Rommels 1998 erschienenem Erinnerungsband die Zeit bis zum Beginn des Zweiten Weltkriegs und auch die Jahre vom Kriegsende bis zu Rommels Wechsel ins Stuttgarter Rathaus betrachtet werden.

Immerhin hat Rommel im Gegensatz zu vielen anderen Konservativen gelernt, die extreme Linke im Nachkriegsdeutschland nicht mit der extremen Rechten in einen Topf zu werfen. Die Rechte sei »inhuman«, schrieb Rommel. Die extreme Linke habe wenigstens menschenfreundliche Träume und Utopien verfolgt. Leider habe sie sich auch Illusionen gemacht und ein substanzielles Konzept vermissen lassen. Abgesehen von der DKP habe die Linke in der Bundesrepublik zwar nicht Verhältnisse wie in der damaligen Sowjetunion oder in der DDR herbeiführen wollen, aber wie der gewünschte Mischling aus demokratischem Rechtsstaat und Volksrepublik gezeugt werden könnte, habe sie auch nicht zu erhellen gewusst. Da sah er offenbar Parallelen zu Eugen Eberle, dessen schöne Reden in Rommels Augen nicht zusammenpassten.

Bekanntschaft mit Hausbesetzern

Das Leben als OB hielt noch weitere Herausforderungen durch Querköpfe für Rommel bereit. Mit einer ganz neuen Spezies davon musste er gegen Ende der 1980er- und zu Beginn der 1990er-Jahre Bekanntschaft machen: mit Hausbesetzern im vergleichsweise beschaulichen Stuttgart. Die Tatorte hat sich der Oberbürgermeister wohl nie angesehen, doch in den Referenten-Runden, bestehend aus den wichtigsten Mitarbeitern Rommels und dem Stuttgarter Polizeichef, musste sich der Verwaltungschef sehr wohl mit ihnen befassen.

Es kam auch vor, dass ihre Emissäre ins Rathaus einmarschierten, mit einem Habitus, der bürgerlichen Konventionen nicht entsprach und bis dato in Stuttgart kaum gesehen worden war. Die Hausbesetzer vertraten ihre Forderungen nach Wohnraum und auch andere Ziele – und wurden von Rommel examiniert. So fanden sie sich plötzlich in einer Schule der Demokratie wieder, in der Rommel gewohnt fest in der

Zielsetzung, aber doch freundlich im Ton und dabei ohne Wortschwall die Position der Verwaltung umriss.

»Der Einzige, der bei uns noch wirklich gefürchtet ist,
ist der Polizeihund,
weil dieser das Grundgesetz nicht gelesen hat.«

Nicht jede Hausbesetzung verlief gleich. Aber Rommel wäre nicht Rommel gewesen, hätte er mit seinen Mitarbeitern nicht eine moderate Linie, nicht eine Linie der Vernunft durchschimmern lassen. Dem Recht und der Ordnung wurde Genüge getan, jedoch nicht zum Selbstzweck. Eine Räumung kam meist erst dann ins Spiel, wenn die Gewähr bestand, dass die Hausbesitzer von ihrem Eigentum bestimmungsgemäß Gebrauch machen wollten. Dass Wohnungen oder ganze Gebäude nach der Zwangsräumung wieder auf lange Zeit leer stehen könnten, lag nicht im Interesse der Stadtverwaltung.

Das passte ins Bild dieser Stadt, in der man lange Jahre bei Polizeiangelegenheiten von einer »Stuttgarter Linie« sprach. Überreaktionen der Ordnungskräfte? In der baden-württembergischen Landeshauptstadt drangen in Jahrzehnten kaum drastische Fälle ins Bewusstsein der Bevölkerung. Dieser Hauch von Liberalität war zunächst sozusagen hausgemacht, weil Stuttgart über eine eigene, kommunale Polizei verfügte. Als diese nach heftigem Ringen im Gemeinderat schließlich an das Land abgegeben wurde, setzten die neuen Polizeichefs die Tradition meistens fort. Mit einem großen Paukenschlag sollte dies erst 2010 in den Wirren der Auseinandersetzungen um das Bahnhofs- und Städtebauprojekt Stuttgart 21 enden, als im Rathaus Rommels politischer Ziehsohn Wolfgang Schuster amtierte.

Ein schwarzer Tag im September mit dem Einsatz von Wasserwerfern und vielen Verletzten bei einer großen Demonstration im Mittleren Schlossgarten reichte aus, um die »Stuttgarter Linie« vergessen zu machen und die Stadt mit dem bis dato liberalen Klima bundesweit, ja über Deutschlands Grenzen hinaus als Krawallstadt vorzuführen – und in den Augen vieler Menschen fälschlicherweise als Reiseziel mit beschränkter Garantie auf körperliche Unversehrtheit.

An dem Tag jedoch, an den Tagen zuvor, waren die Fäden wohl nicht im Rathaus gezogen worden, sondern im Wesentlichen irgendwo zwischen der Landespolizei und der Landesregierung. Und Rommel, der der Stadt ihre Liberalität gegeben hatte, zusammen mit der Gemeinderatsmehrheit aber auch das Projekt, über welches die Stadt gespalten wurde, musste das Resultat im Fernsehen und in den Zeitungen betrachten – im 14. Jahr seines Ruhestands.

KULTUR ALS CHEFSACHE

In Turbulenzen um den Theaterchef Claus Peymann offenbarte sich nicht nur Rommels liberaler Ansatz, wenn es bei seiner Tätigkeit um den Menschen ging. Sie warfen auch ein Schlaglicht auf seine Toleranz in Fragen von Kunst und Kultur. Eine kulturelle Entwicklung sei nur im Zustand größtmöglicher Freiheit denkbar, lautete Rommels Überzeugung. In der CDU war das ungefähr so überraschend wie eine Oase in der Wüste. Intellektuelle und Paradiesvögel mochte die Partei damals nicht, was durchaus auf Gegenseitigkeit beruhte. Einzig Lothar Späth gab dem Kulturleben damals Impulse, indem er dem Leiter der Kunstabteilung im Wissenschaftsministerium, Hannes Rettich, lange Leine ließ, wodurch sich Dynamik entfaltete.

Späths Antrieb war eher der eines rastlosen Machers, der sich auch auf dem Kultursektor beweisen muss, weil er nun mal nicht anders kann. Doch Manfred Rommel ließ sich persönlich vom Theater infizieren. Er attestierte Peymann mit einer Mischung aus Anerkennung und Kritik, der Mann wisse, wie man Erregung verursachen könne. Doch was der Schauspieldirektor auf die Bühne brachte, fand Rommel »wirklich ausgesprochen amüsant und bedeutend«. Sein »Faust« in Stuttgart habe zwar nicht allen ernsthaften Goethe-Freunden gefallen, »aber Goethe selbst hätte sie gefallen«, glaubte Rommel. Als Peymann sich von den Württembergischen Staatstheatern nach Bochum verabschiedet hatte, fuhr Rommel sogar hin, um sich von einer dortigen Inszenierung dieses »ungewöhnlichen Mannes«, zu dem er nach eigenen Worten ein sehr gutes Verhältnis hatte, ein Bild zu machen.

Die Musik sei seine Achillesferse gewesen, gab Rommel später unumwunden zu. Sein Interesse an Kunst und Kultur, nicht nur am Theater, sondern auch an der bildenden Kunst, war jedoch so ausgeprägt, dass er dieses Ressort sehr lang in seinem eigenen Geschäftskreis als OB beließ. »Die Kulturpolitik der Stadt war eine meiner größten Herausforderungen«, schrieb er 1998 in seinem Erinnerungsband. Andere vertraten indes die Auffassung, die Kulturpolitik sei eine Überforderung für ihn gewesen. Die Kulturpolitik sei zu aufwendig und das Kulturleben sei zu wichtig, als dass man sie nebenher versehen und beackern könne, befanden Kulturjournalisten. Doch Rommel zögerte lange, den Posten eines Kulturbürgermeisters zu vergeben. Schließlich spielte er mit dem Gedanken, ihn den erstarkten Grünen anzubieten, die dann freilich lieber den Posten des Verwaltungsbürgermeisters besetzten. Erst 1993, drei Jahre vor seinem Abschied in den Ruhestand, übergab Rommel die Verantwortung für die Kultur dem neuen Bürgermeister Wolfgang Schuster von der CDU, der Jahre zuvor schon Rommels OB-Büro geleitet hatte, sein politischer Zögling war und mit der Perspektive antrat, die Nachfolge Rommels anzustreben.

EINSATZ FÜR DEN ZWEITPASS

Politisch rechts orientierte Mitmenschen, eingefleischte Bürgerliche und Parteistrategen seiner CDU forderte Rommel mit seiner Haltung gegenüber den Zuwanderern gleichermaßen heraus. Die Eingliederung der Gastarbeiter der ersten Stunde, der späteren Zuwanderer und ihrer Kinder waren für ihn schon ein großes Thema, als der Begriff Integrationspolitik noch nicht erfunden war.

Berührungsängste kannte er dabei nicht. Aber wie hätte es auch anders sein können? Die eigene Verwandtschaft und vor allem die seiner Frau waren doch selbst ein früher Fall von Multikulti in schwäbischen Landen.

Seine Schwiegermutter war eine Griechin aus Istanbul, dem früheren Konstantinopel, deren Vater als 14-jähriger Lehrbub an den Bosporus gekommen war, wo er zum Gewürz-, Öl- und Seifenhändler im Basar von Galata aufstieg. 1918 flüchtete das Mädchen mit dem letzten Orient-Express, der noch fuhr, vor dem Krieg von Istanbul nach Deutschland. Sie lebte zuerst bei einer Tante in Bad Kissingen, und später, als sie schon den jungen Otto Daiber aus Neu-Ulm kennengelernt hatte, zog sie zur Mutter und zur Schwester nach Paris. Dort erschien eines Tages der angehende Futtermittel-, Getreide- und Mehlhändler von der Donau und hielt um die Hand der schönen Griechin an, die auf den Fotos aus jener Zeit im Stil der neuen Moden kokett posierte.

Aber auch in Manfred Rommels eigener Familie gab es Angehörige verschiedener deutscher Volksstämme. Sein Vater wurde in Heidenheim/Brenz geboren, der Großvater war Schulleiter in Aalen auf der Ostalb. Manfred Rommels Mutter Lucie stammte aus dem Raum Danzig. Ob die katholische Frau aber tatsächlich eine Danzigerin war, wie Rommel glaubte, wurde in seiner Zeit als Stuttgarter OB von polnischen Gästen beim Plausch im Rathaus angezweifelt. Viel spreche dafür, dass die Katholikin eben doch Kaschubin gewesen sei, meinten sie. Polnische Vorfahren sind belegt. Möglicherweise gab es italienische Ahnen, worauf der Name Mollin hinzudeuten scheint. Multikulti konnte Manfred Rommel jedenfalls schwerlich Angst bereiten, als er zum Oberbürgermeister einer Großstadt mit hohem Ausländeranteil aufgestiegen war. Deutschtümelei war seine Sache nicht. »Der Versuch, Mustafa zum Germanen zu machen und ihn zu veranlassen, seinen Sohn Siegfried zu nennen, ist völlig blöd«, sagte Rommel, »das sollen einmal Deutsche werden, aber Deutsche, die ihren türkischen oder serbischen oder jugoslawischen oder italienischen Hintergrund durchaus bejahen.«

Recht bald nach seinem Amtsantritt und dann immer wieder aufs Neue setzte sich der OB dafür ein, für die Eingliederung der Migranten eine heilige Kuh des deutschen Staatsrechts und der deutschen Politik zu opfern: das Prinzip, dass die deutsche Staatsbürgerschaft eine andere Staatsangehörigkeit ausschließt. Besonders die größte Gruppe der Zuwanderer, die Türken, litt unter dem Dilemma, dass ihr Herkunftsstaat seine Schäfchen mit möglichst allen Mitteln zusammenhalten wollte, Deutschland vor dem Ausstellen des neuen Passes aber die ungeteilte Loyalität einforderte.

Der todbringende Brandanschlag auf eine türkische Familie in Solingen ließ auch in Stuttgart die Debatte aufflammen, wie die Zuwanderer zu schützen seien – vielleicht am besten durch die Gewährung gleicher Rechte wie für die Deutschen? Rommel forderte, die Straftat von Solingen zunächst einmal als eine Tat aus Hass auf Andersdenkende zu verstehen. Die demokratischen Kräfte sollten sich gegen Gruppierungen wenden, die Ausländerhass propagierten. Die Debatte um die Zulassung der doppelten Staatsangehörigkeit verstärkte sich zusehends.

Rommel betrachtete es als Minimalziel, wenigstens den in Deutschland lebenden Ausländern aus Staaten der Europäischen Gemeinschaft diese Möglichkeit einzuräumen. Politik und Bürger hätten ein nachhaltiges Interesse daran, dass sich möglichst viele Mitbürger ohne deutschen Pass um die deutsche Staatsangehörigkeit bemühen, meinte er. Die Ausländerquote in Stuttgart von damals rund 25 Prozent betrachtete er als Aufforderung zum Handeln. Ihn trieb die Sorge um, dass in absehbarer Zeit ein Drittel aller Stuttgarter keinen deutschen Pass besitzen würden; dass »Teilgesellschaften« entstehen; dass die Chance einer gemeinsamen Verantwortung für die Stadt nicht genützt wird.

Im Lauf der 1990er-Jahre, in denen auch der Finanzpolitiker Rommel im Rathaus alle Hände voll zu tun hatte, arbeitete der OB beständig an dieser Front. Ende Juni 1993 bekam er dann zunehmend zu spüren, dass seine CDU noch längst nicht für eine solche Haltung reif war. Der Kreisparteitag der Stuttgarter CDU sprach sich mit sehr großer Mehrheit gegen den Zweitpass aus. Rommels Freund Gerhard Mayer-Vorfelder obsiegte als Kreisvorsitzender der Stuttgarter CDU mit seiner Haltung. Vorerst. Doch Rommel ließ eben nicht locker.

Im Mai 1994 erklärte er die Einführung der doppelten Staatsangehörigkeit »im deutschen Interesse zu einer der wichtigsten innenpolitischen Aufgaben der kommenden Legislaturperiode«. Wer an dem Ort bleiben möchte, an dem er sich niedergelassen habe, solle »Bürger unter Bürgern werden können«. Für den sozialen Frieden sei es von großer Wichtigkeit, dass sich die hier lebenden Ausländer von der Gesellschaft fair behandelt fühlten. Dafür reiche es nicht, den Migranten lediglich das Kommunalwahlrecht zu geben.

Acht Monate später forderte Rommel, zu dieser Zeit gerade Vizepräsident des Deutschen Städtetags, in einem »Spiegel«-Interview die doppelte Staatsangehörigkeit für dauerhaft in Deutschland lebende Ausländer. Er betrachtete das nicht als Gnadenakt, sondern als blanke Notwendigkeit. Speziell bei den Jugendlichen war inzwischen Rommels Ahnung wahr geworden, dass ein Drittel keinen deutschen Pass besaß. Das seien Stuttgarter, die den Eindruck hätten, ausgeschlossen zu werden. Ihnen müsse man klarmachen: »Ihr gehört zu uns. Wir wollen euch.« Seiner CDU warf er im gleichen Atemzug vor, sie befinde sich fern der Realität in den Großstädten.

Zu diesem Zeitpunkt war die liberale, um sozialen Frieden bemühte Ausländerpolitik in Stuttgart fast schon sprichwörtlich. Erst die rot-grüne Bundesregierung, die Ende 1998 antrat, kam seinen Wünschen mit der Erleichterung der doppelten Staatsbürgerschaft entgegen.

Während er dies als Schritt in die richtige Richtung begrüßte, schickten sich seine Parteifreunde in Stuttgart mit Hilfe von Ministerpräsident Erwin Teufel an, Unterschriften gegen die Reform zu sammeln. Der Schlüssel zur Integration sei nicht der Pass, sondern die Beherrschung der deutschen Sprache, meinten manche. Durch den doppelten Pass werde die Integration sogar erschwert. Mancher dieser Christdemokraten bewegte sich allerdings auch ungern im Milieu der Migranten.

Nicht nur ihnen, auch der Europäischen Union, die seit Jahren um die Aufnahme der Türkei rang, hätte Rommel mehr Offenheit empfohlen.

Kritik am Begriff der Leitkultur

Jahre nach seiner Pensionierung ging er auf Distanz zu dem vom CDU-Politiker Friedrich Merz geprägten Begriff der deutschen Leitkultur. »Ich habe die Leitkultur nicht erfunden – ich wäre ohne sie ausgekommen«, sagte Rommel im Jahr 2000. Er sah darin einen Begriff ohne definierten Inhalt, hielt Merz aber zugute, dass er dabei an Sprache und Allgemeinbildung gedacht habe – und da konnte auch Rommel mitgehen: »Wer hierher kommt, sollte Deutsch sprechen.« Doch ob die Frauen mit Kopftüchern herumlaufen, sei ihm gleichgültig. Er sei zwar dankbar, ein Deutscher sein zu können, aber nicht stolz im Sinne von Überheblichkeit. Die Deutschen könnten sich niemandem überlegen fühlen. Eine Rangordnung der Kulturen aufstellen zu wollen, halte er für unsinnig.

Im Übrigen sei nicht einmal die preußische Militärmusik »reinrassig« deutsch. Es habe schon der Türken bedurft, um den hiesigen Märschen mit Trommeln und Schellenbaum zu mehr Schmiss und Schwung zu verhelfen. Bei dem, was zu Zeiten des Alten Fritz gespielt wurde, sei der Feind gewisslich eingeschlafen.

So war es auch nicht verwunderlich, dass Rommel die beständige Zuwanderung von Ausländern für begrüßenswert hielt, damit sich Deutschland nicht in ein Altersheim verwandle. Im Gegensatz zu vielen anderen Politikern plädierte er auch entschieden dafür, die Einwanderung »nicht den Unzulänglichkeiten des Asylrechts zu überlassen«. Man dürfe Asylsuchende zwar nicht aufrechnen gegen Fachkräfte, aber jeder vernünftige Staat werde versuchen, die Einwanderer ins Land zu holen, die er brauche. So eine Haltung war damals allenfalls bei den Grünen gebräuchlich. Große Teile der CDU rangen noch sehr lange um diese Einsicht.

FÖRDERER DES FLUGHAFENS

Zu den wenigen Erfolgen, die Rommel auf Nachfragen am Ende seiner Amtszeit selbst mit einem gewissen Stolz nennen wollte, gehörten gleich zwei Entwicklungen auf dem Feld der Verkehrspolitik: zum einen der Bau der S-Bahn-Strecken und die Fahrt der ersten S-Bahn Ende September 1977, die allesamt durch einen neuen Tunnel unter der Innenstadt ermöglicht wurden, sowie der Umbau des lokaler angelegten Straßenbahnsystems in ein Netz von Stadtbahnverbindungen. Die Blaupausen dafür hatte ihm der Vorgänger Arnulf Klett vererbt. Nach dessen Tod aber musste dafür bei manchem Kommunalpolitiker wieder neu geworben werden. Einigermaßen ans Ziel kam der Ausbau des Stadtbahnsystems erst im Jahr 2011.

Zu den wirklich eigenen Haben-Positionen in seiner Schlussbilanz zählte Rommel besonders auch den Ausbau der Start-und-Lande-Bahn des Flughafens. Ohne ihn selbst, hat Rommel einmal bilanziert, wäre »diese heikle Geschichte« wohl nicht zu dem bekannten Ergebnis gebracht worden. Denn gegen das Projekt auf einem Flughafengelände, auf dem die Grenzen von Stuttgart, Leinfelden-Echterdingen und Filderstadt verlaufen, machten die Bevölkerung und Bürgerinitiativen mit 81.833 Einsprüchen mobil.

Lothar Späth, der inzwischen in der Nachfolge von Hans Filbinger das Steuer im Land übernommen hatte, sah sich bei Erörterungsterminen für das Genehmigungsverfahren wütenden Protesten gegenüber. Die Kritiker nötigten ihn, große Konfliktfähigkeit zu demonstrieren. Und Rommel musste es hinnehmen, dass der Stuttgarter Gemeinderat vor Verwaltungsgerichten gegen das Ausbauprojekt klagte.

Eine Klage aus dem Rathaus gegen das Projekt der Flughafengesellschaft, bei der die Landeshauptstadt zu jener Zeit gleichberechtigte Gesellschafterin neben dem Land Baden-Württemberg war – für Rommel, den Realpolitiker und Vollstrecker von parlamentarischen Mehrheiten war das starker Tobak, zumal er all die Jahre gerade die SPD mit viel Raffinesse in seine Pläne eingebunden hatte. 1987 aber kam es doch zum Kompromiss. Ein Stein fiel Rommel vom Herzen, als der Gemeinderat schließ-

Der Flughafen Stuttgart ist seit Anfang 2014 nach Manfred Rommel benannt – eine Würdigung für seine Verdienste um den Ausbau.

lich kurz vor Weihnachten 1991 mit dem Stadthaushalt 1992 den städtischen Finanzierungsbeitrag für den Ausbau des Flughafens zusagte. Die Zukunftsfähigkeit des Airports war gerettet. Im September 1992 begannen die Vorarbeiten zum Ausbau der Piste. Anfang Oktober nahmen der amtierende Finanzminister Mayer-Vorfelder und Rommel dies zum Anlass für eine Pressekonferenz. Ihre Botschaft: Die Stadt Stuttgart und das Land investieren gewaltig, um den Wirtschaftsstandort Baden-Württemberg zu sichern. Der »flugseitige Ausbau«, der den Flughafen Stuttgart sicherer und wetterunabhängig machen solle, dauere bis 1996 und koste mit der Autobahn-Verlegung 1,4 Milliarden DM.

Die Piste durfte 1995, nach rund 30 Jahren Vorarbeiten, nach Osten verlängert werden. Die Flughafengesellschaft konnte sich der Roten Laterne entledigen, die die Piloten dem Flughafen wegen seiner Mängel für den Flugbetrieb immer wieder angehängt hatten. Die Weidacher Höhe bei Echterdingen bildete fortan keine so große Hürde mehr für die nach Westen startenden Flugzeuge mit viel Tonnage. Für den lange Zeit einzigen Transatlantikflug ab Stuttgart, die Maschinen der Delta Airlines auf der Strecke zwischen Stuttgart und Atlanta im US-Staat Georgia, reichte das immer noch nicht ganz. Doch bei den meisten Wetterlagen können die Piloten nach Osten in Richtung Amerika abheben.

Gerade der Flughafenchef Georg Fundel, vormals zeitweilig Wirtschaftsförderer unter OB Rommel, wusste das sehr zu schätzen. Er setzte ins Werk, dass der Flughafen nach dem früheren OB benannt wurde: Manfred-Rommel-Airport. Der Co-Geschäftsführer Walter Schoefer wusste, obwohl es auch am Flughafen Bedenken wegen möglicher Verwechslungen von Sohn und Vater Rommel gegeben hatte, die Ehrung als sehr verdient zu kommentieren. Er sagte in einem Erklärvideo der Flughafengesellschaft, das frühere Stadtoberhaupt habe sehr genau um die Bedeutung solcher Infrastruktur für den Wirtschaftsstandort gewusst.

Für die längere Start-und-Lande-Bahn, wie sie heute ist, hatte sich Rommel entscheidend eingesetzt.

MODERNISIERER DER STADT

Mit Sport hatte Rommel wenig im Sinn. Doch den Machern von Sportereignissen in Stuttgart ließ er lange Leine für ihre Bemühungen, immer wieder wichtige Veranstaltungen nach Stuttgart zu holen. So erlebte die Landeshauptstadt 1986 einen Wettbewerb, der das Lebensgefühl in der Landeshauptstadt nach allgemeiner Überzeugung nachhaltig verändert hat. Die Leichtathletik-Europameisterschaft sorgte für frischen Wind im Stuttgarter Talkessel.

Das Begleitprogramm, vom Leiter des städtischen Verkehrsamts ausgetüftelt, brachte exotisches Flair zu den braven Schwaben. Stuttgart legte vorsichtig die Spuren frei, die auf eine gewisse Nähe zu Italien hindeuteten. Die Bewohner hielten sich nun öfter im Freien auf. Die Gastronomie wagte sich auf die Straße. Und über der Stadt der arbeitsamen Pietisten lag alsbald eine vage Ahnung vom dolce far niente, vom süßen Nichtstun.

Doch während Rommels Amtszeit fielen auch immer wieder Schatten auf die Stadt. Die chronisch schlechte Luft im windarmen Kessel hatte schon 1982 zum ersten Smogalarm geführt und eine Reihe von teilweise drastischen Maßnahmen ausgelöst. Ihr Ziel war es, den Schadstoffausstoß der Industrie in den Stuttgarter Außenbezirken einzudämmen. Später sollte auch der Autoverkehr mehr und mehr in den Fokus rücken.

1987 fanden sich im Mineralwasser, dem großen unterirdischen Schatz der Stadt, gesundheitsgefährdende Kohlenwasserstoffe, die von der Industrie in den Zulaufkorridoren der unterirdischen Mineralwasserströme stammten. Der damals für Umwelt zuständige Bürgermeister Klaus Lang (CDU) geriet in große Gewissensnot, und es war sein Chef Manfred Rommel, der ihm Rückhalt war und ihn davon abhielt, die Verantwortung für das Fachgebiet hinzuwerfen.

ANWALT DER FLÜCHTLINGE

1989 und unmittelbar danach brachte der Exodus von Menschen aus der DDR eine Herausforderung für Rommel und seine Stadtverwaltung, wie es in dieser großen Dimension und kurzen Zeitspanne in seinen rund 14 Jahren Amtszeit nur wenige gegeben hatte. 1991 landete auch noch eine Welle von Asylsuchenden aus aller Welt und von Bürgerkriegsflüchtlingen aus dem damaligen Jugoslawien in Stuttgart an. Der Zustrom der Asylbewerber war so groß, dass Stuttgart gemäß des Verteilungsschlüssels im Land Ende 1991 jede Woche 80 weitere Flüchtlinge zur Unterbringung zugewiesen bekam. Dabei waren alle denkbaren Quartiere längst durch Tausende von Flüchtlingen belegt.

Dass diese Herausforderungen gemeistert werden konnten, rechnete Rommel dem zuständigen Mitarbeiter Siegfried Berger stets hoch an. Denn Berger hatte ihm möglicherweise noch heftigere Auseinandersetzungen mit dem Gemeinderat erspart. Der Ärger, den Rommel damals am Hals hatte, reichte auch so. Sämtliche Fraktionen im Gemeinderat forderten eine Entlastung der Stadt durch die übergeordneten Ebenen, vor allem den Bund. Mit einer Resolution gedachten sie ihren Forderungen Nachdruck zu verleihen. Doch die Meinungsverschiedenheiten darüber, wie weit das Recht auf Asyl im Grundgesetz neu geregelt werden sollte, waren zu groß.

Die geplante Resolution kam Mitte September 1991 nicht zustande, dabei leugnete niemand, dass die Stadt überfordert wurde. Das galt nicht nur im Hinblick auf den Millionenaufwand, den sie betreiben musste. Der soziale Frieden, den zu wahren dem OB und dem Gemeinderat immer sehr wichtig gewesen war, schien bedroht. Denn mit den zahlreichen Asylbewerbern aus Afrika erklärte man sich auch eine als bedrohlich empfundene Entwicklung bei den Drogendelikten.

Rommels Verwaltung drängte auf die Errichtung neuer Asylbewerberdörfer mittels Containern oder Einfachbauten. Der Widerstand in der Bevölkerung und im Gemeinderat war jedoch groß, weil diese Dörfer im dicht besiedelten Stuttgart unweigerlich an bestehende Wohngebiete heranrücken würden. Schließlich drohte Rommel nicht nur damit, für die Flüchtlinge ein Großzelt auf dem Volksfestgelände in Bad Cannstatt aufstellen zu lassen, sondern auch kleinere Zelte in anderen Stadtbezirken zu errichten.

Besonders Rommels Partei verwahrte sich aber gegen Asyldörfer in der Nähe von Schulen, weil man die Befürchtung hegte, die Schüler würden direkt mit dem Drogenhandel von afrikanischen Asylbewerbern in Kontakt kommen. Der Stadtverwaltung warfen die Stadträte schlampige Vorbereitungen bei der Standortsuche vor. Rommel reagierte mit der Drohung, die Flüchtlinge notfalls in Turnhallen einzuweisen, falls der Gemeinderat keine Standorte für Asyldörfer genehmige. Er warnte auch, die Asylbewerber pauschal so darzustellen, als ob es sich durchweg um »Menschenfresser« handle oder wenigstens um eine Ansammlung von Kriminellen. Die Polizei habe im Umfeld von Flüchtlingsunterkünften keine auffällige und keine nennenswerte Kriminalität von Asylbewerbern festgestellt. Allerdings zog die Stadtverwaltung die umstrittenen Vorschläge letztendlich doch zurück und empfahl andere Standorte, die schließlich genehmigt wurden.

In diesem heißen Herbst 1991 wankte vorübergehend das Bild von Stuttgart als Stadt mit sozialem Frieden, in der Zuwanderer und Flüchtlinge gute Aufnahme finden.

KLARE KANTE BEI ÖKOLOGIE
UND STÄDTEBAU

Es war im März 1982. Manfred Rommel trat in Zimmern ob Rottweil, rund 100 Kilometer südlich der Landeshauptstadt, ans Rednerpult. Der CDU-Ortsverein schätzte sich glücklich, einen so unterhaltsamen und attraktiven Gast aufbieten zu können. Und der Schreiber dieser Zeilen erlebte erstmals persönlich den vermeintlich »letzten Liberalen« des Landes. Als Rommel einpackte, war er beim Berichterstatter in puncto Liberalität ein Stück weit entzaubert. Vor allem das, was der populäre Stuttgarter Oberbürgermeister über die Kernenergie geäußert hatte, schien ganz und gar nicht mit dem Bild vom liberalen CDU-Politiker zusammenzupassen. Es war die klare Forderung eines Konservativen, die Kritiker der Kernenergie auszubremsen und den Ausbau der Atomenergie nach Kräften zu forcieren.

Fünf Jahre vor der Katastrophe von Tschernobyl sei die Forderung in dieser kompromisslosen Form doch nicht verwunderlich gewesen, mag man einwenden. Doch etwas weniger verheerende Zwischenfälle hatten der Atomwirtschaft die Unschuld bereits genommen. Erste Warnungen hatte es gegeben. Aber Rommel sollte sich später nicht einmal durch die Reaktorkatastrophe in Tschernobyl von der Mahnung abbringen lassen, die weitere Verwendung der Atomkraft sei »ökologisch geboten«. Das lag in der Zeit der beginnenden Diskussion über das vom Menschen verursachte Treibhausklima der Erde in der Bandbreite der damaligen Wortmeldungen. Überraschend war eher, wie kompromisslos Rommel diese Botschaft vertrat.

Wie wenige andere Themenfelder erhellte Rommels Umgang mit dieser Frage und mit den radikalen Forderungen der Ökologiebewegung, wie groß sein Hang zum Rationalismus ist. Wie sehr er auch wieder an Überzeugungen festhalten konnte, obwohl er sich damit schmeichelte, seine Meinung in einer Sitzung im Rathaus gleich mehrfach geändert zu haben, wenn es ihm mit Argumenten nahegelegt wurde. Wie unheilvoll er den Hang der Deutschen findet, Tatsachen auszublenden und mit romantischer Grundhaltung Politik zu machen. Tief in seinem Inneren wirkte da die Erfahrung nach, wie die Menschen und vor allem die Jugend in der Hitlerzeit korrumpiert wurden und wie sie der Faszination der nationalsozialistischen Parolen erlagen. Er und seine Zeitgenossen hätten im Nationalsozialismus erlebt, wie Menschen fanatisch wurden, sagte Rommel. Da sei eine ganze Nation in einen unmenschlichen Krieg gezogen, weil sie meinte, er sei moralisch gerechtfertigt.

»Wir Deutschen flüchten uns in die Illusion des Unmöglichen.
Und wir versuchen, uns mit der Moral aus den logischen Zusammenhängen
und den Realitäten hinauszustehlen.«

Möglicherweise trieb ihn das auch an bei seiner entschiedenen Absage an entschlossene Gegner der Atomkraft. Dabei sollte er in seinem Erinnerungsband Jahre später selbst eingestehen müssen, wie blank die Stadtverwaltung war, als nach dem größten anzunehmenden Unfall in Tschernobyl bald auch in Stuttgart die Geigerzähler ausschlugen und als von den Verantwortlichen im Rathaus Wissen über die Maßeinheiten Becquerel und Sievert gefragt war; ein Vorgang, der die Frage nahelegte, ob Politik und Verwaltung lange Jahre vielleicht doch weniger in Kenntnis von Tatsachen und Grundlagen der Atompolitik Vorschub geleistet hatten als vielmehr im bloßen Glauben an die Richtigkeit. Ob sie vielleicht doch die Vernunft ausgeschaltet hatten?

Naheliegenderweise fragte Rommel die Informationen bei den Mitarbeitern ab, bei denen zu Recht technisches Wissen vermutet werden konnte: beim parteilosen Technik-Bürgermeister Hans-Dieter Künne, beim städtischen Gesundheitsamt sowie beim Vorstandschef der seinerzeitigen Technischen Werke der Stadt Stuttgart, Heinz Brüderlin. Besonders von Letzterem aber waren kritische Ansätze in dieser neuartigen Krisensituation nicht zu erwarten. Unter Brüderlins Ägide hatte sich Stuttgart mit Rommels Segen an mehreren Kernkraftwerken beteiligt, alles Menschenmögliche getan, um möglichst viel Atomstrom zu verkaufen, und tatsächlich einen Atomkraftanteil bei der Stromversorgung der Landeshauptstadt von rund 80 Prozent erreicht.

Zehn Jahre später gab Rommel in seinen Erinnerungen auch zu Protokoll, dass in der Frage der Verfügbarkeit von Rohstoffen und in der Umweltfrage ein grundlegender Wandel zu erahnen sei, der mit fast mathematischer Genauigkeit eintreten werde. Die Zukunft werde nicht ein großes Abbild der Gegenwart sein, sondern deutlich anders. Die Zeit der regenerativen Energien werde unaufhaltsam kommen, freilich nicht auf einen Schlag.

Rommels Neigung, die Dinge rational anzugehen, ergebnisoffen zu denken und die Kernenergie nicht zu verteufeln, haben in seinem Denken aber Oberhand behalten. Wie viele Konservative bediente er sich des Arguments, die Kernenergie sei nicht aus der Welt geschafft, wenn die Deutschen ihre Atomkraftwerke abschalten würden. Die Gentechnik lasse sich nicht dadurch eindämmen, dass die Deutschen auf sie verzichten. Leider hätten die Deutschen die Neigung zu glauben, »Deutschland sei die Welt, mindestens aber der Nabel der Welt«.

Dass sich Deutschland einmal an die Spitze einer Bewegung gegen Atomkraftwerke setzen könnte, schied in Rommels Denken also aus. Zugleich äußerte er aber Besorgnis, dass mehr als zehn Jahre später immer noch Kraftwerke vom Typ Tschernobyl in Betrieb seien und auf absehbare Zeit am Netz bleiben würden. Der Politiker Rommel beklagte da die Folgen einer Politik, die die Geister gerufen hatte und sie so schnell offenbar nicht mehr bannen konnte.

Wie eine Mahnung, den Wandel aktiv anzugehen, klang das freilich nicht. Und als Schrittmacherin auf dem Gebiet der Ökologie und der Energiewende tat sich die Landeshauptstadt unter Rommels Ägide auch nicht hervor. Wenn es auf Gebieten wie der Luftreinhaltung und dem Energiesparen Erfolge zu verzeichnen gab, lag das in erster Linie an den Forderungen des Regierungspräsidenten und an engagierten Mitarbeitern im städtischen Amt für Umweltschutz, die sich mehr Gestaltungsfreiheit gewünscht hätten.

Der OB aber stellte mancherlei Versuche, die Messung von Schadstoffen im Nanogrammbereich zu perfektionieren und die Maßnahmen zu verschärfen, in Frage. Die weit höhere Lebenserwartung der heutigen Menschen spreche für sich. Dass Umweltschützer gegen Wirtschaftswachstum polemisierten, zeitgleich aber Forderungen nach höheren Ausgaben für Kultur, Soziales und den öffentlichen Dienst erhoben wurden, bereitete dem Finanzpolitiker Rommel größte Sorge: Die finanzpolitischen Widersprüche ließen sich nur bei Anwendung des Hexeneinmaleins überwinden.

Zauberei und Geisterbeschwörung könnten in der Politik nicht helfen – zumal die Geister sich vielleicht beschwören ließen, sie aber trotzdem nicht kommen würden.

Keinen Sinn für Romantik

Vielleicht noch reservierter als die Umweltbewegung, die aus der Protestbewegung von 1968 gelernt hatte, betrachtete Rommel eine andere Entwicklung: dass der Denkmalschutz zum Programm erhoben werden sollte. Vollends tief besorgt war Rommel, als er aus einem Gespräch mit seinem Jerusalemer Amtskollegen Teddy Kollek schließen musste, dass die jahrtausendealte Stadt weniger Denkmale habe als Stuttgart.

Mit der Frage, was schön sei, tat sich Rommel schon bei neuen Bauvorhaben schwer. Was nach dem Zweiten Weltkrieg entstanden war, hatte es bei ihm nicht eben leicht, als denkmalwürdig eingestuft zu werden. Manchmal war er auch bereit, Bausubstanz zum Abbruch freizugeben, die trotz des Bombenteppichs über Stuttgart den Krieg überstanden hatte. Beispielsweise die Gebäude auf dem alten Bosch-Areal in der Innenstadt, wo Robert Bosch den Zündfunken für die stürmische und erfolgreiche Industrialisierung der eigentlich armen Stadt Stuttgart gegeben hatte.

> *»Nostalgie ist die Fähigkeit, darüber zu trauern,*
> *dass es nicht mehr so ist, wie es früher nicht gewesen ist.«*

»Weg mit dem Gerümpel«, hat Rommel während der Debatte um die Zukunft der alten Bosch-Bauten empfohlen. Es war wieder so ein Moment, in dem der unromantische Mensch Manfred Rommel die Ampel auf Grün stellen wollte für Bestrebungen, von denen er sich die bauliche und wirtschaftliche Weiterentwicklung seiner Stadt versprach. Ausgerechnet dem wertkonservativen Denker Rommel, der ständig über die Erwartungshaltung der Bürger und ihr Verhältnis zur Politik sinnierte, fehlte der Blick für die emotionalen Bedürfnisse, Heimat auch in der Bewahrung von alter Bausubstanz zu erleben. Sein Heimatbegriff, sein Verständnis von einer menschengerechten Stadt – sie waren bar jeder Romantik.

Wer es vor allem auf Romantik anlege, der müsse auch den Küchenschaben etwas abgewinnen, die in den alten Gemäuern umher kriechen, meinte er. Wer die Stadt des

19. Jahrhunderts wolle, der müsse auch die sozialen Verhältnisse von damals wollen. Beton, Stahl und Glas störten ihn nicht. Wenn er die Verdichtung neuer Wohngebäude kritisierte und mit dem Psychoanalytiker Alexander Mitscherlich die Unwirtlichkeit der Städte befürchtete, dann deshalb, weil in den Satellitenvierteln kein Raum für Grün, nachbarschaftliches Miteinander und Vereinsstrukturen mehr bleibe. Die Satellitenbauten selbst störten Rommel weniger. Die Stadt des 19. Jahrhunderts zu erhalten und mit den heutigen Bedürfnissen zu versöhnen, das spielte bei Rommel kaum eine Rolle. Zum Glück wusste im Fall des Bosch-Areals eine Bürgerinitiative zusammen mit dem Architekten Roland Ostertag den Abriss der alten Gebäude zu verhindern.

Das Lamentieren über die Stadtplanung seiner Bauverwaltung war Rommel in seiner Zeit als OB ein Gräuel. Stadtplanung verstand er nicht nur als eine Frage von Ästhetik, sondern als »Querschnittsaufgabe, in der Wirtschaftspolitik, Sozialpolitik, Kulturpolitik, Verkehrspolitik, Umweltpolitik und künstlerische Gestaltung zusammenfließen«. Nicht von ungefähr zitierte Rommel in seinen Erinnerungen ein Wort des Schriftstellers Karl Kraus: »Ich verlange von einer Stadt, in der ich leben soll, Asphalt, Straßenspülung, Haustorschlüssel, Luftheizung, Warmwasserleitung. Gemütlich bin ich selber.«

Dass die Bürger immer mehr Einfluss auf ihr Viertel und auf ihre Stadt nehmen wollen, dass die Verwaltung neue Wege gehen muss, dafür hatte Rommel nur eine kleine Antenne. Die Fragen der Stadtplanung seien vielschichtig, schrieb er. Über Grundsatzfragen des Städtebaus solle nicht unmittelbar die Gesamtheit der Mitbürger entscheiden. Das müsse dem Gemeinderat vorbehalten sein. Die Anhörung der Bürger sollte bei wichtigen Vorhaben »auch etwas umfassender sein als rechtlich vorgeschrieben«, gestand er nach seinem Abschied aus dem Oberbürgermeister-Amt nur zu. Damit bewegte sich Rommel freilich auf einem kollisionsverdächtigen Kurs, lang bevor das Projekt Stuttgart 21 die Wut der Bürger erregte.

FAST IMMER DIE KASSENLAGE
IM BLICK

Schon in der Landesverwaltung und der Landespolitik hatte Rommel auf Realismus, Finanzplanung und Sparsamkeit gesetzt. Die Politik könne den Grundrechenarten nicht entkommen, hat er früh erkannt. »Alle Versuche, eine Geldmenge durch moralische Beschwörungen zu vermehren, sind bislang fehlgeschlagen«, schrieb er gegen Ende seiner politischen Karriere.

Viele Jahre trug er die Überzeugung vor sich her, dass die Demokratie finanziell Maß halten müsse, um sich nicht selbst zu schaden; dass man den Bürgern kein Schlaraffenland versprechen dürfe, ihnen vielmehr reinen Wein einschenken müsse. Dass die Menschen es zu schätzen wüssten, wenn man sie nicht belüge, sondern ihnen ehrlich die Lage beschreibe. Der Bürger sehe in der Regel schon ein, dass die finanziellen Mittel begrenzt seien.

Hinweise, dass ein Anliegen in der Politik »absolute Priorität« besitze, ließ Rommel nicht gelten. Absolute Priorität gebe es nicht. Sie sei immer relativ. Man müsse daher abwägen und neben den vermeintlichen Prioritäten auch die Posterioritäten, das Nachrangige, bestimmen. Der Handlungsbedarf, der so dringend angemahnt werde, bestehe meistens ja gerade deshalb, weil keine Geldmittel zur Befriedigung dieses Bedarfs vorhanden seien.

Die Linie, die er in der Landesverwaltung aufgenommen hatte, führte der Zahlenfuchs im Rathaus fort. Das ließ im Lauf seiner Amtszeit gelegentlich die Kritik aufkommen, das Oberbürgermeisteramt sei in den Händen eines Mannes, der immer noch denke wie ein Beamter im Finanzministerium. Rommel hielt aber Kurs. Meistens.

Einmal, zu Beginn seiner Amtszeit, war er noch der Versuchung erlegen, mit der Landeshauptstadt im Alleingang ohne die Umlandgemeinden und ohne andere Großstädte ohne besondere Not auf dem Gebiet der sozialen Leistungen ein bisschen mehr zu tun. Das war der Fall, als ausgerechnet in der wohlhabenden Stadt Stuttgart die Obdachlosen und sogenannten Stadtstreicher eine Zeit lang stark in Erscheinung traten. Der Aufenthalt der ungepflegten, grölenden und bettelnden Menschen, von denen viele dem Alkohol verfallen waren, auf den Straßen und Plätzen der Innenstadt habe die übrigen Bürger ständig geärgert, erinnerte sich Rommel später. Damals stimmte der OB einigen mit Geldausgaben verbundenen Maßnahmen zu, obwohl er sicher war, dass unter diesen Stadtstreichern nicht nur unschuldige Opfer der Gesellschaft seien, sondern auch »Schlawiner«, die mit etwas Anstrengung auch ein Leben ohne öffentliche Subventionen führen könnten. So kam es, dass die Stadt versuchte, den Obdachlosen ausreichend viele Unterkünfte zu verschaffen und sie etwas mehr zu betreuen.

»Man muss den Mitbürgern die Wahrheit sagen.
Unsere Bevölkerung ist heute für unangenehme Wahrheiten eher bereit,
die Politiker reden aber dauernd auf sie ein wie auf ein Kind,
das man nicht aufregen darf.«

Der Effekt verblüffte Rommel und seinen Sozialamtsleiter Dieter Rilling. Die Nachricht von den guten Absichten der Stadt Stuttgart habe sich wie ein Lauffeuer verbreitet, erinnerte sich Rommel. Überall hätten sich Stadtstreicher und Menschen, die Stadtstreicher werden wollten, auf den Weg in die Landeshauptstadt gemacht. Da sei ihm klar geworden, dass man es gelegentlich nur zusammen mit anderen schaffen könne, Gutes zu tun. Die Stadt gab die Suche nach immer mehr Unterkünften auf, begnügte sich in der Winterzeit mit einigen beheizten Containern auf dem Festplatz in Bad Cannstatt, auf dass kein Obdachloser erfrieren würde, und sparte somit auch an dieser Front wieder konsequenter.

Die Botschaft von der Notwendigkeit des Maßhaltens verkündete Rommel auch gern bei den regelmäßigen Bürgerversammlungen in den Stadtbezirken, zu denen oft viele Menschen strömten. Sie kamen manchmal, um eigene Interessen zu vertreten, oft genug aber aus Interesse und purer Lust an diesem Mann, der so anders war als viele Politiker; der keine Geschenke machte – außer dem Geschenk seiner Reden, die mit Witz operierten, wo andere mit Worthülsen Langeweile verbreiteten. Doch der

Spaß endete manchmal jäh. Als der Gemeinderat Ende 1991 den Haushaltsplan 1992 verabschiedete, sah Rommel Grund zu verschärften Warnungen. Es sei »nicht mehr weit bis zur Genehmigungsunfähigkeit« der städtischen Finanzplanungen, sagte er. In vielen Bereichen herrsche noch ein zu ausgeprägtes Anspruchsdenken, das während jahrzehntelangen Wohlstands gewachsen sei. An der Jahreswende 1992/1993 bewahrheiteten sich die Vorahnungen. Auf einen Schlag waren alle Eigenschaften und Talente Rommels bitter nötig. Stuttgart schlitterte in die schwerste Wirtschaftskrise nach dem Zweiten Weltkrieg.

»Sparen heißt, Geld, das man hat, nicht auszugeben –
und nicht Geld nicht auszugeben, das man nicht hat.«

Die örtliche Wirtschaft und auch die Stadtverwaltung waren dafür jedoch nicht ausreichend gerüstet. Mit dem Dienstleistungssektor hinkte die Landeshauptstadt noch immer hinter anderen Großstädten her. Ein Wunder war das nicht, denn die Stadt herausragender Gründer der Industriekultur war mit der Herstellung von immer besseren Automobilen, Maschinen und Elektronikprodukten lange Zeit gut gefahren. Mit der Krise der deutschen Industrie und dem zunehmenden Export von Arbeitsplätzen in Billiglohnländer kam die Zäsur. Binnen zweier Jahre gingen in Stuttgart 1993 und 1994 insgesamt rund 40.000 Arbeitsplätze verloren. Im Durchschnitt also jeden Tag 55 Stellen. An jedem Werktag und an jedem Sonntag. Als Folge davon brachen nicht nur die Einnahmen bei den Gewerbesteuern ein, auch die Beteiligung der Stadt an Steuereinnahmen des Bundes schmolz fast so dahin wie Schnee in der Sonne.

Zusammen mit Klaus Lang, inzwischen Finanzbürgermeister, organisierte der Moderator Rommel einen Sparpakt im Rathaus. Das Ziel: Spätestens 1997 sollten die jährlichen Ausgaben der Stadt um 385 Millionen DM verringert sein. 1.500 Arbeitsplätze wurden zur Disposition gestellt, vielerlei Gebühren und kommunale Steuern überprüft und angehoben.

Die Stadtgesellschaft ächzte unter dem Spardruck ausgerechnet in einer Zeit, da die letzten Errungenschaften aus besseren Tagen in Betrieb gingen. Ende 1994 wandte sich Rommel an die Bürgerinnen und Bürger und versuchte die Verzagten unter ihnen wieder aufzurichten. »Ich will nicht behaupten, dass wir uns auf einer Lustfahrt in ein irdisches Paradies befinden«, erklärte er, »aber eine moralische Pflicht, den Rüssel so tief hängen zu lassen, wie dies die weltlichen Bußprediger empfehlen, besteht nicht.« Die Krisenjahre 1993 und 1994 wurden jedenfalls zu einer Erfahrung, die die beteiligten Stadträte nicht mehr vergessen sollten. Sie wurden zur Mahnung, die Spätfolgen einer lustvollen Ausgabenfreude nicht aus den Augen zu verlieren. Sie erschienen wie eine Lektion aus dem Lehrbuch des Zahlenfuchses Rommel für die Kommunalpolitiker. Und viele von ihnen empfanden es noch lange danach als Glücksfall, dass damals gerade Rommel die Geschicke der Stadt lenkte.

Zu seiner beständigen Sorge um die Finanzen der Stadt passte seine stetige Aufmerksamkeit für die Wirtschaft, deren Blühen er für unabdingbar hielt, wenn die Stadt ihre sozialen Aufgaben erfüllen solle. Andererseits erachtete er auch den sozialen Frieden als Voraussetzung dafür, dass der Wirtschaftsstandort nicht an Qualität verliert, sondern gewinnt, dass er qualifizierte und kreative Menschen anzieht und als Mitarbeiter gewinnt.

Bei diesem Balanceakt versuchte Rommel in gutem Kontakt mit den Stuttgarter Firmenchefs zu handeln, besonders natürlich mit den Lenkern der nicht wenigen Weltfirmen, die ihren Firmensitz in Stuttgart hatten. Die Notwendigkeit, den Industriestandort Stuttgart stärker in Richtung Dienstleistung zu entwickeln, lag auf der Hand, seit verschiedene Wirtschaftszweige und die Volkswirtschaften allgemein in zeitweilige Krisen und an die Grenzen ihres Wachstums geraten waren. Was Stuttgart von der Industrie noch geblieben war, wollte Rommel freilich schon deshalb aktiv verteidigen, weil sich um diese industriellen Bereiche herum diverse kleine Dienstleister mit industrienahen Angeboten rankten, die beim weiteren Rückzug der Industrie ebenfalls Schaden nehmen würden.

Wie ein Trauma lastete auf den Stadtoberen in Stuttgart auch noch, dass der Bosch-Konzern seinen Firmensitz von der Stuttgarter Innenstadt nicht etwa nur an die Stuttgarter Peripherie verlagert hatte, sondern über die Stadtgrenze hinweg ins benachbarte Gerlingen. So etwas wollte man nicht noch einmal erleben. Daher war der Boden gut bereitet für einen heftigen Streit, als in den 1980er-Jahren ein Neubau für die Mercedes-Benz-Zentrale im Stadtbezirk Möhringen zur Debatte stand – ausgerechnet in einem Landschaftsschutzgebiet, um dessen Fortbestand die Umwelt-schützer entschlossen kämpften.

Rommel warf sein ganzes Prestige und seinen ganzen Einfluss in die Waagschale, damit das gewünschte Baugebiet zur Verfügung gestellt werden konnte. Wie es der Zufall manchmal will, warfen neue Überlegungen in der Konzernspitze später allerdings nachträglich die Frage auf, ob von dieser Ansiedlung tatsächlich Wohl und Wehe des Standortes Stuttgart abhängig gewesen waren. Mit Edzard Reuter, Jürgen Schrempp und Dieter Zetsche residierten zwar drei Konzernchefs mit ihren Mitarbeitern und den Büros auf dem Gelände im »Sternhäule«, doch Zetsche zog mit dem Hauptquartier alsbald wieder dorthin zurück, wo es hergekommen war: ins Stammwerk in Stuttgart-Untertürkheim.

>*Die Bürger sehen in der Regel ein,*
>*dass die Geldmittel begrenzt sind.*«

Der Vorgang hätte eigentlich Anlass zu der Frage geben können, ob die kommunalen Wirtschaftsförderer, die die Schicksalsfrage des Wirtschaftsstandorts ausrufen, mit ihrer hektischen Betriebsamkeit nicht allzu bereitwillig den Launen von Wirtschaftskapitänen folgen, die fehlbar sind. Doch diese Überlegungen kamen nicht auf.

Die beengte Stadt sucht Auswege

In Stuttgart spielte zeitweilig auch die Frage eine Rolle, ob sich die Stuttgarter Stadtväter nicht weniger um den Verbleib von Weltfirmen auf ihrem Stadtgebiet hätten sorgen müssen, wenn Rommel in seiner Zeit im Innenministerium den eigentlichen Bedürfnissen der Landeshauptstadt besser entgegengekommen wäre. Bei der Gemeindereform, die in der ersten Hälfte der 1970er-Jahre konzipiert wurde und ausgerechnet in Rommels erstem OB-Amtsjahr 1975 in Kraft trat, ging die Landeshauptstadt nämlich leer aus.

Die Städte und Gemeinden im »Speckgürtel« um Stuttgart herum durften in fröhlicher Eigenständigkeit fortbestehen. Die Landeshauptstadt mit ihrem Zentrum in einem engen Talkessel und mit dürftigen Ausdehnungsmöglichkeiten blieb eingeschnürt von selbstständigen Nachbarn, die von den Einrichtungen im Oberzentrum Stuttgart lebten und nur über einen kommunalen Finanzausgleich mitzubezahlen hatten, dessen Gerechtigkeit umstritten war. Altlasten wie jene, dass nie ein Autobahnring um Stuttgart herum geschaffen wurde, sondern dass unnützerweise Verkehr durch das Zentrum der autogerecht gemachten Stadt zwischen Hügeln gelenkt wurde, wurden zementiert. So lange, bis die Umweltschützer sich überall positioniert hatten und bis an den Bau des Autobahnrings nicht mehr zu denken war.

Die persönliche Mitverantwortung dafür, dass Stuttgart leer ausging und die »Belagerer« der Stadt gestärkt wurden, lehnte Rommel ab. Es handle sich um einen landespolitischen Fehler, konstatierte er, für den aber auch die Stadt Stuttgart verantwortlich gewesen sei, deren Oberbürgermeister er damals noch nicht gewesen sei. Im Rathaus habe man zwar allerlei Ansätze für die Lösung der sogenannten Stadt-Umland-Frage entworfen, eine klar umrissene Gebietsforderung jedoch nicht erhoben. »Wer sich in der Politik solch vornehmer Zurückhaltung befleißigt, der geht unter«, schrieb Rommel in seinem Erinnerungsband. Ihn selbst habe der weitere Verlauf der kommunalen Gebietsreform nicht mehr beschäftigt, als er Ende 1971 zum Amtschef im Finanzministerium ernannt worden sei.

1975 ließ er als Stuttgarter OB zwar noch einmal die Debatte über Eingemeindungen aufleben, doch das Resultat beurteilte er selbst als mager. Sein Vorstoß habe lediglich erreicht, dass die Landkreise jenseits der Stadtgrenze einen geringen Teil der Betriebskosten bezahlen müssen, die Busse und Bahnen im öffentlichen Personennahverkehr verursachen. Immerhin: »Das war besser als gar nichts.« Wie sich 15 Jahre später mit Macht zeigen sollte, reichte es allerdings nicht aus, um an dieser Front dauerhaft Ruhe zu schaffen. Die Defizite der Gemeindereform schwärten weiter wie eine eiternde Wunde. Der Ruf nach einer Neuordnung der Verhältnisse in der Region wurde wieder laut. Und auch Rommel selbst sollte wieder gefordert sein, am Umbau dieser Region mitzuwirken.

DEUTSCHLAND ALS BÜHNE

Was Rommel das Volksfest zum Ausleben seiner humorvollen, ja bisweilen komödiantischen Wesensart und zur Mehrung seiner Popularität bedeutete, war ihm in ganz anderer Weise der Deutsche Städtetag zur Steigerung seines politischen Renommees und zur Einflussnahme auf die große Politik. Die Möglichkeiten der Einmischung waren grandios, denn Rommel hatte früh erkannt, dass fast alle Themen der großen Politik sich auch in der Kommunalpolitik finden, dass der Kommunalpolitiker aber einen entscheidenden Vorteil hat: Er ist näher dran, kann dem Volk aufs Maul schauen, kann, wenn er will, aus praktischen Erfahrungen eine Politik für die Menschen schmieden.

Rommel nutzte die Bühne, die der Deutsche Städtetag ihm bot, und wirkte dort ungewöhnlich lang: neun Jahre als Vorsitzender und, da es die Rotation unter parteipolitischen Vorzeichen erforderte und auch mal andere die Verantwortung haben wollten, einige Jahre als Vizepräsident. Im Städtetag Baden-Württemberg gab er ebenfalls als Vorsitzender sechs Jahre lang den Ton an. Besonders auf nationaler Ebene konnte er seine Neigung zur Finanzpolitik, die er als entscheidenden Hebel für viele politische Themenfelder verstand, ausleben.

Hier hatte er eine Bühne für Auftritte vor bundespolitischen Gremien und Zirkeln sowie vor den überregionalen Medien. Hier konnte er versuchen, drohende Aufgabenzuweisungen an die Kommunen durch die Bundespolitik bei unveränderten Finanzzuschüssen oder gar bei einer Drosselung von Geldzuweisungen zu verhindern. Hier konnte er sich bemühen, die pragmatischere Sicht in den Kommunen etwas mehr in das Bewusstsein der Bundespolitik zu rufen. In diesem Zusammenhang ärgerte sich Rommel besonders über den Rechtsanspruch auf einen Kindergartenplatz, der vom Bund eingeführt, aber den Städten und Gemeinden zur Umsetzung und zum Bezahlen zugewiesen wurde.

Rommel schätzte es sehr, dass im Städtetag die Gemeinsamkeit der Demokraten und bei aller nötigen Konkurrenz der Parteien doch das Bemühen um eine gemeinsame Linie gegenüber dem Bund im Vordergrund stand. Die da oben in Bonn, der damaligen Hauptstadt, und die Repräsentanten des Landes hätten nach Rommels Ansicht gut daran getan, etwas mehr Ideen und auch Überzeugungen aus der kommunalen Ebene zu berücksichtigen. Es liege sogar im eigenen Interesse dieser staatlichen Ebenen, damit sie Tuchfühlung zur Realität behalten, sagte er. Die Welt ändere sich schnell. Die sich ständig erneuernden praktischen Erfahrungen, die auf der kommunalen Ebene zuerst ihren Niederschlag fänden, dürften nicht beiseite geschoben werden.

In Bonn aber herrschte nach Rommels Beobachtung ein Misstrauen gegenüber den stets jammernden Kommunen, das sich auch mit dem Namen Helmut Schmidt verband. Leider sei das Jammern aber die einzige Waffe der Städte und Gemeinden, rechtfertigte Rommel sich. Der SPD-Kanzler hielt dennoch große Stücke auf ihn. In ihm sah er, wie er später aus Anlass von Rommels Abschied aus dem Rathaus wissen ließ, einen »grundsolide ausgebildeten Finanzfachmann« und einen OB, der »mit Kompetenz und Witz« das Klischee vergessen ließ, hier regiere einer eine Stadt, weil er des »Wüstenfuchses« kleiner Sohn sei.

In der Zusammenarbeit entdeckte Schmidt bei Rommel eine ausgeprägte Neigung zum Kompromiss, zu Selbstkritik und zur Korrektur von früheren Entscheidungen, wenn es denn nötig war. Bei der »besonderen Ausformung der behaglich-schwäbischen Autorität« erkannte Schmidt Parallelen zum früheren Bundespräsidenten Theodor Heuss.

Als der Kanzler 1982 plötzlich Helmut Kohl (CDU) hieß und in Bonn unerwartet die Senkung der Einkommensteuer auf die Tagesordnung kam, später die deutsche Vereinigung auch noch einen erhöhten Finanzbedarf schuf, sah Rommel als Vorsitzender des Deutschen Städtetages eine Keimzelle für Konflikt. Er widersetzte sich einer Steuersenkung, die für die Kommunen teurer geworden wäre. Das Steueränderungsgesetz von 1974, das den Kommunen Hunderte von Millionen DM an Verlusten bei der Gewerbesteuer gebracht hatte, war noch in unguter Erinnerung.

In der neuen Steuerdiskussion stritt Rommel für eine Senkung der Sozialabgaben und forderte gleichzeitig mehr Steuermittel für die sozialen Aufgaben. So wollte er einerseits der Wirtschaft einen Impuls für neue Arbeitsplätze und mehr Steueraufkommen schaffen, auf der anderen Seite die Kommunen entlasten. Das war die Stunde, in der Kohl die Kritik als bedeutungslos abtat und sagte: »Die Hunde bellen, die Karawane zieht weiter.« Rommels witzig gemeinte Replik vor Journalisten lautete: »Lieber ein Hund sein als ein Kamel.« Mit Kohl hatte er es sich damit auf Jahre hinaus verscherzt.

GANZ EIGENER FÜHRUNGSSTIL

Die Art, wie Manfred Rommel die Geschicke der Stadt Stuttgart lenkte und wie er mit rund 20.000 Mitarbeitern in der Stadtverwaltung und in den städtischen Tochterunternehmen umging, rief schon bald nach seiner Amtseinsetzung Respekt hervor. Das Parteibuch besaß für ihn keine Bedeutung. Der Personalratsvorsitzende Hans Hammer, der ebenfalls den Hang zum schwäbischen Philosophieren und eine unaufgeregte Art hatte, erfreute sich eines guten Zugangs zu Rommels Büro. Und egal ob Bürgermeister, Sachbearbeiter, Fahrer oder Mitarbeiter des Sitzungsdienstes, die für technische und organisatorische Hilfen in den Sitzungssälen zuständig sind: Sie alle waren darauf geeicht, »Grüß Gott, Herr Rommel« zu sagen, nicht »Herr Oberbürgermeister«.

Es war der Mensch, der für Rommel zählte. Und das war nicht nur Fassade, wie sich in besonderen Notlagen zeigte. Wie bei seinem Fahrer Manfred Miller, der Rommel auch noch lang nach dessen Abschied aus dem Rathaus bei besonderen Anlässen chauffierte. Miller befand sich mit Rommel im Dienstwagen auf der Autobahn nach Singen, und man hatte schon etwa 100 Kilometer zurückgelegt, als Rommel ihn umkehren ließ. Übers Autotelefon hatte er eine Nachricht erhalten. Er habe etwas Wichtiges vergessen, sagte Rommel, man müsse zurück.

Leise fluchend steuerte Miller den Wagen wieder nach Stuttgart. Als sie die Stadtgrenze überquert hatten, dirigierte Rommel seinen Fahrer in den Stadtbezirk Ost, wo Miller mit seiner Familie wohnte. Bei der eigenen Wohnung angekommen, leuchtete dem Chauffeur schlagartig ein, weshalb sie den Rückweg angetreten hatten: Aus dem Gebäude quoll Rauch. Millers Familie hatte sich rechtzeitig retten können. Der Hund Benni jedoch war in der brennenden Wohnung umgekommen, die Einrichtung der Vierzimmerwohnung zerstört – mit allen Möbeln und mit sämtlicher Kleidung in den Schränken.

Fürs Erste besorgte man der Familie eine notdürftige Bleibe. Um ein Uhr nachts suchte das Ehepaar Rommel daheim Hemden, Hosen und Jacken für Miller zusammen. Liselotte Rommel steckte Miller in einem Kuvert Geld zu, auf dass sich Millers

Frau und Kinder wieder mit dem Nötigsten ausrüsten könnten. Ein Zurück in die beim Brand zerstörte Wohnung konnte es für Miller und seine Familie vorerst nicht geben. Daher setzte Rommel alle Hebel in Bewegung, damit die Familie binnen weniger Tage von einer Baugenossenschaft eine neue Dreizimmerwohnung in einem anderen Stadtbezirk zugewiesen bekam. Millers Respekt vor dem Chef wuchs weiter, und die Bereitschaft, ihn notfalls ans Ende der Welt zu chauffieren, auch. »Für mich war das ein Chef von Weltklasse«, sagte Miller.

Im Alltagsgeschäft ließ Rommel seinen Mitarbeitern meist freie Hand, besonders den Bürgermeistern. Es galt die Devise, dass alles in Ordnung sei, solange man nichts von ihm höre. »Man konnte immer offen und ehrlich reden«, sagte sein früherer Protokollchef Heinz Hermann, »wenn er einmal Vertrauen zu einem gefasst hatte, war es ein ganz wunderbares Arbeiten mit ihm.« Rommel besaß aber genug Autorität, damit ihm die Zügel nicht aus der Hand genommen wurden. Falls es doch versucht wurde, konnte er auch sehr entschieden werden, berichteten Mitglieder der Verwaltungsspitze. In solchen Fällen soll er dann gesagt haben: »Die Verwaltung bin ich.«

Andererseits genierte er sich nicht, in der Referenten-Runde, einer wöchentlichen Sitzung der wichtigsten Mitarbeiter, seine Meinung zu revidieren, falls er eines Besseren belehrt wurde. Diese Besprechungen, schrieb Rommel, seien für ihn alles andere als Veranstaltungen zur Befehlsausgabe gewesen. »Ich delegierte so viel wie möglich«, verriet er. Gleichzeitig beugte er dem Eindruck vor, das Delegieren diene dem Zweck, sich ein leichtes Leben zu machen. Wer delegiere, müsse sich auch vor seine Mitarbeiter stellen, wenn sie Kritik erregen. Man müsse sich laufend über den Gang der Dinge informieren lassen, in kritischen Situationen urplötzlich selbst eingreifen und dann auch tief in die jeweilige Materie einsteigen.

Überhaupt, das OB-Amt auszuüben, sei nicht einfach, sagte er rückblickend Anfang 2012. Man müsse die Beteiligten zusammenhalten und Widersprüche, die in der Kommunalpolitik nahe liegen, ausgleichen. Man müsse die Menschen kennen, weil sonst in einer Stadtverwaltung mit rund 20.000 Mitarbeiterinnen und Mitarbeitern keine gute Personalpolitik gelinge. Doch viele Jahre hatte Rommel ja demonstriert, wie es geht, wobei er auch immer betonte, nicht alles sei seine Leistung gewesen. Normale Indianer hätten ihm sehr geholfen.

Rückhalt für die Mitarbeiter

Wer von Rommel im Rathaus oder gar in den Medien als »tüchtig« bezeichnet wurde, durfte sich geadelt fühlen. Einigen seiner Mitarbeiter ermöglichte er Karrieren im Konzern Stadt Stuttgart, die sich für die Betreffenden wirklich auszahlten. So war es vor allem bei seinem Wirtschaftsförderer Rainer Vögele und bei seinem Persönlichen Referenten Walter Gehring, die zu Geschäftsführern der städtischen Messe- und Kongressgesellschaft, der Vorläuferin der heutigen Landesmesse Stuttgart, aufstiegen. Jahrelang nahm Rommel es sogar hin, dass die Messechefs, von Kennern der Materie auch »die Könige vom Killesberg« genannt, am Messeumsatz orientierte Zulagen erhielten, ohne Rücksicht darauf, ob ein Gewinn übrig blieb. Erst im Lauf der Zeit wurde das Vergütungssystem umgestellt.

Manchmal forderte Rommel aber auch Solidarität und Loyalität zurück für seine Großzügigkeit. Als Gehring an einer Verlagerung der Messe arbeitete, um sie aus den beengten Verhältnissen am Stuttgarter Killesberg zu erlösen, und Rommel anderer Meinung war, schickte er eine Warnung zu Stuttgarts Nobellage hinauf. Er empfehle auch Geschäftsführern von Tochtergesellschaften, die Mutterkörperschaft, von der sie abhängig seien, freundlicher zu behandeln. So etwas, öffentlich ausgesprochen, signalisierte fast Rommels größtmögliche Missbilligung. Dass man die Messe so einfach an eine Stelle verlagern könnte, wo es 70 Hektar Platz und gleich nebenan den Flughafen gebe und auch noch einen guten Anschluss an den öffentlichen Personennahverkehr, glaubte Rommel nicht. Wer so einen Platz kenne und ihm mitteile, erhalte Finderlohn, sagte er. Die Entwicklung gab Rommel nicht recht. Die Stuttgarter Messe zog – allerdings nach der Jahrtausendwende und nach der Beteiligung des Landes Baden-Württemberg an dem bis dato städtischen Unternehmen – tatsächlich um: direkt zum Flughafen.

Es bedurfte freilich einer neuen Politiker-Generation wie des Staatsministers Christoph Palmer und eines Landesgesetzes, um die Verlagerung durchzusetzen. Doch die Operation gelang und zeigte noch einmal, dass auch große, umstrittene Projekte gegen massive Proteste durchsetzbar sind. Bis dann, ein halbes Jahrzehnt später, der Streit um Stuttgart 21 massive Zweifel daran aufkommen ließ – und eine CDU/FDP-Regierung unterging wie die Titanic nach der Kollision mit einem Eisberg, obwohl das umstrittene Projekt letztlich auch nicht zu stoppen war.

Knifflige Frauenfrage

Etwas gespannt blieb Rommels Verhältnis zur Frauenbeauftragten Gabriele Steckmeister, die ihren Dienst 1985 angetreten hatte und es fünf Jahre im Stuttgarter Rathaus aushielt. Die Politikwissenschaftlerin, die zuvor an der Universität Tübingen tätig gewesen war, beklagte einen Stillstand im Stuttgarter Rathaus in der Frauenfrage: Rommel habe zwar in großer Liberalität Raum für Ideen gelassen, die Leine aber kurz gehalten, wenn die Macht der Männer wirklich angekratzt worden sei. Rommel revanchierte sich in seinem Erinnerungsband und attestierte Steckmeister eine Neigung zu Übertreibungen, besonders bei der Frage, wann der Tatbestand der sexuellen Belästigung erreicht sei. Steckmeister habe darunter bereits das aufmerksame Betrachten einer Dame eingestuft.

Überrascht von Korruption

Dass er die Maxime ernst nahm, sich vor Mitarbeiter zu stellen, die in die Kritik geraten waren, demonstrierte Rommel nicht nur einmal. Mitunter gab er zu viel Vertrauensvorschuss. Wie Anfang 1986, als es wie in einigen anderen Großstädten auch in Stuttgart plötzlich Vorwürfe gegen städtische Beamte gab, die Ausländern gegen Schmiergeld an den Wartelisten vorbei Sozialwohnungen oder auch eine Aufenthaltsgenehmigung verschafft haben sollten. 500 bis 2.000 DM für die Wohnungsvermittlung, 2.500 DM für die Aufenthaltsgenehmigung? Rommel und sein Wohnungsamtsleiter Manfred Gann konnten nicht glauben, was da behauptet wurde. Der OB drohte sogar, die »Stuttgarter Kanaken-Zeitung« wegen Beleidigung und falscher Anschuldigung zu verklagen. Das deutsch-türkische Blatt mit dem provozierenden Titel hatte eine Handvoll Ausländer über zwölf Seiten hinweg berichten lassen, wie sie es zu einer der Sozialwohnungen geschafft hatten, die in Stuttgart Mangelware waren. Rommel und Gann äußerten Zweifel und forderten Beweise, mussten wenig später aber erleben, wie sich die Vorwürfe konkretisierten. Ein Mitarbeiter der Wohnungsbehörde legte gegenüber der Staatsanwaltschaft ein Geständnis ab. Ein Kollege von der Stuttgarter Ausländerbehörde wurde vorübergehend festgenommen. Da war es ein schwacher Trost, dass zur selben Zeit auch in Hannover und Hamburg, in Heilbronn und Mühlacker die Staatsanwälte in Verdachtsfällen gegen Beamte ermittelten.

Plötzlich geht es um Untreue

Auch als Rainer Vögele ins Visier der Staatsanwaltschaft geriet, konnte er auf die Unterstützung des Oberbürgermeisters zählen. Der Chef der Messegesellschaft, der sich wiederholt als Macher-Typ bewiesen und große Veranstaltungen nach Stuttgart geholt und organisiert hatte, war plötzlich der fremdnützigen Untreue verdächtig. Es wurde ihm also nicht etwa der Vorwurf gemacht, sich selbst mit Steuergeldern bedient zu haben, sondern öffentliche Gelder entweder fahrlässig oder absichtlich zum Vorteil von Geschäftspartnern der Stadt verschleudert zu haben. Plötzlich ging es im Zusammenhang mit der in Stuttgart ausgetragenen Radweltmeisterschaft um Schwarzkonten im Ausland, um Strohmänner und um Scheingeschäfte.

Es sollte sich herausstellen, dass Vögele sich zu weit in die Grauzonen eines trickreichen Sportgeschäftes begeben hatte – vielleicht auch die Grenzen der Legalität überschritten hatte. Rommels Mann für schwierige Operationen jenseits der klassischen Verwaltungsfelder, sein Beauftragter für die Zusammenarbeit mit Funktionären bei Sportveranstaltungen und mit Fachverbänden bei Gartenbauausstellungen, der einzige wirkliche Manager im Konzern der Stadt Stuttgart, stand öffentlich am Pranger. Der Gemeinderat bildete einen Ausschuss zur Akteneinsicht, um die Vorwürfe gegen Vögele zu prüfen.

Rommel selbst wurde nicht müde, den Vorgang kleinzureden und Vögele als besonders tüchtigen Mitarbeiter zu loben. Dennoch veranlasste er ihn, einen von der Staatsanwaltschaft Stuttgart erwirkten Strafbefehl anzunehmen, um die Überprüfung bei einer Gerichtsverhandlung zu vermeiden. Er brauche, sagte Rommel damals, Vögeles ganze Arbeitskraft für die Organisation der Leichtathletik-Weltmeisterschaft und der Internationalen Gartenbauausstellung. Deshalb empfahl der OB Rommel ihm die Annahme des Strafbefehls, obwohl der Jurist Rommel die Meinung vertrat, dass die Verhandlung wahrscheinlich einen Freispruch bringen würde. Vögele nahm an – und konnte sich später nie mehr ganz von dem Makel befreien. Diese unerfreuliche Geschichte, ließ Rommel später immer wieder wissen, belaste sein Gewissen nachhaltig.

Man könnte durchaus sagen, dass die unvermutet ausgebrochene Agilität der Staatsanwaltschaft und ihr plötzlich erwachtes Interesse an fremdnütziger Untreue eine gewisse Zäsur in Rommels Betrachtungen über das Verhältnis von Verwaltung und Justiz bildeten. Zumal die Staatsanwälte bald auch noch gegen den Generalintendanten der Württembergischen Staatstheater ermittelten.

Wolfgang Gönnenwein warfen sie ebenfalls Untreue vor. Im Dschungel der komplizierten Haushaltsproblematik bei dem von Land und Stadt finanzierten Musentempel habe er die Übersicht verloren und das Budget überzogen, urteilte Rommel in späteren Jahren.

Die Staatsanwälte hielten Gönnenwein vor, er habe in den Haushalten 1987 bis 1991 um bis zu fünf Millionen DM überzogen, das Geld zwar keineswegs privat kassiert, es aber für »nicht unabwendbare« Dinge in den Staatstheatern ausgegeben. Dabei handle es sich um einen Verstoß gegen seine Pflicht zur korrekten Haushaltsführung. Alle Welt redete von der »Bugwelle« an Kosten, die das Flaggschiff des Stuttgarter Kulturbetriebs verursachte.

»Manchmal habe ich den Eindruck,
dass unbedingt eine akademische Ausbildung dazugehört,
einen besonders großen Unsinn zu machen.«

Rommel selbst sowie der Vorstandschef der Landesgirokasse Stuttgart, Walther Zügel, gerieten ebenfalls ins Visier der Staatsanwaltschaft. Deren Verdacht war, dass Zügel mit Wissen von Rommel, Chef des Verwaltungsrates, den Staatstheatern einen zinslosen Kredit gewährt habe zur Überziehung des Budgets. Als die Staatsanwaltschaft in einer spektakulären Aktion nicht nur in den Staatstheatern Durchsuchungen vornahm, sondern auch in Rommels Büro und in der Landesgirokasse Akten sicherstellte, war die Empörung des Oberbürgermeisters riesengroß.

Nur einen Tag nach der Sichtung der Akten trat die Staatsanwaltschaft aber schon wieder den Rückzug an. Die Sache mit dem Kredit bestätigte sich nämlich nicht. Der Plan, damit die Finanzmisere der Staatstheater zu beseitigen, war zwar tatsächlich verfolgt worden, stellten die Staatsanwälte fest. Er sei jedoch verworfen worden. Die Bank habe als Sponsorin einen »erheblichen Betrag« ausbezahlt, ohne eine Rückzahlungspflicht zu vereinbaren. Einen Verstoß gegen das Haushaltsrecht und Beihilfe zu einer etwaigen Haushaltsuntreue konnten die Staatsanwälte Rommel und Zügel damit nicht mehr vorwerfen. Sie ermittelten in der Folge nur noch gegen Gönnenwein, der aber nach wie vor Rommels Vertrauen genoss.

Die künstlerische und technische Steuerung so großer Staatstheater sei eben schwierig, erklärte Rommel, und Gönnenwein sei Musiker, kein Jurist. Die Staatsanwaltschaft werde auch noch erkennen, dass der Generalintendant unschuldig sei.

Mit Aufatmen reagierte Rommel auf die Einstellung der Ermittlungen gegen ihn selbst: Jeder habe doch gedacht, er hätte Geld der Stadt gestohlen. Das plötzliche Augenmerk der Staatsanwälte für das Delikt der fremdnützigen Untreue werde langsam, aber sicher zu einem Problem für die Oberbürgermeister, grollte Rommel. Er fürchtete, dass dadurch der Tatendrang seiner Kollegen leiden könnte. Doch Stadtoberhäupter mit Angst hätten einen schweren Stand. Das Volk möge keine Hasenfüße, schrieb Rommel, und wenn eine Stimmung gegen den OB entstehe, werde seine Autorität beschädigt.

Trügerische Aura des Entschleunigten

In Phasen, in denen bei den leitenden Mitarbeitern alles wie von alleine lief, gewann Rommel Zeit, um seiner Neigung zum Grübeln und Wägen der Dinge nachzukommen, um sich auf das Wesentliche seiner Aufgabe zu besinnen. Ein OB in der Großstadt dürfe sich nicht von den vielen Details des Verwaltungsgeschäftes aufzehren lassen, fand er heraus. Wenn er gelassen und ruhigen Schrittes durch die Rathausflure ging, schien er wie ein Mann zu sein, der das Ticken der Uhr nicht hört. In Wirklichkeit besaß er eine innere Uhr, mit deren Hilfe er laufend den aktuellen Stand bei der Absolvierung seines Arbeitsplanes kontrollierte. Er hielt viel auf Pünktlichkeit. »Zeit war für ihn wie ein Geschenk, mit dem er gelassen, aber sorgfältig umzugehen wusste«, urteilte der frühere Erste Bürgermeister Rolf Thieringer.

Was niemand ahnte: Die Lektüre all der Dinge, die Rommel hätte lesen sollen, konnte er schon viele Jahre vor seinem Abschied nicht mehr bewältigen. Es wurde einfach zu viel. Das anfängliche Rinnsal der Papiere und Informationen sei im Lauf der Jahre zum reißenden Strom angeschwollen, wofür Rommel die zunehmende Verbreitung der Faxgeräte und der Kopiergeräte verantwortlich machte, mit deren Hilfe jeder jedem zu allen Zeitpunkten alles zuspielen konnte.

Die Potenzierung durch den Siegeszug der E-Mails wenigstens ist Rommel im Amt erspart geblieben. Dennoch beurteilte er es als »völlig unrealistisch«, alles zu lesen, was ihm vorgelegt wurde. Hätte er tatsächlich alles gelesen, schrieb Rommel 1998 überzeichnend, wäre er 1996 noch mit den Papieren des Jahres 1986 beschäftigt gewesen. Daher sei er dazu übergegangen, manches nach mehr oder weniger langer Ehrfurchtsbezeugung nur noch abzuzeichnen. Seine Vorzimmerdamen allerdings hätten noch 1996 geschworen, dass er stets »wusste, was er unterschrieb«. Doch das Aus- und Vordenken, das Um- und Querdenken, das Nach- und Überdenken sowie das Zu-Ende-Denken sind Rommel unter diesem Druck immer schwerer gefallen.

Ein OB in der Großstadt müsse sich aber nicht um zu viele Details kümmern und auch nicht um Taktik, sondern um Strategien, hielt Rommel fest. Bei der Bestimmung seiner Aufgabe fühlte er sich bei den Franzosen fündig geworden, bei denen es heiße: »Gouverner, c'est prévoir – Regieren heißt vorausehen«. Zur richtigen Balance mag ihm auch der frühere Bundespräsident Theodor Heuss verholfen haben, den Rommel mit dem Ausspruch zitierte: »Ich regiere nicht, ich bilde Atmosphäre.« Der Erfolg gab Rommel recht. Die allermeisten Stadträte honorierten seine Art.

Mit Pragmatismus gegen Rechts

Sogar die von ihm oft trocken in die Schranken gewiesenen selbsternannten Republikaner kamen nicht umhin, Rommel aus Anlass seines 80. Geburtstags als ehemaligen OB zu würdigen. Er sei auf Ausgleich und Harmonie bedacht gewesen, er sei ein untadeliger Mann. Dabei hatte es Rommel im Jahr 1989, als die stramm rechten Republikaner ausgerechnet in den Gemeinderat der liberalen Stadt Stuttgart eingezogen waren und dies auch noch mit sechs Stadträten, nicht an Zeichen der Missbilligung ihrer Verhaltensmuster fehlen lassen.

Die Rommel'sche Eigenart, mit trockenem Witz einen unmissverständlichen Kommentar zum Sitzungsverlauf abzugeben und dann schnell wieder zur Tagesordnung überzugehen, richtete sich jetzt nicht selten gegen manche der Republikaner. Andererseits trat Rommel dem Eindruck entgegen, dass der Untergang des Abendlandes zu befürchten wäre. Immerhin gebe es eine Rechtsordnung für alle, ließ er wissen. Asylbewerber müssten nicht schon deshalb mit der Ablehnung ihrer Anträge rechnen, weil neuerdings Republikaner im Gemeinderat säßen, signalisierte er. Gewisse Gruppierungen müsse man in einem freiheitlichen Staat eben ertragen. Das sei der Preis der Freiheit. Im Übrigen äußerte er die Hoffnung, »dass wir nicht ständig eine Faschismus-Debatte führen müssen«.

Diese Hoffnung erfüllte sich im Großen und Ganzen, aber doch nicht immer. Mitunter unsägliche Wutausbrüche mancher Rep-Stadträte, die schwerlich anders denn als krankhaft beurteilt werden konnten, wurden im Gemeinderat mit betretenen Gesichtern zur Kenntnis genommen und in der Regel nicht durch übertriebene Beachtung aufgewertet.

Viele andere Akteure im Stuttgarter Gemeinderat erfreuten sich der Wertschätzung Rommels, der sich hier in seinem Element fühlte, weil man im Gemeindeparlament praxisorientierter zu Werke gehen muss als in der Landespolitik. Rommel schrieb einmal: »Je länger ich OB war, desto fester ist mein Vertrauen in die Leistungsfähigkeit der Demokratie geworden.«

Er versuchte allerdings auch, pragmatisch vorzugehen und nicht nachtragend zu sein, denn jahrelang immer wieder alte Konflikte hervorzuholen und weiterzuspinnen, schien ihm ein nutzloses Verhalten zu sein. Dennoch musste er in den späten Jahren seiner Ägide von Stadträten, Repräsentanten des öffentlichen Lebens und Interessengruppen das eine oder andere, mehr oder weniger freundlich verpackte Widerwort hinnehmen.

UNBEQUEMES, ABER LOYALES CDU-MITGLIED

Rommel dachte manchmal kritisch über seine Partei, aber im Endeffekt solidarisch. Wie eine Präambel schwebte darüber, schon seit Rommels Anfängen als Oberbürgermeister, eine bezeichnende Erkenntnis: Die Partei hat nicht immer recht.

Das Verständnis seiner Parteifreunde strapazierte Rommel durch seine liberalen Ansichten über Kunst und Kultur, mit seiner eisern um Vernunft bemühten Haltung in der Terrorismuszeit und mit seiner entschiedenen Position in der Frage der doppelten Staatsbürgerschaft. Ein OB sei natürlich kein treuer, blind gehorsamer Parteisoldat, sagte Rommel in einem Interview. Dafür werde er nicht bezahlt. Er habe eine sachliche Aufgabe zu erfüllen im Interesse der Gesamtstadt. Er würde auch jedem anderen empfehlen, so zu denken, wenn er eine Funktion habe. Seine Erfahrung sei allerdings auch, dass die Partei seine Meinung durchaus respektiere, erwähnte Rommel bei vielen Gelegenheiten. Er habe nie erlebt, dass jemand versucht hätte, von ihm eine andere Meinung einzufordern. Die Partei habe recht daran getan. Denn Einigkeit mache vielleicht stark, aber sie mache auch dumm.

Rommel wusste aber sicherlich auch, dass er für die Partei so unantastbar war, weil er von den Bürgern direkt und mit hoher Zustimmung gewählt war. Und weil er nun mal der erste Christdemokrat an der Spitze einer Großstadt mit mehr als 500.000 Einwohnern war. Hätten seine Parteifreunde ausgerechnet diesen Mann aufs Korn genommen, der für die ganze Bundespartei Ehre einlegte, wäre der Schuss am Ende nach hinten losgegangen.

Weil er sich seine Unabhängigkeit erhalten wollte, stand Rommel den Verlockungen einer politischen Karriere, als er den Landesdienst verlassen hatte, recht skeptisch gegenüber. Denn als OB musste er nicht laufend seine Meinung ändern, um mit der CDU übereinzustimmen. Einen Oberbürgermeister zeichnet es ja aus, wenn er sich nicht zu sehr auf Parteikurs bewegt. Nur bei wenigen Gelegenheiten wurde Rommel schwankend und überlegte, ob er nicht doch mit Hilfe der Partei ein anderes Amt anstreben sollte.

Die CDU hielt er stets für die Partei, die seine Grundhaltung am besten ausdrückt: ein auf Werten beruhendes Politikverständnis, bei praktischen Fragen eine möglichst pragmatische Herangehensweise, fest verankert in der Marktwirtschaft als der momentan besten Wirtschaftsform und eine Politik auf der Grundlage eines Bündnisses mit den USA. Beim Grundsätzlichen, räumte Rommel ein, könnte auch die SPD diese Ansprüche erfüllen. Dort gab es aber zu viele, »die ein moralisches Unbehagen empfinden, sobald sie das Wort Ökonomie hören«.

Zeitweise gab es allerdings in der CDU noch mehr Mitglieder, die Unbehagen empfanden, wenn Rommel klar für die vielen Migranten in den Großstädten Partei ergriff. Auch Rommels Rolle als Präsident des Deutschen Städtetags, wozu er wiederholt gewählt wurde, wenn die Reihe an der CDU war, brachte ihn zusammen mit seiner Neigung zum unparteiischen Philosophieren in die linke Ecke. Er scheute sich freilich nicht, sich mit Parteifreunden auseinanderzusetzen, bis hin zum lange Zeit mächtigsten CDU-Politiker Deutschlands: Helmut Kohl.

Dieser hatte in seiner Zeit als Ministerpräsident von Rheinland-Pfalz Rommel mit dem Posten eines Ministerialdirektors in Mainz zu locken versucht, doch vergeblich, denn Rommel hatte intuitiv gespürt, dass die Zusammenarbeit mit Kohl schwierig sein könnte. Er schätzte Kohl zwar und sah in ihm einen neuen, interessanten und agilen Politiker-Typus, allerdings einen von der Sorte, die nicht mehr so sehr auf Beratung durch die Verwaltung setzt.

Rommels Forderung nach einer großen Steuerreform, mit der die Städte vor dem finanziellen Kollaps bewahrt werden sollten, legte in den 1980er-Jahren den Grundstein für einen ernstlichen Zwist mit Kohl, der sich noch in die 90er-Jahre hineinzog. Die deutsche Wiedervereinigung ließ Rommels Befürchtungen wieder aufleben. Mitte 1991 forderte er Steuererhöhungen und ein langfristiges Finanzkonzept, weil eine höhere Mehrwertsteuer allein den Finanzbedarf der aufbaubedürftigen östlichen Bundesländer nicht stillen könne. Jahre später gestand er gegenüber der »Stuttgarter Zeitung« aber ein: »Mein Kampf um die Steuerreform, davon hätte ich die Finger lassen können.« Inzwischen hatte ihm Kohl damit imponiert, »mit welcher Souveränität und mit welcher Courage er die deutsche Einheit zustande gebracht hat«. Er habe gemerkt, dass er Kohl vielleicht doch falsch eingeschätzt habe. Rommel gab zu, Kohls größte Stärke sei, dass sich bei ihm »Realismus in der Einschätzung von Menschen mit dem Optimismus in der Sache« verbinde. Wie Kohl auch an Gewandtheit und Gelassenheit gewonnen habe, nötigte Rommel dann doch Bewunderung ab.

Späths Rivale um Filbingers Nachfolge

Viel früher hatte Rommel es schon mit einem anderen Parteifreund zu tun bekommen, von dem er anfangs wenig hielt, den er später aber zu schätzen lernte: mit Lothar Späth. Man schrieb das Jahr 1978. Rommels früherer Chef und Mentor Hans Filbinger konnte sich nicht mehr länger im Amt des baden-württembergischen Ministerpräsidenten halten.

Der Schriftsteller Rolf Hochhuth hatte Filbingers Rolle als NS-Marinerichter im Nationalsozialismus enthüllt und ihn einen »furchtbaren Juristen« genannt. Die Medien knöpften sich Filbinger vor – und verständlicherweise mit wachsendem Interesse. Filbinger beharrte nämlich auf der formaljuristischen Korrektheit seines todbringenden Richterspruchs über einen Fahnenflüchtigen, wo menschliche Einsicht gefragt gewesen wäre; wo Nachdenklichkeit, wenn nicht Selbstkritik geboten gewesen wäre, weil es ein Unrechtsstaat war, dem er zu seinem Recht verholfen hatte.

Filbinger musste also am 7. August abtreten. Aber wer sollte ihm nachfolgen? Und wie würde Rommel damit umgehen, der von Filbinger später mit der Bemerkung geadelt wurde, es habe zwischen ihnen eine Freundschaft unter Männern ohne Rangunterschiede bestanden? Zehn Tage lang bestand die Möglichkeit, dass die Landeshauptstadt ihren Oberbürgermeister nach nicht einmal vier Jahren wieder an die Landespolitik verlieren würde. Zehn Tage lang konkurrierten Rommel und der Innenminister Lothar Späth. Zwei Rivalen, die zwei Jahre zuvor eine Art von Stillhalteabkommen im Ringen um Filbingers Nachfolge geschlossen hatten, weil es damals noch nach einer langen Regentschaft des Badeners ausgesehen hatte.

Die politischen Beobachter verzeichneten einen schärfer werdenden Wettbewerb zwischen den beiden Bewerbern und beobachteten, dass Rommel in kurzen Abständen den Medien immer neue Interviews gab. Der damals 49-jährige Rommel trete plötzlich in einem dunkelblauen Anzug auf, obwohl er sonst immer schwäbisch-salopp im Synthetik-Nicki erscheine, berichtete das Nachrichtenmagazin »Der Spiegel«. Solchermaßen auf staatsmännisch getrimmt, mache er im Landtag Honneurs vor den CDU-Abgeordneten, die ihren Regierungschef gerade zur Abdankung gezwungen hätten.

Man hätte in Rommel hineinsehen müssen, um zu wissen, wie sehr er sich damals die Nachfolge Filbingers wirklich wünschte. Da dies nicht möglich war, konnte man nur spekulieren: Hatte er in die Kandidatur um das OB-Amt 1974 vielleicht nur eingewilligt, weil er sich für den Griff nach der Macht im Land vorbereiten wollte? Hatte Filbinger womöglich versucht, sich so einen potenziellen Rivalen vom Hals zu schaffen? Immerhin hatte der Ministerpräsident und Parteichef damals gedroht, wenn sich Rommel nicht um den OB-Sessel bemühe, werde er beim Land als Beamter versauern.

Nach außen gab Rommel in der Filbinger-Krise plötzlich gemischte Signale. Einerseits sagte er, wie seit 1975 schon in anderen Fällen praktiziert, er ziehe die Aufgabe als OB in Stuttgart anderen Aufgaben im Land vor. Andererseits räumte er ein, er könne nicht ausschließen, dass außergewöhnliche Umstände eine Änderung seiner Pläne erforderlich machen könnten. Und mit dem Rücktritt Filbingers waren dann plötzlich ungewöhnliche Verhältnisse entstanden.

Manche Abgeordnete setzten auf den bei den Menschen populären Rommel, weil sie es ihm zutrauten, bei der nächsten Landtagswahl ein Ergebnis einzufahren, wie man es eigentlich nur aus Bayern von der CSU kannte. Das wäre für diejenigen Parlamentarier, die daheim im Wahlkreis um ihr Mandat fürchten mussten, eine beruhigende Perspektive gewesen, allerdings auch nicht in den Wahlkreisen mit sehr konservativer Wählerschaft. Andererseits hätte man für die CDU den OB-Sessel in Stuttgart, kaum dass er errungen war, wieder aufs Spiel gesetzt.

Bei Lothar Späth lagen die Dinge anders. Von ihm wusste man, dass er willens war und sich für fähig hielt, Filbinger zu beerben. Mit der Rastlosigkeit und dem hohen Tempo, mit denen er die Politik betrieb, hatte er längst den Eindruck vermittelt, dass es ihm nicht schnell genug gehen könnte mit der Übernahme der vollen Regierungsverantwortung. Als den besseren Erben von Filbinger und als Mann, der die Politik des abgetretenen Regierungschefs würde fortsetzen können, mussten sich in der gegebenen Lage beide inszenieren. Als langjähriger Mitarbeiter mochte Rommel dem abgehalfterten Ministerpräsidenten näher gestanden sein, andererseits ergab sich daraus auch eine größere Gewissensnot als bei Späth.

Den Bruch mit Filbinger vermieden

Rommel warf sich ins Zeug, um sich öffentlich für Filbinger zu verwenden und den Grund für dessen Scheitern in taktischen Fehlern zu suchen. Filbinger sei keineswegs so eiskalt, wie manche meinten, versuchte der frühere Chefdenker des Ministerpräsidenten darzulegen. Der OB kritisierte wie Teile der Öffentlichkeit zwar auch die formaljuristische und wenig empathische Verteidigungslinie, mit der Filbinger versucht hatte, in dem Streit um die von ihm mitverantworteten Todesurteile gegen Deserteure in der NS-Zeit den Kopf doch noch aus der Schlinge zu ziehen. Rommel äußerte aber die Meinung, dass Filbinger wegen seiner Beteiligung an den Urteilen keine moralischen Fehler vorzuwerfen seien. Man könne ihm weder nach früherem noch nach aktuellem Recht vorwerfen, mit der Beteiligung an den Todesurteilen ein Verbrechen begangen zu haben.

Dass Filbinger den verhängnisvollen Satz sagte, »was damals rechtens war, kann heute nicht Unrecht sein«, mochte Rommel ihm auch nicht so auslegen, wie es große Teile der Öffentlichkeit taten. Er zeigte sich überzeugt davon, dass die Todesurteile Filbinger bedrückten und dass er das Nazi-Regime für ein Unrechtssystem hielt. Diese Selbstverständlichkeit habe für Filbinger sozusagen vor der Klammer gestanden – nur gesagt hatte der angegriffene Regierungschef das nicht. Filbinger habe eben taktische Fehler gemacht, urteilte Rommel, der seinem früheren Chef damit goldene Brücken bauen wollte.

Noch 2007, als Filbinger gerade im Alter von 93 Jahren in seinem Haus in Freiburg-Günterstal gestorben war, nannte Rommel den Rücktritt »nicht gerechtfertigt«. Wie andere Menschen, die die Zeit des Nationalsozialismus erlebt hatten, sei Filbinger »schicksalhaft in Dinge hineingekommen, die den Menschen heute erspart bleiben«. Dadurch werde man, unabhängig von Schuld oder Unschuld, belastet. Ihm jedenfalls seien nie Zweifel an Filbingers aufrechter Haltung gekommen.

Dass er selbst, Rommel, in der Schlussphase des Krieges ein Deserteur war, Filbinger als Marinerichter noch in der späten Kriegsphase an Kriegsgerichtsurteilen gegen Deserteure maßgeblich mitgewirkt hatte, und dass sie nach dem Krieg als ungleiches Paar so lang zusammenarbeiteten, könnte man als eine gewisse Ironie der Geschichte begreifen. Rommel aber ließ nach der von Hochhuth ausgelösten Filbinger-Affäre nicht erkennen, dass er sich Gedanken darüber gemacht hätte, was mit ihm hätte geschehen können, wäre er vor so einen Richter wie den Marinerichter Filbinger gezerrt worden.

»Ich hätte ihn besser beraten«, sagte Rommel 1978 sogar in einem »Spiegel«-Interview. Insbesondere hätte er Filbinger davon abgeraten, beim Landgericht Stuttgart Hilfe gegen Hochhuths Äußerung zu suchen, er sei »ein furchtbarer Jurist«. Man müsse einfach damit rechnen, dass derartige Werturteile nach Auffassung von Gerichten »in sehr weitem Umfange zulässig sind«. Ihm selbst, sagte Rommel, sei klar gewesen, dass der Antrag gegen Hochhuth bei Gericht nicht in vollem Umfang durchgehen würde – »und dass dann natürlich eine Fülle bedenklicher Schlussfolgerungen gezogen wird«.

Rommel versuchte also, Filbingers Kurs kritisch zu kommentieren, zugleich aber dem angeschlagenen Parteifreund zu helfen, das Gesicht zu wahren. Wie einer, der es nicht erwarten konnte, dass Filbinger gehen muss, stand Rommel, der bedächtiger Wirkende der beiden Aspiranten, also nicht da. Manche Parteifreunde, hieß es, verübelten ihm die unerträglich lang währende Loyalität zu Filbinger, der zur Belastung für die Partei geworden war.

Bei der CDU-Landtagsfraktion, die den Konkurrenzkampf am Ende entscheiden musste, hatte Späth als deren früherer Vorsitzender ohnehin Startvorteile. Zudem nahm er das Heft in die Hand und organisierte es, dass die Vorsitzenden und Geschäftsführer der CDU-Kreisverbände in Sindelfingen zusammenkamen und einen Vize der Landespartei erleben konnten, der die Partei weiterbringen könnte: Lothar Späth.

Rommel dagegen konnte oder wollte keinen Landesparteitag erzwingen, um mit einem für ihn positiven Votum der kompletten Parteibasis die Landtagsfraktion unter Druck zu setzen. So geriet Rommel mehr und mehr in die Defensive.

Schmerzliche Niederlage

Als es in der Landtagsfraktion nach rund fünfstündigem Ringen zur Entscheidung kam, setzte sich der erst 40 Jahre alte Späth mit 42 zu 27 Stimmen durch. Zwei Fraktionsmitglieder konnten sich weder zum einen noch zum anderen bekennen. Vergeblich hatte Manfred Wörner, der frühere Weggefährte Rommels und nunmehrige Obmann der baden-württembergischen CDU-Landesgruppe im Bundestag, sich für den Oberbürgermeister eingesetzt. Im CDU-Landesvorstand, in dem Späth aufgrund seiner Parteifunktion eigentlich mehr Rückhalt hatte als Rommel, fand sich auch nur eine knappe Ein-Stimmen-Mehrheit für den Landespolitiker.

Was dann wohl den Ausschlag gab für die Entscheidung der Fraktion? Die politischen Beobachter glaubten eine ganze Reihe von möglichen Gründen auszumachen. Vorneweg die Furcht, dass der Stuttgarter OB-Sessel bei einem Wechsel von Rommel in die Villa Reitzenstein für die Partei verloren gehen könnte. Auch Rommel selbst soll damit gerechnet haben, dass in diesem Fall der Stuttgarter SPD-Bundestagsabgeordnete und Verkehrsstaatssekretär Ernst Haar die Macht im Rathaus erobern könnte.

Ganz sicher hatte Rommel auch so manchen CDU-Abgeordneten mit seinen liberalen Ansichten vergrätzt, gerade auch mit seiner Haltung in der Kulturpolitik. Dass er sich weigerte, auf den Spielplan des Ensembles im Staatstheater Einfluss zu nehmen und auch bei dem Streit, ob das Theaterstück »Bambule« der Terroristin Ulrike Meinhof aufgeführt werden darf, betont zurückhaltend agierte, erschien manchen als übertrieben liberal. Seine Kritik, der Radikalenerlass sei mit bürokratischer Tölpelhaftigkeit umgesetzt worden, stieß ebenfalls auf Kritik – zumindest bei denen, die um den Fortbestand der Demokratie fürchteten, falls der eine oder andere Extremist durchschlüpfen und Beamter des Landes werden könnte.

Außerdem schien Späth auch Abgeordnete für sich gewonnen zu haben, die zwar Sympathie für Rommel hegten, seinen Kontrahenten aber als geeigneter ansahen für die taktischen und strategischen Erfordernisse der CDU. Ihr Kalkül war, dass die Landespartei mit Späth berechenbar und in etwa auf Filbingers Kurs bleibe, zudem war der Mann aus Bietigheim als früherer Fraktionschef auch für sie selbst eine berechenbare Größe. Das Risiko schien also geringer – mochten Demoskopen auch der Meinung sein, dass Rommel mehr liberale Stammwähler von der FDP zur CDU ziehen könnte.

Am Ende gelang Späth so ein unerwarteter Sieg über Rommel, mit dem der schwäbische Schnellredner aus der Provinz seine im Schnellzugtempo vorangekommene Karriere krönte. Das Resultat, berichteten Augenzeugen aus dem Landtag, sei dem OB sichtlich an die Nieren gegangen, obwohl ein Abgeordneter bei der Verkündung es ihm noch mit der Formulierung erträglicher machen wollte, mit dem Herzen habe man sich für ihn entschieden, mit dem Verstand für Späth.

Eine Äußerung von Rommel selbst deutete darauf hin, dass Filbinger sich trotz der gemeinsamen Arbeitsjahre nicht für Rommel verwendete. »Der hat uns beide gelobt und gesagt, wir seien Mordskerle«, wurde Rommel zitiert. In seinem Erinnerungsband schrieb Rommel 1998 sogar, Filbinger habe für Späth plädiert.

Rommel redete die Ambitionen, mit denen er in diese Entscheidung gegangen war, herunter. Er konnte aber nicht den Eindruck verhindern, dass er noch längere Zeit an dieser Zurücksetzung zu knabbern hatte. Vielleicht gestand er selbst sich auch ein, was andere in zunehmendem Maße zu erkennen glaubten: Im Grunde krankte der Wettbewerb mit Späth vor allem daran, dass Rommel zwar wollte, es an der letzten Entschlossenheit aber fehlen ließ. So wie er manchmal den Nachdruck hatte vermissen lassen, den Aufstieg auf der politischen Karriereleiter zu erzwingen. Ellbogen einzusetzen, sein Glück zu zwingen, das war nicht so sehr Rommels Sache. Im Wettbewerb mit Späth hatte er außerdem zu sehr darauf vertraut, dass er zum Zuge kommen könnte, weil er im Land populärer war.

Später sagte Rommel, als er gegen Späth um das Amt des Ministerpräsidenten kandidierte, habe er das mehr als eine Prestigefrage angesehen. Den Umstand, dass er nicht Regierungschef wurde, habe er nie ernsthaft betrauert. Seine Bettkissen seien nicht feucht von Tränen gewesen. »Eigentlich war ich recht beruhigt, dass ich im Stuttgarter Rathaus bleiben konnte, denn inzwischen hatte ich dieses Amt des Oberbürgermeisters wirklich schätzen gelernt«, behauptete Rommel später.

Der Sieger Späth formulierte es so: »Der sagte: Wenn ihr mich wollt, könnt ihr mich haben. Ich bin aber auch nicht sauer, wenn ihr nicht wollt.« Einem wie Späth, der aus ganz anderem Holz geschnitzt war, musste ein solches Vorgehen abwegig erschienen sein.

Spätes Anfreunden mit Späth

Aus den Konkurrenten von 1978 sind dann doch noch politische Freunde geworden. Um Späth größere Wertschätzung entgegenzubringen, brauchte Rommel freilich einen erheblichen Anlauf. Zu Beginn der Bekanntschaft, gab er zu, habe er Späth zunächst noch für einen »virtuosen Navigator in flachen Gewässern« gehalten. Dass der neue Ministerpräsident den Anschein erweckt habe, als würde er neben dem Land auch noch den Daimler-Benz-Konzern managen, fand Rommels Beifall nicht. Im Lauf der Zeit bescheinigte er Späth dann aber doch »Tiefgang«.

Er lernte Späths Art zu schätzen, die Wirklichkeit zu beobachten und sich eine Theorie daraus zu machen, mit der Späth gestalten wollte. Aber natürlich musste einem wie Rommel etwas verdächtig bleiben, dass Späth »schneller redete, als ich denke, geschweige denn sprechen konnte«. Ganz abgesehen davon, dass ein Pragmatiker wie Rommel ein Übermaß von Theorien im politischen Geschäft nicht mochte.

Doch je besser er Späth kennenlernte, desto mehr Sympathie habe er für ihn empfunden, schrieb Rommel 1997 bei einer Würdigung aus Anlass von Späths 60. Geburtstag. Nun bezeichnete er ihn als Dynamiker mit Charisma. Aber nie durfte sich Späth davor sicher fühlen, von Rommel mit leisem Spott oder zumindest mit feiner Ironie überzogen zu werden.

In den Jahren, da der Ministerpräsident in Asien der Globalisierung der Wirtschaft nachspürte, um der Politik daheim neue Impulse zu verschaffen, gab Rommel besonders gern einen Vers zum Besten: »Der Wind, der über Asien weht, flüstert leise: Lothar Späth.« Und mit großer Fingerfertigkeit sezierte Rommel Späths persönliche Eigenheiten und kleine Schwächen. Selbst im Urlaub versuche Späth, seine beachtlichen Beziehungen in der deutschen Wirtschaft auszubauen und zu vertiefen, lästerte Rommel. Der Ministerpräsident sei eben immer im Dienst. »Er kann auch zuhören, wenn es nicht zu lange dauert«, stellte Rommel fest. Späth könne sogar den Eindruck erwecken, bei mehreren Sitzungen gleichzeitig anwesend zu sein. »Er kam, stellte seine Mappe ab, meldete sich zu Wort, sodass jeder wusste, dass er da ist, ging, und nach einiger Zeit kam sein Fahrer und holte die Mappe«, enthüllte Rommel einmal launig.

Die bissigste, aber auch die trefflichste Charakterisierung dürfte jene gewesen sein, mit der er in seinem Erinnerungsband Späths Arbeitsstil beschrieb: Zunehmend habe der Ministerpräsident sich von seinem Kabinett und von seinen Beamten gelöst, sich zum Alleinregenten und Alleinunterhalter entwickelt. »Sein Regierungsstil ähnelte dem Kaiser Napoleons, der aus der fahrenden Kutsche seinen Husaren Zettel zuwarf, die seine Befehle enthielten.«

Harte Linie gegen Späths Pläne

Acht Jahre nach dem ungleichen Duell um den Posten, den Filbinger geräumt hatte, brachte Rommel dem Sieger Späth 1986 dann doch noch eine schmerzliche Niederlage bei. Zusammen mit dem Bankchef Walther Zügel vereitelte der OB, der die Gesellschafterin Stadt in der Landesgirokasse Stuttgart vertrat, Späths Pläne für eine Bankenfusion im Land. Sie gründeten auf der Furcht, die ins Schlingern gekommene Badische Kommunale Landesbank könnte mit ihren Millionenverlusten die angepeilte Großbank in Schwierigkeiten bringen.

In der entscheidenden Sitzung des Verwaltungsrats der Bank weigerte sich Rommel, einen Telefonanruf des Ministerpräsidenten anzunehmen, der gerade in Frankreich weilte, einen Appell zur Zustimmung loswerden wollte und ob der Stummschaltung geradezu geschäumt haben soll vor Wut. Späth ließ vorübergehend mächtig Dampf ab. Doch es half nichts. Für einige Jahre sollte das Thema auf Eis gelegt sein. Erst nach Späths Amtszeit kam es zu einer einschneidenden Neuordnung der Banken.

Rommel kostete den Erfolg aus. Er arbeitete das Ringen um die Bankenfusion später als Westernstory auf. Darin machen sich ein paar Kumpels auf, mit dem Zug durch die Wüste nach Banker Hill zu fahren, um dort mit einer gewagten Aktion einen Haufen Dollars zu machen. Unterwegs dämmert es einigen, dass die Schienen gar nicht nach Banker Hill reichen, sondern irgendwo in der Wüste enden. Ein Teil der Bande will dennoch weiterfahren und macht Dampf, die anderen wollen anhalten und ziehen tatsächlich auch die Notbremse. So endet die »Höllenfahrt nach Banker Hill« unvermittelt. Die Bande geht wieder auseinander. Ihre Mitglieder machen sich wieder auf zu ihren Claims, um Gold zu schürfen wie vor der Höllenfahrt.

Die Geschichte, in der Rommel zwei Sparkassenpräsidenten und den Chef der Landesgirokasse unter so schönen Namen wie »Old Fiddler« auftreten lässt, wurde im ganzen Land bekannt. Dafür hatte Rommel selbst gesorgt, indem er das Manuskript nicht nur einigen Freunden gegeben hatte, sondern auch dem »Schwarzwälder Boten«. Es spreche für Späth und seine Regierung, schrieb Rommel später, dass sie die Sache mit Humor aufgenommen hätten. Der Ministerpräsident stellte das auch trefflich unter Beweis.

Am Faschingsdienstag 1987 kam Späth, der in Rommels Persiflage als »Cowboy Late« eingeführt wurde, nach einem kleinen Umweg über die Requisitenabteilung der Staatstheater ins Stuttgarter Rathaus: als Westmann geschminkt und kostümiert. So drang er in Rommels Büro ein, wo ihn die Kinder des OB-Referenten mit Spielzeugpistolen niederstreckten.

Im richtigen Leben kam Späth auch nie mehr nach Banker Hill. Seine Segeltörn-Affäre brachte ihn in schwere See. Er stand als Politiker da, der sein Amt mit privaten Kontakten zu Wirtschaftskapitänen verquickt und persönliche Vorteile bei Urlaubsreisen angenommen hatte. Nachdem Späth unter dem Druck der Medien am 13. Januar 1991 zurückgetreten war, ärgerte sich Rommel »offen gestanden saumäßig über die Kampagne gegen ihn«.

Abneigung gegen politische Treibjagden

Reaktionen wie die Schützenhilfe für Späth waren für Rommel nicht untypisch. Der vermeintlich »letzte Liberale im Land« leistete sich zwar stets eine vom Parteikurs abweichende Meinung, er praktizierte seine Liberalität aber auch so, dass er Parteifreunden mit Affären großzügig Absolution erteilen konnte – wie eben im Falle Filbingers, dem es nicht gelungen war, die richtige Einstellung zum Umgang mit seiner Rolle in Nazi-Deutschland zu finden.

Sehr deutlich kritisierte Rommel aber auch die »Treibjagd« gegen den Bundestagspräsidenten Philipp Jenninger, der bei einer Rede über die unselige deutsche Geschichte etwas unbedacht Anlass zu Missverständnissen gegeben hatte. Und zu Beginn des Jahres 2012, als Bundespräsident Christian Wulff über seine privaten geschäftlichen Kontakte in der Zeit als niedersächsischer Ministerpräsident ins Visier der Medien kam, beobachtete Rommel die Vorgänge ebenfalls mit Unbehagen.

Die Wahrheit ist freilich auch, dass Rommel von jeher nicht nur Parteifreunde gegen Kritik verteidigte, sondern auch Politiker anderer Couleur davor schützen wollte, dass man ihnen Verhaltensweisen wie die von Heiligen abverlangte. Man solle es bitte schön mit der »political correctness«, den Forderungen nach untadeligem Verhalten der Politiker, nicht übertreiben, forderte Rommel wiederholt. An die Politiker würden gelegentlich zu hohe Erwartungen gestellt, was ihr allgemeines Verhalten betreffe. Lediglich Rechtsverstöße, schränkte er ein, seien unzulässig. Sie sollte ein Politiker mit allem Nachdruck vermeiden, äußerte der Alt-OB im Januar 2000 nach der Parteispendenaffäre um den Bundeskanzler und CDU-Chef Helmut Kohl.

Zu diesem Zeitpunkt lagen die Turbulenzen um die Parteispendenaffären in Baden-Württemberg schon zehn Jahre zurück. Kein Geringerer als der frühere Bosch-Chef Hans L. Merkle, genannt »Gottvater«, war damals neben dem Esslinger Industriellen Helmut Eberspächer ob seiner steuersparenden Parteifinanzierung für die CDU in die Mühlen der Justiz geraten. Rommel soll als Staatssekretär im Finanzministerium daran beteiligt gewesen sein, die Richtlinien für Parteispenden großzügig auszulegen. Das habe, hieß es damals, die Rechtfertigung dafür geliefert, dass die Gesellschaft zur Förderung der Wirtschaft Baden-Württembergs bis zu 49 Prozent ihrer Einnahmen für direkte Parteispenden nutzen konnte, nicht nur 25 Prozent – darauf berief sich jedenfalls vor Gericht die Verteidigung.

Nun mag die Parteienfinanzierung ein diskussionswürdiges Thema sein. Vielleicht kann man auch wie Rommel im Jahr 2000 in einem Interview des Deutschlandfunks skeptisch sein, ob die Vorschriften in allen Punkten klug und schlau oder nicht doch aus dem Hang zu Perfektionismus heraus überzogen sind – Rommels Verhalten im März 1990 sorgte allerdings für Irritationen. Obwohl er als Zeuge zum Prozess gegen den damals 77 Jahre alten Merkle geladen war, spekuliere der Jurist ungeniert über die Qualität der Rechtsfindung, wunderte man sich beim Nachrichtenmagazin »Der Spiegel« damals. Er wolle ja dem Gericht nicht vorgreifen, habe Rommel gesagt, aber er habe nicht den Eindruck, dass die Vorwürfe gegen den Angeklagten eine Verurteilung tragen würden.

Vornehme Zurückhaltung sieht anders aus. Rommel täuschte sich auch noch. Die Industriellen, vor deren Reaktion vor Gericht sich die Politik fürchtete, wurden verurteilt. Der Stuttgarter OB hatte zuvor über seine Zeit im Finanzministerium noch ausgesagt, »wir haben alle Wert darauf gelegt, von den Details der Spendenabwicklung möglichst wenig zu wissen«. Er habe erkannt, »dass die Bestimmungen so ziemlich dunkel waren« und habe sie bewusst im Dunkeln gelassen. Das müsse er sich vorwerfen. Die Landesfinanzverwaltung habe sich insgesamt nicht berufen gefühlt, bundesweit für Klarheit in diesen Dingen zu sorgen – zumal man beim Ministerpräsidenten Filbinger sicher auf völliges Unverständnis gestoßen wäre. Es habe sich nämlich um eine heikle Geschichte gehandelt.

Merkle, der bei der Verteilung von Geldern an die Politik eine Schlüsselrolle gespielt hatte, erhielt wegen Steuerhinterziehung in Höhe von 1,4 Millionen DM eine »Verwarnung mit Strafvorbehalt« und die Auflage, insgesamt 600.000 DM an wohltätige Einrichtungen zu spenden. Er ging in Revision, zog den Antrag allerdings wieder zurück und wertete die Auflagen, die keine Vorstrafe bedeuteten, als »moralischen Freispruch«. Über Monate hinweg hielt er der Politik vor, dass sie die Exponenten der Wirtschaft alleingelassen habe, als die Parteispenden zum Problem geworden waren.

Eberspächer wurde nach dem bis dahin längsten Verfahren um Parteispenden in der Bundesrepublik wegen Steuerhinterziehung zu einer Geldstrafe in Höhe von 140.000 DM verurteilt. Auch er legte Revision beim Bundesgerichtshof ein, scheiterte aber damit.

In der CDU-Parteispendenaffäre auf Bundesebene um Helmut Kohl, die 1999 aufgedeckt wurde, zeigte der Altoberbürgermeister Rommel die gleichen Reflexe: Man möge bitte nicht erwarten, dass Politiker Heilige seien. Man solle, bitte schön, nicht zu viel Moral von ihnen verlangen. Und im nächsten Atemzug wendete Rommel die Affäre ins Positive, zeige sie doch, dass die Demokratie »solche Geschichten« ans Tageslicht bringe. Schade nur, dass seine Partei betroffen sei. Sein Vertrauen in den neuen CDU-Vorsitzenden Wolfgang Schäuble sei aber groß. Der Badener habe die Autorität, diese Affäre zu bereinigen, sagte Rommel. Schäuble könne auch gar nichts anderes tun, als bei Kohl die Preisgabe des Wissens über die Parteispenden zu fordern, das der Ex-Kanzler nicht herausrücken wollte.

Damit übte Rommel wieder einmal Loyalität mit denen, die jetzt die Parteispitze verkörperten. Doch Kohl bekam dann unter dem Druck der Medien-Anfragen doch noch ein tadelndes Wort von Rommel zu hören. Man dürfe eben, sagte Rommel, keine Gesetze wie das Parteienfinanzierungsgesetz beschließen, wenn man nicht gesonnen sei, sie einzuhalten. Wer mit seinem Ehrenwort verspreche, rechtswidrige Zustände beizubehalten, stecke eben aus eigener Schuld in einer schwierigen Lage. Sein Mandat im Bundestag müsse der frühere Parteichef Kohl deswegen aber nicht zurückgeben.

Unterm Strich hinterließ Rommel in jenen Jahren einmal mehr den Eindruck, dass er ein großes Herz für Sünder hat und die Strenge des eingefleischten Demokraten auch zu lockern weiß. Der Name Eberspächer taucht in seinem Erinnerungsband gar nicht auf. Merkle wird einmal kurz erwähnt, und zwar als Beispiel für die großen Firmenchefs in der Stadt, mit denen er sich nur getroffen habe, wenn es wirklich wichtig gewesen sei.

Keine weiteren Ambitionen mehr

Nach Späths Rücktritt Anfang 1991 kam Rommel zwar mit Erwin Teufel zusammen noch einmal als personelle Möglichkeit für die Besetzung des vakanten Ministerpräsidenten-Postens ins Spiel. Doch diese Phase währte noch weniger lang als vormals Rommels Konkurrenz mit Späth um Filbingers Amt. Teufel schuf mit Hilfe der CDU-Fraktion im Landtag schnell vollendete Tatsachen. Ohnehin hatte Rommel sich nach der Niederlage gegen Späth vorgenommen, im Stuttgarter Rathaus zu bleiben. Als vom Volk gewählter und bei den Bürgern beliebter OB genoss er größtmögliche Unabhängigkeit von der Partei. Rommels Streben nach Höherem war auch zu gering ausgeprägt, als dass er außerhalb des Bundeslandes hätte reüssieren können.

Als der SPD-Politiker Helmut Schmidt 1980 Rommel öffentlich empfahl, er solle sich in der Union um die Kanzlerkandidatur bewerben, denn er könne ihn als Nachfolger akzeptieren, hat diesem das ohne Zweifel geschmeichelt. Mehr aber auch nicht. Er habe keinen weitergehenden Ehrgeiz, sagte Rommel. Ein Lob wie jenes von Schmidt ist ohnehin von der Art, die einem Christdemokraten innerparteilich gefährlich werden kann – zumal dann, wenn der Gelobte in den eigenen Reihen schon als parteipolitisches Sicherheitsrisiko gilt, wie beim CSU-Vorsitzenden und ehemaligen Finanz- und Verteidigungsminister Franz Josef Strauß.

Ihn hatte Rommel schon zum Zeitpunkt von Kiesingers Regierungsbildung in Bonn kennengelernt. Später beschrieb er ihn als gescheiten, temperamentvollen, fantasievollen und nie um eine Formulierung verlegenen Machtmenschen, auf den allerdings auch eine Erfahrung zutreffe, die er, Rommel, gemacht habe: Auch solche Politiker aus Leidenschaft wie Strauß, Schmidt oder Kiesinger würden zur Zügelung ihres Temperaments veranlasst, wenn man ihnen Widerspruch entgegensetze und im unausweichlichen Wortwechsel seinen Mann stehen könne.

In der Anfangsphase des Kabinetts Kiesinger in Bonn nahm Strauß Rommel einmal direkt aufs Korn. Beamte wie er hätten in der Beratung mit den Ministerpräsidenten nichts zu suchen, in der es um die Neuordnung der Finanzen zwischen Bund, Ländern und Kommunen gehen sollte, sagte Strauß. Es bedurfte schon des Eingreifens von Kiesinger, dass Rommel als Begleiter des Ministerpräsidenten Filbinger teilnehmen durfte.

Später gab es verschiedene weitere Wiedersehen mit Strauß, der Rommels Hinweis, dass sie im Krieg beide bei der Luftwaffe gewesen seien, sogleich einzuordnen pflegte und auf die Rangunterschiede hinwies. Nachdrücklich in Erinnerung blieb Rommel ein Treffen im Jahr 1980, als der CSU-Boss Strauß Kanzlerkandidat der Union war und auf dem Stuttgarter Marktplatz sprach. Dabei flogen Eier, die zwar nicht Strauß trafen, aber Rommel und seinen Protokollchef.

Bei der Suche nach seinen Gegnern im Publikum machte Strauß in der Masse ein Transparent mit der Aufschrift aus: »Fett ist er geworden, der Hitler«.

Der Kandidat verlangte vom OB, es umgehend durch Polizisten beseitigen zu lassen, was Rommel freilich verweigerte, weil er eine Schlägerei befürchtete. Wutschnaubend ließ sich Strauß zu Rednerpult und Mikrofon dirigieren, wo er sich umgehend mit den Demonstranten anlegte. Zum Glück konnte man seinen Blick auf ein ganz anderes Transparent in der ersten Reihe des Publikums lenken, das von der Jungunionistin Catherine Rommel hochgehalten wurde. Die Aufschrift: »Jugend für Strauß«. Der große Bayer habe deswegen später Tränen der Rührung in den Augen gehabt, erinnerte sich Catherine. Zu Manfred Rommel sagte Strauß: »Ich hätte nie gedacht, dass einer von deiner Familie noch was für mich tut.«

GEBURTSHELFER
FÜR EIN RIESENPROBLEM

Rommel begeisterte sich üblicherweise nicht gleich für ein Projekt, für das man ihn gewinnen wollte. Die Internationale Gartenbauausstellung (Iga) 1993 zum Beispiel lehnte er, weil sie sehr teuer zu werden versprach, ab. Er beugte sich lediglich dem Mehrheitsbeschluss des Gemeinderats. Für das Bahn- und Städtebauprojekt Stuttgart 21, die Tieferlegung des Bahnbetriebs am Hauptbahnhof, aber hat er sich von Anfang an und bis zum Baubeginn, bei dem er längst Pensionär war, ins Zeug gelegt.

Ein schwäbischer Unternehmer an der Spitze der Deutschen Bahn, nämlich Heinz Dürr, ein bodenständiger Ministerpräsident in der Villa Reitzenstein, nämlich Erwin Teufel, und ein moderner, Agilität demonstrierender Schwabe im Bundesverkehrsministerium, nämlich Matthias Wissmann: Wie hätte sich der Stuttgarter Oberbürgermeister da noch querlegen können gegen die Idee, einen unterirdischen Durchgangsbahnhof quer zum seitherigen Kopfbahnhof zu bauen und viel städtebauliche Entwicklungsfläche am Ausgang des notorisch platzarmen Stuttgarter Talkessels freizumachen? Zumal nach Jahren, in denen die Vertreter der Wirtschaft ihn ständig mit Forderungen nach Visionen und Ausbau der Verkehrswege überzogen hatten.

Welcher Mix von Gründen dafür auch verantwortlich war, Rommel half jedenfalls in der Schlussphase seiner Amtszeit, das Projekt ins Rollen zu bringen, das rund 15 Jahre später der Stadt Szenen des Aufstands und der Rebellion bescheren sollte. Oder besser: die Art und Weise, wie das Projekt angeschoben, von den Initiatoren verschleppt, neu aus dem Hut gezaubert und schließlich in einer schwachbrüstigen, weil formalisierten Bürgerbeteiligung der Realisierung nähergebracht wurde; zu einem Zeitpunkt, als nicht wenige Menschen längst den Glauben daran verloren hatten, dass man sich mit Stuttgart 21 noch ernsthaft befassen müsste. Denn zeitweilig schleppte sich das Projekt dahin. Mehr Kurven, Kehren, Höhen und Tiefen hat ein anderes Bauprojekt kaum erlebt, als dieses »Jahrhundertprojekt«.

Bereits in den 1980er-Jahren hatte man sich in Stuttgart den Kopf zerbrochen über die künftige Schnellbahn-Magistrale Paris-Budapest. Um die Ein- und Ausfahrten in den Kopfbahnhof zu vermeiden, wurde ein neuer Fernbahnhof in Bad Cannstatt oder beim Rosensteinpark erwogen – und verworfen. 1988 veröffentlichte der Verkehrswissenschaftler Gerhard Heimerl dann Überlegungen, für die er später »Vater« des Bahnprojekts Stuttgart-Ulm genannt wurde.

Seine Idee: Der Schnellbahnverkehr wird in einen Durchgangsbahnhof unter dem Hauptbahnhof verlegt, der dann mit einem Tunnel zum Flughafen verbunden wird. Die Neubaustrecke verläuft von dort auf einer neuen Trasse meist neben der Autobahn nach Ulm. Der Regionalverkehr bleibt in Stuttgart oben.

Im September 1992 beschäftigte die Heimerl-Trasse das Landeskabinett. Im Herbst wollte sich auch die Bahn entscheiden. Doch die plagten noch viele andere Probleme. Vorübergehend wurde es wieder etwas ruhiger um das Projekt. Irgendwann Anfang 1994 fiel bei dem vormaligen Fabrikanten Dürr der Groschen – der Legende nach während eines Fluges zusammen mit dem Verkehrsminister Wissmann, als die beiden auf die Stadt hinabschauten. Da hätten sie erkannt, dass durch die Beseitigung des kompletten Kopfbahnhofs eine gewaltige Fläche für ein zweites Stadtzentrum freizumachen wäre, hieß es.

Nun legten die Bahn-Verantwortlichen in ihrem Projekt sämtliche Gleise tiefer. Die Grundstücke sollten das Geld für den Bau des neuen Bahnhofs liefern. Der Plan für die technische Lösung verschmolz mit der Finanzierungsidee, manche meinten, mit einem Immobilienprojekt und einer Geldmacherei.

Am 18. April 1994 trommelten Dürr und Teufel kurzfristig die Presse zusammen. Mit Wissmann, mit dem Landesverkehrsminister Hermann Schaufler sowie mit Rommel sorgten sie für eine handfeste Überraschung. Sie kündigten an, den weit von der Bahnstrecke Mannheim-Stuttgart-Ulm-München entfernten Flughafen nicht etwa nur mit einer Stichstrecke an die alte Trasse Ulm-Stuttgart anzubinden, sondern in eine Neubaustrecke über die Schwäbische Alb entlang der Autobahn zu integrieren und diese im Tunnel vom Flughafen zu einem neuen, komplett unterirdischen Durchgangsbahnhof in Stuttgart zu führen. Der oberirdische Kopfbahnhof in seiner gewohnten Form solle aufgegeben werden. Noch handelte es sich um eine Vision, aber um eine sehr konkrete. Und die Verblüffung des Publikums war groß. Naturgemäß, denn daran war ja in geheimen Verhandlungen gefeilt worden.

Die Idee überzeugte Rommel gleich

Dürr erinnerte sich auch Anfang 2023 noch daran, wie er Mitte Januar 1994 mit einem Vorstandskollegen im Rathaus gewesen war, um bei Rommel und dem damaligen Chef der Stuttgarter Verkehrsbetriebe für die neue Idee eines komplett unterirdischen Bahnhofs für Stuttgart zu werben. Im Grundsatz habe sie Rommel sofort eingeleuchtet, sagte Dürr rückblickend. Der OB habe zwar auch angemerkt, das Vorhaben werde schwierig und sicher teuer, »aber das ist eine Vision für die Stadt – und die Leute brauchen eine Vision, die nicht nur für morgen ist, sondern die vielleicht in 20 Jahren zum Tragen kommt«.

Ob er mit Wissmann mal über den Hauptbahnhof hinweggeflogen war, vermochte Dürr 2023 nicht zu sagen. Aber ein Hubschrauberflug zusammen mit Landesverkehrsminister Schaufler ist ihm noch gut in Erinnerung. Da sei im Grunde die Entscheidung gefallen, die neuen Schnellbahngleise von Stuttgart nicht entlang der alten Bahntrasse nach Ulm zu führen, sondern eine Neubaustrecke über die Schwäbische Alb zu bauen. Während dieses Fluges habe man gesehen, dass für den Ausbau entlang der Trasse im Filstal viele Häuser hätten geopfert werden müssen. »Das ist ja unmöglich«, sagte Dürr da oben im Hubschrauber. Dabei war ihm klar, dass bis zur Realisierung des Gesamtkonzepts noch »ungeheure technische Probleme« zu meistern wären.

Die Bahn vergab eine Machbarkeitsstudie. Im Januar 1995 lautete das Ergebnis: Das Projekt ist technisch zu bewältigen und finanzierbar, es bringt Vorteile für Städtebau und Verkehr. Rommel bekannte damals, er habe in Verwaltung und Politik selten etwas gelesen, was ihn so überzeugte. Dürr konnte seinen Stolz auf den Coup manchmal nicht verbergen. Mitte Februar 1995 war er Redaktionsgast der »Stuttgarter Nachrichten« und lehnte sich zufrieden zurück. Er lächelte. Die Art und Weise, wie er mit wichtigen Politikern das große Vorhaben präsentiert hatte, sei ganz wichtig gewesen, sagte er. Hier handle es sich um ein gutes Beispiel dafür, »wie man solche Großprojekte vorstellen muss«: in einer »überfallartigen« Aktion. Dadurch könne die Sache vorher nicht zerredet werden.

Unter die Zustimmung in der Öffentlichkeit mischten sich zu der Zeit ein wenig Skepsis und nur vereinzelte Gegenreden. Ähnlich wie zur Zeit der Projekt-Manifestation 1994 krankte der Geist des Widerstands zunächst an einem Mangel an belastbaren Tatsachen. Erst gegen Ende 1995 bahnte sich eine Rahmenvereinbarung von Bund, Bahn, Land, Stadt und Region Stuttgart an, mit der die Finanzierung und die bauliche Realisierung Gestalt annahmen. Nun kam langsam auch der Protest in Fahrt.

Das Umweltbündnis Umkehr Stuttgart kämpfte für die Beibehaltung des Kopfbahnhofs mit verbesserten Zu- und Ablaufstrecken oder notfalls für einen oberirdischen Kombi-Bahnhof mit Tunnel zum Flughafen. Zehn Architekten warfen der Stadt vor, sie sichere einem Privatunternehmen wirtschaftlichen Gewinn aus einem Grundstücksgeschäft zu. Bauleitplanung werde zu Gefälligkeitsplanung. Auch der Verkehrsclub Deutschland attackierte die Zusage der Stadt, bis Juli 1997 einen städtebaulichen Rahmenplan vorzulegen, der auf 100 Hektar Fläche Wohnungen für 11.000 Einwohner und 24.000 Arbeitsplätze ermöglichen sollte.

Die Vereinbarung kam dessen ungeachtet zustande. Im Mai 1996 sah sich unter anderem die Evangelische Kirche zu der Mahnung veranlasst, dass »Bürger nicht nur als Hindernis bei der Durchführung des Projekts betrachtet werden sollten«. Später wurde zwar an vielen Abenden und in vielen Gruppen über städtebauliche Feinheiten und den Entwurf des Rahmenplans diskutiert, oft aber mit mäßiger Resonanz. Die von der Stadt angebotene Bürgerbeteiligung wurde als unzulänglich kritisiert.

Umfassende kreative Einbindung der Bürger gab es trotzdem nicht. Aber viel Formalismus: Planauslegungen und Fristen, die die Bahn-Planer, Umweltverbände und Juristen beschäftigten. Erst Ende 1997, als der Entwurf für den Bahnhof gekürt war und Rommel das erste Jahr im Ruhestand schon fast hinter sich hatte, erhielt der Protest ein konkretes Feindbild. Doch selbst hartnäckige Gegner des Projekts glaubten nicht an die Realisierung. Wachsende Kostenschätzungen und Kostenrisiken schienen dagegen zu sprechen. Manchen Befürwortern kam das Schnellbahnprojekt wegen der vielen prozessualen Kurven und Kehren und der personellen Wechsel ebenfalls wie eine Fata Morgana vor. Dürrs Nachfolger Johannes Ludewig stoppte es 1998 sogar. Es sei, so erläuterte er 2009, »für die Bahn schlicht zu teuer und zu groß gewesen«. Ludewig aber ging 1999, die Vision blieb.

Nachfolger Hartmut Mehdorn legte für sie den Hebel wieder um, als Ministerpräsident Günther Oettinger ihm 950 Millionen für die Strecke nach Ulm und mit Risikoübernahme insgesamt 1,3 Milliarden für Stuttgart 21 zugestand – in Euro, nicht mehr in DM.

Als Mehdorns Nachfolger Rüdiger Grube und Oettingers Erbe Stefan Mappus 2010 volle Kraft voraus gaben und den Bahnhofsbau beginnen lassen wollten, bekamen sie es dann aber mit einer Bürgerwut zu tun, die den Befürwortern des Projekts ungerecht vorkam – und irgendwie überfallartig. Rommel verfolgte das Geschehen in jenen Tagen in seinem Haus in Sillenbuch mit wachsender Besorgnis, sprach sich erneut für das Projekt aus und missbilligte, dass dieses wiederholt von parlamentarischen Mehrheiten beschlossene Vorhaben zum Spielball einer nicht legitimierten Masse geworden sei.

WACHSENDE KRITIK
AM DENKMAL ROMMEL

Würde es ein Stuttgart ohne Rommel als Oberbürgermeister geben können? Viele fragten sich das Ende 1996 bange, obwohl doch sonnenklar gewesen war, dass der Tag des Abschieds kommen würde. Mit 68, das hatte Manfred Rommel oft genug angesprochen und in vielleicht etwas gespielter Zerknirschung beklagt, sei man vom Gesetzgeber als OB zum Abdanken gezwungen. Doch viel sprach auch dafür, dass die Zäsur folgerichtig war.

War vielleicht schon das Jahr 1988 der Höhepunkt der Rommel-Begeisterung gewesen, ohne dass die Stuttgarter die nahende Umkehrung des Trends erkannten? Am Vorabend seines 60. Geburtstags am Heiligen Abend des Jahres 1988 hatte sich im Rathaus eine Festgesellschaft zusammengefunden, die Rommel und seine Frau mit Würdigungen und Ehrungen überhäufte. In einem Maß und einer Qualität, wie es die beiden kaum zu hoffen gewagt hatten.

Weil er sich früher eigentlich für ziemlich ungeeignet gehalten habe, mit breiten Bevölkerungskreisen umzugehen, sei er heute zufrieden und überrascht von dem Grad der Bekanntheit und Anerkennung, die er genieße, gestand Rommel.

Selbst Ministerpräsident Lothar Späth, mit dem er den einen oder anderen Strauß ausgefochten hatte, erwies ihm bei der Überreichung des Großen Bundesverdienstkreuzes mit persönlichen Worten seine Reverenz. Er sagte: Wie kaum ein anderer könne Rommel mit wenigen Worten Wahrheiten aussprechen, die in der Luft lägen, aber von anderen noch nicht ganz realisiert und formuliert würden.

Doch schon anno 1991 kam es zu gelegentlichen Trübungen im Verhältnis zwischen Rommel und dem Gemeinderat. Manche Sitzungen strotzten von gegenseitigen Schuldzuweisungen. Unproduktive Diskussionen waren zeitweise eher die Regel als die Ausnahme. Auch langjährige Beobachter der Kommunalpolitik erinnerten sich kaum an vergleichbare Vorgänge.

Die SPD-Fraktionsvorsitzende Helga Ulmer brachte das Fass zum Überlaufen. Die Ankündigung ihrer Kandidatur für den Landtag verband sie mit Kritik an anderen Fraktionen und an der Verwaltungsspitze, einschließlich den Bürgermeistern mit dem Parteibuch der SPD. Ulmer beklagte, die Aktivitäten der Verwaltung seien unkoordiniert. Es mangele an Führung, und in den Referenten-Sitzungen der Verwaltungsspitze kümmere sich jeder Bürgermeister nur um seine eigenen Anliegen. Sie wünschte sich fürs Rathaus einen Koordinator, der für frühzeitigere Beteiligung der Fraktionen sorgen, das Durchsetzbare ermitteln und so die Konfrontationen in den Gremien abbauen solle.

Rommel wies die diversen Vorwürfe zurück: Die Verwaltungsspitze halte sich »nicht für kopflos«. Die Landeshauptstadt verfüge über eine gute Verwaltung und gute Bürgermeister. Allerdings hätten in der hiesigen Kommunalpolitik »nicht alle denselben Kopf auf«, wiewohl in dem »durch Volkes Willen auf das Seltsamste zusammengesetzten Gemeinderat« Kompromissbereitschaft geboten wäre. Mehr und mehr Politiker gingen, nicht nur im Stuttgarter Gemeinderat, dazu über, Bedingungen für ihre Zustimmung zu formulieren und bei unvollständiger Erfüllung »dagegenzustimmen«, klagte Rommel. Nach der Gemeindeordnung seien freilich auch die Stadträte für die Erledigung der Verwaltungsgeschäfte verantwortlich.

Rommel machte deutlich, dass er das Heft in der Hand behalten wolle. Es gehe ihm gesundheitlich gut, und den Wählerauftrag vom November 1990, Stuttgarts Verwaltung zu leiten, wolle er keineswegs frühzeitig zurückgeben. Die neueren Aufregungen erklärte er sich nicht nur mit den schwierigen Mehrheitsverhältnissen im Gemeinderat, sondern auch mit einer Häufung wichtiger und aufregender Entscheidungen. »Jetzt sollte man sich wieder abregen und keine großen Sprüche machen«, forderte er. Er sei auch zuversichtlich, dass dem Gedanken der Gesamtverantwortung für Stuttgarts Geschicke bald wieder ein höherer Stellenwert eingeräumt werde. Eines sei freilich auch klar: »Ich kann nicht Valium austeilen.«

Bald kündigte er an, er wolle mehr Zuständigkeiten vom Gemeinderat auf die Verwaltung übertragen. Ein Wirtschaftsberatungsunternehmen solle die Möglichkeiten aufzeigen. Dies berge ein »beachtliches Potenzial für Rationalisierung und Kosteneinsparung« und müsse nicht zu einem Machtverlust für den Gemeinderat führen.

Eine Stabsstelle für den OB oder eine Zentralstelle, von der sich manche Stadträte, auch solche der CDU, bessere Koordination in der Verwaltung versprachen, lehnte der OB strikt ab. Ein Stab oder eine größere Zentralstelle sei ein Mittel, »jede Dynamik aus der Stadtverwaltung entweichen zu lassen«. Das »Prinzip der weitgehenden Freiheit der Bürgermeister« habe sich bewährt. Eine Stabsstelle jedoch unterbreche die Verbindung zwischen den Ämtern und der Verwaltungsspitze. Allerdings gebe es heute »manchmal Kommunikationsschwierigkeiten zwischen Bürgermeisterbank und Fraktionen«, sagte Rommel, womit der den Ball an die Parteien zurückgab, denen seine Bürgermeister angehörten.

> *»Die Verhältnisse sind dort am besten,*
> *wo die Journalisten alles schreiben können, was sie wollen,*
> *und die Politiker nicht alles machen,*
> *was die Journalisten schreiben.«*

Die »Politik« im Rathaus, also der Gemeinderat, verzettele sich zunehmend in Details, klagte Rommel bei einer seiner Pressekaffee-Veranstaltungen auch. Dadurch werde sie nicht mächtiger. Vielmehr ziehe sie alle Beschwerden, Klagen und Frustrationen der am Einzelfall Interessierten auf sich, ohne deren Erwartungen auch nur entfernt erfüllen zu können. Der Gemeinderat sei zwar eine Volksvertretung, aber gerade deshalb kein Potentat. Er überschwemme die Verwaltung mit immer mehr Anfragen und Anträgen. Im Jahr 1982 seien es noch 175 gewesen, 1991 bereits 687. Die Beantwortung sei »ein Saugeschäft«. Um den Dienst am Bürger nicht zu vernachlässigen, müsse die Verwaltung die Antworten künftig kurz fassen oder eine grundlegende Änderung dieser Praxis erwägen.

Die Stadträte rief Rommel dazu auf, offene Fragen durch Telefonanrufe zu klären. Um in den Zeitungen erwähnt zu werden, müssten sie nicht unbedingt den schwerfälligen Weg der Anfragen beschreiten. Überhaupt stehe es Politikern nicht gut an, eigens »etwas zu machen, damit die Journalisten etwas berichten«. Den Bezirksbeiräten könnten die Ämter außerdem nicht mehr in jedem Fall Vertreter in Sitzungen schicken.

Dem OB war vor allem auch die Zahl der Sitzungsstunden des Gemeinderats zu hoch. Das Gremium müsse Ballast abwerfen, delegieren, administrative Details vergessen und zu einer »Verwesentlichung der Politik« kommen. Leider habe Stuttgart nach der Gemeindeordnung eine Verfassung »wie das kleinste Dorf«, dabei erfordere seine Größe eine andere Qualität der Organisation. Immerhin könne der Gemeinderat gemäß Gemeindeordnung mehr Aufgaben an den OB übertragen – etwa Personalangelegenheiten, bei denen es nicht um leitende Mitarbeiter gehe.

Die Ratsfraktionen aber konterten und bemängelten, dass Rommel die Hauptschuld für die Reibungsverluste eindeutig beim Gemeinderat suche und seine Verwaltung weitgehend schone. Die Ämter würden aber nicht koordiniert. Bei solcher Verwaltungsarbeit könne der Rückzug aus der Erörterung von Details gravierende Folgen haben.

Die Grünen-Sprecher Dietmar Reinborn und Edda Meyer zu Uptrup formulierten, was so mancher dachte: »Die Verwaltung ist zurzeit nicht in der Form, dass sie weitere Aufgaben effektiv bewältigen könnte.« Rommel möge von Wirtschaftsberatern auch die Verwaltung unter die Lupe nehmen lassen, nicht nur die Möglichkeiten, Aufgaben auf den Oberbürgermeister zu übertragen.

Der SPD-Fraktionsvize Rainer Kußmaul diagnostizierte, dem Verwaltungschef fehle »ein Hans-Dampf-in-allen-Gassen, der den Ämterdurchlauf von Vorlagen beschleunigt«. Kaum habe man seitens des Gemeinderats ein Thema in die Verwaltung »eingespeist«, sei es schon »wie im Bermuda-Dreieck« verschwunden. Beschlussvorlagen seien oftmals unzulänglich. Der Mathematikdozent Kußmaul setzte hinzu: Wenn sich der Gemeinderat vernünftigerweise auf die großen Dinge zurückziehen solle, dann müsse die Verwaltung »um Zehnerpotenzen besser werden«.

RINGEN UM DIE REGION

Nicht nur im Gemeinderat, auch außerhalb des Rathauses wurde Kritik am Ablauf und am Ergebnis kommunalpolitischer Entscheidungen geübt. So beklagte 1991 die Landesarchitektenkammer, dem Städtebau und der Architektur würden viel weniger Aufmerksamkeit und Vorbereitungszeit gewidmet als den wirtschaftlichen Projekten. Zur gleichen Zeit sägten der Präsident der Industrie- und Handelskammer des Mittleren Neckarraums, Hans Peter Stihl, und sein Mitstreiter Berthold Leibinger zunehmend direkter am Rommel-Denkmal und kreideten dem in aller Welt respektierten Oberbürgermeister Versäumnisse an.

Dem Wirtschaftsstandort Stuttgart sprachen sie die Spitzenqualität ab, die man sich früher zugutegehalten hatte. Die Infrastruktur lasse zu wünschen übrig. Die chronischen Staus auf den Autobahnen führte die IHK nicht nur auf die Zunahme des Schwerlastverkehrs zurück, sondern auch auf Versäumnisse bei der Erneuerung des Straßennetzes. Prompt wurde es als Menetekel für den Abzug von Unternehmen bewertet, dass eine Daimler-Benz-Tochterfirma ihren Unternehmenssitz nach Berlin verlegte, wobei allerdings unterschlagen wurde, dass Deutschland sich nach dem Zusammenbruch der DDR in jenen Jahren sozusagen neu zentrierte.

Rommel, so lautete der Vorwurf, habe die Führungsrolle, die dem Stuttgarter Oberbürgermeister in der Region zukomme, nicht angemessen wahrgenommen. Dabei hatte der Gescholtene schon bald nach seinem Amtsantritt eigens einen Nachbarschaftsverband Stuttgart aus der Taufe gehoben, um sozusagen auf freiwilliger Basis die Zusammenarbeit zwischen der Landeshauptstadt und ihren Nachbarn zu verbessern. Gleichwohl ließ sich nicht übersehen, dass die Kleinstaaterei in der Region Stuttgart mit 179 Städten und Gemeinden sowie die Zersplitterung der Kompetenzen zunehmend Schwierigkeiten bereiteten. Sie waren ein Hindernis geworden bei dem Versuch, die wirtschaftlich bedeutsame Region Stuttgart im Wettbewerb mit anderen Regionen besser aufzustellen. Zudem ergab sich daraus der Zustand, dass Stuttgarts Anrainer im »Speckgürtel« um die Landeshauptstadt herum mancherlei

Vorteile aus der großen Nachbarin zogen, die Finanzierung der Zentrumsaufgaben Stuttgarts aber nach Auffassung von Rommel und nach Auffassung der IHK mehr schlecht als recht durch die gewohnten Zuweisungen des Landes unterstützt wurde.

Der Ruf nach einem aktiven Beitrag des Umlands wurde lauter. Es müsse endlich zu gemeinsamen und gemeinsam finanzierten Aktivitäten etwa auf dem Gebiet der Tourismusförderung kommen, verlangte die IHK. Außerdem wurde der Mangel an bezahlbaren Wohnungen in Stuttgart zunehmend als Hemmnis begriffen.

Die Stimmung der IHK-Funktionäre war also im Keller, doch auch das Lebensgefühl vieler Privatleute krankte längst an Übeln wie Immobilienspekulanten, die mit harten Bandagen um Gewinne kämpften. Sogar große Mietshäuser kauften sie auf, drängten die angestammten Mieter oft genug mit rüden Methoden zum Auszug und verkauften die Wohnungen einzeln mit erklecklichen Gewinnen. Stadtverwaltung und Gemeinderat taten sich äußerst schwer mit Gegenmaßnahmen. Mietwohnungen, in der Großstadt ohnehin Mangelware, waren noch schwieriger zu bekommen, und wenn, dann zu hohen Preisen. Manche Wohnungssuchende flüchteten sich mit Hilfe von Bankdarlehen in den Kauf von Eigentum. Nicht wenige Stuttgarter verloren auch die Contenance, weil zeitweilig Asylbewerber und Aussiedler in großen Scharen in ihrer Stadt strandeten. Die Asylunterkünfte und Übergangswohnheime hätten die Bürger gern in weiterer Entfernung von ihren Gartenzäunen gesehen. Doch in der von Hügeln eingeschnürten Stadt herrschte schon seit Jahrzehnten chronischer Platzmangel. Über dem windarmen Talkessel hing oft dicke Luft, mit Schadstoffen angereichert von Hunderttausenden von Pendlerautos, die täglich ein- und ausfuhren und über keine vernünftige Anlage zur Abgasreinigung verfügten.

Kurzum: Manchmal und mancherorts herrschten raue Sitten. Die Hybris der Großstadt regierte Stuttgart. Da und dort blitzte Bürgerwut auf, obwohl der Wutbürger, Jahre vor der Realisierung von Stuttgart 21, noch ein unbekanntes Wesen war.

Der Grünen-Landtagsabgeordnete Rezzo Schlauch, der Ende 1990 bei der OB-Wahl gegen Rommel antrat, surfte auf einigen dieser Wellen der Unzufriedenheiten und schaffte es entgegen mancher Wahrscheinlichkeit, sich gegen den untypischen CDU-Oberbürgermeister Rommel ein Stück weit zu profilieren. Die Ablösung Rommels schaffte er nicht, obwohl die SPD gar nicht erst zu Rommel in den Ring gestiegen war. Schließlich hielt der wiedergewählte OB Rommel im November 1991 vor der Schwäbischen Gesellschaft eine fast schon programmatische Rede zur regionalen Frage. Sie ließ an Deutlichkeit wenig zu wünschen übrig. Die Stuttgarter Kulturangebote, kündigte Rommel vor der heraufziehenden großen Stuttgarter Wirtschaftskrise an, seien ohne Mithilfe der Region künftig nicht aufrechtzuerhalten. Die Region müsse Wohnbau- und Gewerbeflächen zur Verfügung stellen. Über Finanzierungen habe man auch zu reden. Und mit mehr Nachdruck griff Rommel wieder die Drohung auf, die Stadt werde möglicherweise zum Jahresende 1994 den Staatsvertrag kündigen müssen, in dem die gemeinsame Finanzierung der Württembergischen Staatstheater durch das Land und die Landeshauptstadt geregelt war.

Rommel machte auch keinen Hehl daraus, dass er die »seltsamen Vorurteile« und das Misstrauen gegenüber der Landeshauptstadt, das in vielen Landesteilen herrsche und besonders von den badischen Industrie- und Handelskammern genährt wurde, als irrational beurteile. So präsentierte sich ohne Zweifel ein vergleichsweise kämpferischer Rommel. Später setzte er sich zum Ärger der Landräte im Speckgürtel um Stuttgart für einen Regionalkreis ein, der den herkömmlichen Landkreisen ein Ende bereitet und den selbstbewussten Landräten, die als Kreisfürsten aufzutreten gewohnt waren, ihre Ämter gekostet hätte.

Hinter der Idee Regionalkreis verbarg sich die Idee eines einheitlichen Superlandkreises, der allerdings einen anderen Aufgabenzuschnitt haben sollte als die bisher bekannten Landkreise. Er wolle das Modell eines solchen Regionalkreises ausarbeiten lassen, kündigte Rommel an. Die Region Stuttgart sei nämlich eine Schicksalsgemeinschaft, für die alles davon abhänge, dass sich ein Regionalbewusstsein entwickle und dass Strukturmaßnahmen gemeinsam getragen und bezahlt würden. Am Ende steuerte die Region unter der Moderation von Ministerpräsident Erwin Teufel eine kleine Lösung an, für die man ein Stück weit Maß genommen hatte am Umlandverband in Hannover. Der neue Verband Region Stuttgart erhielt die nötigsten Kompetenzen in Bereichen wie Regionalplanung und öffentlicher Nahverkehr. Er durfte das Geld, das er benötigte, durch Umlagen bei den Landkreisen und Kommunen schöpfen.

Er sei darüber nicht enttäuscht, sagte Rommel später, denn er habe nicht mit mehr gerechnet. Ihm sei klar gewesen: »Alles, was danach aussieht, dass es Geld kostet, würde in der Regionalkonferenz auf grimmige Ablehnung stoßen. Und manche hätten es am liebsten, wenn gar nichts passieren würde.« Die Idee des Regionalkreises sei aber höchstens für den Moment tot. Der Regionalkreis bleibe auch für andere Ballungszentren interessant – als naheliegende Antwort auf die komplizierten Verflechtungen in solchen Gebieten. Nur sei die Zeit dafür noch nicht reif. Zudem sei auch ihm selbst klar gewesen, dass man den Schritt zum Regionalkreis nicht ohne weitere Prüfung tun sollte. Aber eine Politik der regionalen Interessen und Problemlösungen müsse durchsetzbar sein und müsse finanziert werden.

Das neue Regionalparlament wurde dann tatsächlich vom Volk gewählt, wie Rommel es gefordert hatte. Auch er selbst gehörte dieser Regionalversammlung an. Rund zwei Jahre nach seinem Abschied als OB gab er den Sitz auf. Bis zuletzt verteidigte er seine Meinung, dass ein Regionalkreis die richtigere Organisationsform gewesen wäre. Immerhin, sagte er, sei aber auch so das Bewusstsein gewachsen, dass man in einem Boot sitze. Da und dort war also schon zu Beginn seiner dritten OB-Amtszeit Kritik an Rommel aufgeblitzt, der zwar ein glänzender Repräsentant Stuttgarts war, von manchen aber auch als schwächelnder Motor einer der wichtigsten Wirtschaftsregionen Europas betrachtet wurde. Dynamik zu entfalten, im Führerhaus des Baggers ständig neue Bauprojekte freizugeben, in der Welt neue Entwicklungen aufzuspüren und in Stuttgart nachzuvollziehen, das war nicht Rommels Stil. Doch seine Erwiderung auf die Kritik der IHK, dass es ihm an Visionen mangle, ist unvergessen: Die Vision sei die Vorstufe der Halluzination, mithin also krankhaft und am besten zu vermeiden.

Doch nicht nur aufkommende Kritik mahnte einen Stabwechsel an. Rückenprobleme von Beginn seiner Amtszeit an, eine Magenkrankheit mit der Folge einer Operation und die beginnende Parkinson-Erkrankung zehrten, trotz strengster Disziplin, derer er sich befleißigte, an Rommels Schaffenskraft. Die Zäsur, die vom Gesetzgeber vorgegeben wurde, schien also zumindest in diesem Fall des Sinnes nicht zu entbehren. Das fühlte auch Rommel, mochte er auch schalkhaft darüber räsonieren, dass er nur dem Gesetz weiche. So lag denn Wehmut in der Luft. Damals, im Lauf des Jahres 1996. Besonders aber am 17. Dezember.

ENDE DER REGENTSCHAFT

Draußen vor dem Opernhaus blies an diesem 17. Dezember 1996, einem Dienstag, das Heeresmusikkorps Rommel schon eine Stunde vor dem Festakt den Abschiedsmarsch. Drinnen ergingen sich Besucher, die einen Zipfel vom Mantel der Geschichte erhaschen wollten. Sie waren auch gespannt auf Helmut Kohl, den Bundeskanzler. Er kam 25 Minuten früher, posierte draußen mit ernstem Blick für die ersten Fotos des Abschieds. Er war glänzend disponiert.

Kaum hatten im Opernhaus die Stuttgarter Philharmoniker den ersten Satz von Mozarts Sinfonie Nr. 39 gespielt, stattete zunächst der Erste Bürgermeister Klaus Lang dem langjährigen Chef Dank ab. Er würdigte Rommels »eiserne Pflichterfüllung«, die häufig bis an die »äußerste Grenze der Leistungskraft« gegangen sei, auch Rommels Klugheit, Weitblick, Tatkraft, Augenmaß, Toleranz und Liberalität. Da machte ein Bürgermeister seinem Herzen, ja seiner Zuneigung Luft, der nie ein ganz großer Redner gewesen war.

Der Kanzler aber hatte Wortgewalt und Größe, und er hauchte sie auch diesem Festakt ein. Er sorgte für einen angemessenen Schlusspunkt der Ära Rommel. Jahre zuvor, als der Stuttgarter OB seine Steuer- und Finanzpolitik kritisiert hatte, soll Kohl gesagt haben: »Die Hunde bellen, die Karawane zieht weiter.« Was Rommel mit den Worten konterte: »Besser ein Hund als ein Kamel sein.« Aber längst hatten sich die beiden seit dieser Auseinandersetzung wieder um friedliche Koexistenz bemüht.

Kohl musste auch viel über Rommel nachgedacht haben, sonst hätte er ihm nicht eine solche Abschiedsrede halten können: meist im freien Vortrag. Nicht unkritisch, aber manchmal fast liebevoll, jedenfalls ehrlich um das Verständnis dieses Menschen bemüht. Ganz wenigen Politikern sei es beschieden, so eindrucksvoll verabschiedet zu werden, erwähnte Kohl fast ein bisschen neidisch und vielleicht sogar ahnungsvoll. »Sie haben es verdient«, sagte Kohl in der Stunde, in der Rommel sicherlich »die Tragödie seiner Familie durch den Kopf geht«. Er lobte Rommels Einsatz für die Völkerverständigung und bescheinigte ihm einen »sehr eigenen Charakter«, Vernunft,

Bundeskanzler Kohl übergibt im Auftrag des Bundespräsidenten das Große Verdienstkreuz mit Stern und Schulterband an Rommel. Mehr geht in der Bundesrepublik an Auszeichnungen nicht.

Pragmatismus, Offenheit sowie einen ebenso hintergründigen wie freundlichen und selbstironischen Humor. Nicht zuletzt aber »ein Verhältnis zur Pflicht«, das offenbar auch heute noch Anerkennung finden könne. Stets sei Rommel aber auch Weltbürger gewesen. Mundart und weltläufiges Denken müssten eben kein Widerspruch sein. Ganz sicher habe Rommel viel zur Offenheit dieser Stadt beigetragen. »Stuttgart und Rommel waren ein Synonym.« Ausdrücklich dankte der Kanzler ihm für die Bemühungen um die Nichtdeutschen und um die jüdischen Mitbürger, die unter diesem »OB mit Leib und Seele« in Stuttgart in besonderer Weise wieder eine Heimstatt gefunden hätten.

Mit Ironie würdigte Kohl auch jene Seiten Rommels, die ihm selbst das Leben manchmal schwer gemacht hatten. Er könne bezeugen, sagte der Kanzler, dass kein anderer OB »so überzeugend jammern und so ein milchsaures Gesicht« machen

187

konnte wie Rommel, wenn es um die Anliegen der Kommunen ging. Dem konzilianten Auftreten zum Trotz sei Rommel ein streitbarer Schwabe. Und Kohl wusste genau: »Die mit den leisen Tönen sind in den Verhandlungen die gefährlichsten.«

So wie der Kanzler Rommel im Auftrag des Bundespräsidenten die höchste Auszeichnung der Republik übergab, das Große Verdienstkreuz mit Stern und Schulterband, wartete auch Ministerpräsident Erwin Teufel mit einer Ehrung auf. Er verlieh ihm den Professoren-Titel. Rommels Leistung sei an Geist und Atmosphäre in der Stadt zu bemessen, urteilte Teufel. Der Literat und vorbildliche Demokrat habe vielen Beispiel und Orientierung gegeben. »Er war populär, ohne Populist zu sein.«

Kann man so großes Lob von höchster Stelle einfach wegstecken und Mensch bleiben? Man kann, das stellte Rommel postwendend unter Beweis. »Ich habe auch einen Haufen Mist gemacht«, sagte er unumwunden. Dann entschuldigte er sich fast bei Kohl. »Ich gehe davon aus, dass mit dem heutigen Tag alle Sünden verziehen sind. Ich hab's eigentlich immer gut gemeint«, spielte er auf seine Interventionen in Bonn an. Doch spätestens mit der deutschen Einheit hatte Rommel Kohls Verdiensten Tribut gezollt und sich mit dem Kanzler arrangiert.

Zur Sprache kam das beim letzten Treffen der beiden nicht ausdrücklich. Auch davon, dass er insgeheim eine letzte kleine Genugtuung hegte und pflegte, verriet Rommel nichts. Er verdankte sie seiner Schwiegermutter, der Griechin aus Istanbul, die sich mit Karawanen auskannte. Sie hatte Rommel darauf aufmerksam gemacht, dass an der Karawane üblicherweise ein Esel voran gehe. Doch das, sagte Rommel später, hätte er Kohl nie vorgehalten. Niemals. So mag er im Opernhaus zwar an die kleine Kontroverse mit der Karawane gedacht haben. Er sprach sie aber nicht an. Dafür äußerte er Respekt vor dem Kanzler.

Der CDU dankte Rommel dafür, dass sie ihn nie gezwungen habe, seine Meinung zu ändern. Und Erwin Teufel habe die Landeshauptstadt unterstützt, obwohl er wusste, »dass Stuttgart von Spaichingen aus etwas unheimlich aussieht«.

Rommels größte Verbeugung aber galt dem Souverän, den Bürgern und dem Gemeinderat. In seinen 22 Jahren im Rathaus habe er gelernt, den Bürgern zu vertrauen. Ehrlichkeit und Höflichkeit würden honoriert. Lügen lohne sich für Politiker nicht. Die Demokratie gehe im Zeichen von Minus-Wachstum einer Bewährungsprobe entgegen. Sie müsse gestärkt werden. Man möge sich bitte nicht über Folgen von Etatkürzungen zanken, sondern Sinn fürs Ganze beweisen. Dieses Verständnis müsse der Erinnerung ans Dritte Reich entspringen.

»Ich bin ungern OB geworden«, räumte Rommel noch ein letztes Mal ein, »aber ich bin gern OB gewesen.« Und nach den letzten Mozart-Tönen fiel im Opernhaus der Vorhang. Dieses Stuttgarter Stück, die Regentschaft Rommel, war vorbei. Zum Lohn gab es viel Applaus. Dazu erhob sich das Publikum. Es war ein Abschied, der die Herzen wärmte. Bei Rommel und bei denen, die ihm applaudierten. Sogar beim gestrengen Kanzler, der an diesem Tag noch schwerer mit sich ringen musste, um die Rührung zu unterdrücken, gleichwohl der Bedeutung des Momentes Tribut zu zollen.

Letzter Akt: Die Ehrenbürgerschaft

Adieu, Manfred Rommel: Im Rathaus setzten sich zwei Tage nach dem Festakt im Opernhaus die Abschiedsfeierlichkeiten fort. Der Gemeinderat ernannte den scheidenden OB aufgrund seiner »herausragenden Verdienste« zum Ehrenbürger. Ganz so feierlich wie im Großen Haus der Staatstheater war es diesmal nicht, die Delegationen der Partnerstädte und einige Bürger auf der Tribüne erlebten jedoch einen zu Herzen gehenden Abschied. Und zwar in der letzten Gemeinderatssitzung, die Rommel als Chef im Rathaus mitmachte. 539 Mal habe er solche Sitzungen geleitet, hatte sein Stellvertreter Klaus Lang ermitteln lassen, dabei seien 9271 Tagesordnungspunkte behandelt worden.

Lang überreichte Rommel den Ehrenbürgerbrief: die höchste Auszeichnung, die eine Kommune vergeben kann. Nur zwei andere lebende Persönlichkeiten besaßen sie zu diesem Zeitpunkt: der französische Politiker Pierre Pflimlin aus der Partnerstadt Straßburg und Altbundespräsident Richard von Weizsäcker. Dieser hatte sich bei Lang entschuldigt, weil er im Ausland weilte, aber geschrieben: »An Rommels Seite das Ehrenamt Ihrer Landeshauptstadt und meiner Geburtsstadt wahrnehmen zu dürfen, ist das Beste, was ich mir wünschen kann.«

Lang brachte die letzten 22 Jahre auf den einfachen Nenner: »Es war eine schöne Zeit.« Der Chef habe große Gestaltungsfreiheit gelassen, aber stets eine klare Richtung vorgegeben. Mit seiner Geradlinigkeit, mit seiner Menschlichkeit, mit seinem

Vertrauen und mit seiner Kompromissbereitschaft sei er ein großes Vorbild gewesen. Lang: »Trotz übervollem Terminkalender strahlten Sie immer große Gelassenheit und Souveränität aus.« Entscheidungen seien immer mutig und schnell getroffen worden. »Worte können unsere Gefühle in der Stunde des Abschieds nicht ausdrücken«, sagte Lang etwas pathetisch, ehe auch die Fraktionssprecher mit einem Gefühl der Wehmut das Ende der Rommel-Ära besiegelten.

Noch ein letztes Mal trug Rommel die Amtskette, die 22 Jahre lange das Symbol seines würdevollen Amtes war. »Ich will nicht sentimental werden, aber der Abschied fällt mir schon schwer«, gestand er. Die Altersgrenze mit 68 Jahren halte er jedoch für vernünftig, damit eine Greisenherrschaft vermieden werde. Der Kanzler könne länger im Amt bleiben, »aber nicht jeder ist ein Bundeskanzler«.

Zum guten Schluss besann sich Rommel noch einmal seiner wichtigsten Anliegen. Man möge, wenn irgend möglich, den Nichtdeutschen den Weg zur deutschen Staatsbürgerschaft erleichtern.

»Ein gewisses Zufallsergebnis bei Ordensverleihungen ist unvermeidlich. Wie Granaten schlagen sie im Hintergrund ein und treffen oft die Falschen.«

Auch den Städtepartnerschaften räumte er große Bedeutung ein, weil Politik mehr und mehr zu Weltpolitik werde. »Wir müssen lokal reagieren, aber das Lokale kann nicht das Globale aufheben«, gab er den Stadträten mit auf den Weg, vor denen er sich aber auch verbeugte. Er wisse, wie viel er dem Gemeinderat zu verdanken habe. »Ich verabschiede mich in meiner Eigenschaft als OB«, sagte Rommel, »das ist keine Tragödie.« Sein letzter Appell: »Haltet ein bisschen zusammen.«

Dem Ehrenbürger oblag dann nur noch eines, um in den Lebensabschnitt des Ruhestands einzutreten: das Aufräumen im Büro. Kurz vor Silvester 1996 machte Rommel sein Dienstzimmer im Rathaus für den Nachfolger leer. »Wollen Sie ein Schnäpschen? Ich trink' die Flaschen nicht mehr aus.« Rommel öffnete die Minibar in dem Raum, der 22 Jahre lang sein Büro gewesen war. Nur Hochprozentiges und etliche Bücher wie die Hauptsatzung der Landeshauptstadt ließ er übrig. Dinge, die sein Nachfolger Wolfgang Schuster übernehmen und gebrauchen können würde.

Ein letztes Mal posierte Rommel in seinem Dienstzimmer für die Fotografen, zeigte er den Generalschlüssel fürs Rathaus, den er noch abzugeben hatte. Er zückte den Schlüssel, der ihm über die Jahre die Tür zur Ehrenloge im Großen Haus der Staatstheater geöffnet hatte (»Ich hab' immer weniger davon Gebrauch gemacht.«). Dann hielt er ein paar Bücher hoch, die er noch mitnehmen wollte. Einiges schenkte er der Stadt und »Leuten mit größerer Lebenserwartung«. Was ihm gehörte und was er mitnehmen wollte, war schon eingepackt. Es reiche für seine restlichen Jahre, sagte der 68-Jährige, der noch einmal seinen schwarzen Humor aufblitzen ließ. Briefe und Urkunden von US-Größen wanderten ins Archiv.

Zum Schluss warf Rommel an seinem letzten Arbeitstag den Dienst-Computer an. Die Tastatur auf dem OB-Schreibtisch, der wie der Konferenztisch noch von Arnulf Klett stammte, harrte Rommels letztem Anschlag. Ein Brief an den Freund und Finanzminister Gerhard Mayer-Vorfelder sollte noch rausgehen, in dem sich Rommel für eine »Bremswegfinanzierung« zugunsten der Staatstheater einsetzte, also für etwas erhöhte Zuschüsse zur Bewältigung der Aufgaben. Dann gehörte der Computer ebenfalls Wolfgang Schuster.

Am Tag des Aufräumens im OB-Büro hatte Rommel auch die Gewissheit, dass er sich am Neujahrstag in aller Seelenruhe sogar noch einmal daheim den Festakt zu seinem Abschied im Opernhaus würde anschauen können. Der Süddeutsche Rundfunk hatte die Sendung noch einmal ins Programm genommen – auf vielfachen Wunsch der Zuschauer.

ROMMELS ERBE
UND VERMÄCHTNIS

Was blieb von Rommels 22 Amtsjahren? Welches Erbe hatte er vorgefunden? Wie fügte er sich ein in die Reihe der Stuttgarter Oberbürgermeister? Sein Vorgänger Arnulf Klett hatte 1945 als »Trümmerbürgermeister« angefangen. Er war den Stuttgartern ein Stadtoberhaupt, das mit Trümmerfrauen und Arbeitern genauso gut umgehen konnte wie mit Staatsgästen und Wirtschaftskapitänen der Wirtschaftswunderzeit. Ein OB, der mit unverwüstlichem Optimismus einen riesigen Schutthaufen anging. Ein unbürokratischer Mann, der rund um die Uhr rackerte und dennoch gute Laune verbreitete.

Über sich selbst sagte Klett: »Ich bin Stuttgarts Motor mit Humor.« Sein erster Arbeitstag am 24. April 1945 gestaltete sich völlig anders, als man sich normalerweise so einen Auftakt wünscht. Die zerbombte Stadt war eine Ansammlung von Trümmerbergen. Dazwischen verliefen nur noch Trampelpfade, wo vorher stattliche Straßenzüge gewesen waren. 266.027 Menschen lebten damals in Stuttgart. Wöchentlich kamen Tausende hinzu. Sie hausten in den wenigen unversehrten Häusern, in Ruinen, Bunkern und Kellern.

Der OB ließ die Straßen räumen und aus dem gesammelten Schutt Baustoffe gewinnen. Er musste Wohnraum und Lebensmittel beschaffen, die komplette Infrastruktur neu aufbauen. »Wir wussten anfangs nicht, wo uns der Kopf steht«, gab er später zu. Dennoch galt Stuttgart schnell als vorbildlich bei der Beseitigung der Trümmer und beim Aufbau. Seine Zeitgenossen bescheinigten Klett eine »Antenne für Neuerungen« und eine autogerechte Stadt.

Mit Rommel folgte auf ihn ein Ordnungspolitiker der finanziellen Vernunft. Einer, der die Konsolidierung der städtischen Finanzen betrieb und sie im Lauf seiner Amtszeit auf eine solide Basis für die Zukunft stellte. Er hatte aber, wenngleich manche zeitweilig einen anderen Eindruck gewannen, nicht nur einen Blick für die

Finanzwirtschaft. Rommel war die größtmögliche Nachdenklichkeit, die die CDU in den Jahren nach der außerparlamentarischen Opposition in Deutschland und nach dem Ölpreisschock in Stuttgart für das Amt des Stadtoberhaupts aufbieten konnte. Die Studentenbewegung war ihm zwar auch suspekt, dennoch war kein anderer Konservativer in Stuttgart wie er durch Erfahrung, Intellekt, Charakter, Moral und Weltläufigkeit geeignet, die Diskussionen anzunehmen. Auch die über die Grenzen des Wachstums, die nach dem Ölpreisschock immer mehr ins Bewusstsein der Menschen gedrungen waren.

Rommel schuf ein neues Klima in Stuttgart – und stand doch für Kontinuität in der Autostadt. Die Wirtschaft am Laufen zu halten, die einst in einer Region ohne Bodenschätze und in einer Stadt ohne Standortgunst entwickelt wurde und mit technischen Innovationen immer bedeutender wurde, war bei allen sozialen und kulturellen Interessen doch immer sein großes Ziel.

Denkmale in Stein zum eigenen Ruhm errichtete Rommel so gut wie keine, was ihm heute bisweilen als mangelnder Wille ausgelegt wird, der Stadt Dynamik einzuhauchen und sie zu entwickeln. Dass Rommel Leitplanken für seine Bürger baute, die lange wirkten, geriet darüber in den Hintergrund.

Mit dem Satz, dass mit dem Tod alle Feindschaft aufhöre, habe er geholfen, das moralische Gewissen der Deutschen zu festigen, urteilte Bundespräsident Johannes Rau, als er völlig gegen die Usancen ein Gastmahl im Stuttgarter Restaurant Wielandshöhe ausrichtete, um nachträglich Rommels 75. Geburtstag zu feiern. Nicht in der Hauptstadt. Einen wie Rommel könne man nur in Stuttgart ehren, obwohl ihm nicht nur diese Stadt viel verdanke, sondern ganz Deutschland, hatte Rau erkannt. Bei Rommel handle es sich um einen schwäbischen und deutschen Staatsmann, obwohl Rommel nie ein Staatsamt innehatte.

ROMMEL ALS KÖNIGSMACHER

Rommel selbst war sehr besorgt gewesen, wer ihn beerben würde und dass der CDU dieser wichtige Posten verloren gehen könnte. Daher setzte er schon früh alle Hebel dafür in Bewegung, dass sein politischer Ziehsohn Wolfgang Schuster ins OB-Büro einziehen konnte. 1993 holte er den über die Maßen ehrgeizigen CDU-Mann und Gatten einer ebenso ehrgeizigen Frau zurück ins Stuttgarter Rathaus, wo ihm Schuster schon als Büroleiter gedient hatte. Aus Schwäbisch Gmünd, wo Schuster zwischenzeitlich Oberbürgermeister war, brachte er nun wichtige Erfahrungen und Qualifikationsmerkmale mit. Er übernahm die Bürgermeisterstelle für Kultur, Bildung und Sport.

Der Wahlkampfmanager Christoph Palmer musste 1996 dennoch alle Register ziehen, alle Tricks und Finessen anwenden, damit Schuster von den Stuttgartern gewählt wurde. Aber so knapp die Entscheidung auch war: Schuster und Rommel waren am Ziel.

Die beiden verloren sich nie mehr aus den Augen. Mehr als einmal zollte Rommel seinem Nachfolger großes Lob. Nicht selten blitzte sogar Bewunderung auf für den Mann, der rastlos Investoren hofierte, ständig zu Grundsteinlegungen eilte, laufend neue Spitzenplätze oder wenigstens vordere Plätze für Stuttgart bei jedweden Städtevergleichen verkündete. Nie hat Rommel aber gesagt, ob er bedauerte, dass Schuster in einer, ja, in der vielleicht wichtigsten Aufgabe eines Oberbürgermeisters weit abgeschlagen blieb: die Menschen zu erreichen, sie mitzunehmen bei der Weiterentwicklung der Stadt, Instanz für sie zu sein, das Gesicht der Stadt zu sein oder, um es mit Heuss zu sagen, Atmosphäre zu bilden.

Warum ausgerechnet der von ihm über die Maßen geschätzte Nachfolger viele Stuttgarter nicht davon überzeugen konnte, dass er über diese Fähigkeiten verfügt, versuchte Rommel mit der schwäbischen Mentalität zu erklären: »Da ist auch so ein schwäbisches Nörgeln im Spiel. Der Politiker soll möglichst singen wie ein Vogel, dazu Ziehharmonika spielen und mit den Daumen noch die Löcher zuhalten.« Um damit klarzukommen, sei eine gewisse Heiterkeit von Nutzen. Und eine gewisse Gelassenheit. Man sollte sich sagen, dass man im Dienst nicht beleidigungsfähig ist. Das sei seinem Nachfolger schwerer gefallen. »Ich«, sagte Rommel, »habe viel runtergeschluckt damals.«

Für Stuttgarts Zukunft wünschte sich Rommel stets einen OB, »der führt, der mit anderen zusammen Prioritäten festlegt und Realist ist«. Die Stadt brauche einen OB, der sich nicht in Einzelthemen verliere, sondern den Zusammenhang aller politischen Fachgebiete erkenne und danach handle. Zwischen Bereichen wie dem Verkehrswesen, dem Siedlungswesen und den Finanzen gebe es enge Zusammenhänge. Deren Beachtung sei »eines der wichtigsten Utensilien eines Oberbürgermeisters«. Und natürlich müsse man mit den Leuten schwätzen können.

Dass sein politischer Zögling Anfang 2012 auf eine erneute Kandidatur verzichtete, dass er die Konsequenzen aus dem großen Streit um das Bahnhofsprojekt Stuttgart 21 zog, das Rommel mit aufs Gleis gesetzt hatte, ging dem Altoberbürgermeister merklich nahe. Als es nicht mehr zu ändern war, meldete sich Rommel noch einmal zu Wort, um das aufkommende Ringen um den OB-Sessel zu beeinflussen und um das anzusprechen, was er für Stuttgarts Interessen hielt. Im Wettbewerb der OB-Bewerber um das Ticket der CDU setzte er sich etwas überraschend nicht für das Parteimitglied Andreas Renner ein. Am Tag der parteiinternen Entscheidung ließ er den Teilnehmern des Parteitags einen Brief vorlegen, worin er sich für den parteilosen Werbeprofi Sebastian Turner aussprach, den der Kreisvorstand favorisierte – aber der gegen den Grünen-Bewerber Fritz Kuhn unterlag.

ROMMEL, GOTT UND DIE WELT

Wie er es mit dem Glauben hielt, darüber hat Manfred Rommel eher selten, eher reserviert, und zwar mit humorvollen, aber auf Spott verzichtenden Anekdoten Auskunft gegeben. Frühere Biografen berichteten, er habe erst als reifer Mann »beschlossen«, wieder an Gott zu glauben. Rommel selbst schrieb, von seinem 13. Lebensjahr an habe es eine Zeit gegeben, in der er sich als Atheist gefiel und Religion zu Humbug und Aberglauben erklärte.

Stattdessen habe er einer schwärmerischen Germanen-Verehrung gehuldigt, die von seiner von ihm überaus geschätzten Tante Helene, der älteren Schwester Erwin Rommels, gar nicht gern gesehen und mit den verqueren Ansichten bei den nationalsozialistischen Nachwuchsorganisationen in Zusammenhang gebracht wurde. Den Wunsch des protestantischen Vaters, sich konfirmieren zu lassen, den ihm die vormals katholische, wegen ihrer Heirat mit einem Evangelischen aber exkommunizierte Mutter überbrachte, schlug Manfred aus.

Das Unterfangen der anthroposophischen Tante Helene, ihm die Religion näherzubringen, scheint auch wenig erfolgreich geblieben zu sein. Er habe, gestand Manfred Rommel, noch lange Schwierigkeiten mit dem Christentum gehabt. Zu den ethischen Normen des Christentums konnte er sich zwar bekennen, er sei irrigerweise aber der Meinung gewesen, man sollte nur das glauben, was bewiesen ist. Später akzeptierte er, dass die Existenz Gottes und die fundamentalen Werte sich weder beweisen noch widerlegen ließen – dass aber »offensichtlich ist, dass etwas Unverzichtbares fehlte, wenn wir sie missen müssten«.

In einer kirchlichen Schriftenreihe des Herder-Verlags spann Rommel diese Gedanken aus seinem Erinnerungsband weiter. Die Existenz Gottes und die Gültigkeit seiner Ethik könne zwar niemand beweisen, aber auch nicht widerlegen. Entweder man glaube, dass es Gott gibt, oder man glaube es nicht. In diesem Fall müsse man den Gedanken unterschreiben, dass der Mensch durch Zufall entstanden sei und dass keine über den Menschen stehende Ethik existiere. Was ethisch verbindlich sei, wäre dann letztlich eine Machtfrage. Dass die Welt durch Zufall entstanden ist und dass der Mensch aus Zufall so trefflich aus sieben mal zehn hoch 27 Atomen gebildet wurde, die alle am rechten Platz angeordnet sind, wollte Rommel jedenfalls nicht akzeptieren.

Das waren freilich eher späte Erkenntnisse und Bekenntnisse, auch eher nüchtern und nicht eben frömmlerisch formuliert. Vielleicht hatte Rommel daher gut daran getan, dass er vor allem zu Beginn seiner OB-Zeit vergleichsweise zurückhaltend damit umging. Denn im Stuttgarter Talkessel, wo selten ein frischer Wind weht, war 1975 noch stark der Geist des Pietismus daheim. Mit seinem großen Arbeitspensum und seiner geringen Neigung zu Freizeitvergnügen und Konsum lag Rommel da zwar gar nicht schlecht, doch die Inbrunst des Glaubens hätte wohl eher Wünsche offengelassen. Als »schwacher Kirchgänger« sei er meist »aus Konvention« ins Gotteshaus gegangen, räumte er ein.

Dass er sich auch über die Religionen viele Gedanken machte, wurde 1985 kurz vor der Auszeichnung des Jerusalemer Bürgermeisters Teddy Kollek mit dem Friedenspreis des deutschen Buchhandels deutlich. Laudator Rommel gewährte der »Tribüne«, einer Frankfurter Zeitung zum Verständnis des Judentums, ein Interview. Darin sagte er, die Toleranz entspreche dem jüdischen Wesen in besonderem Maße. Dagegen hätten die Christen, die sich spät der Aufklärung geöffnet hätten, in der Geschichte dieser Religionen eigentlich immer ganz sicher gewusst, dass sie »recht« haben – allerdings nicht, warum sie recht hatten. Ähnliches treffe auf die Mohammedaner zu, die jedoch leuchtendere Beispiele von Toleranz gegeben hätten als die Christen.

Der Entwicklung der Stadt schadete Rommels vergleichsweise zurückhaltender Umgang mit Glaubensfragen aber nicht. Seine Toleranz in der Kultur und seine Liberalität, die in jenen Tagen auch der zunächst noch städtischen, später dem Land unterstehenden Polizei bescheinigt wurde, lüftete die Stadt merklich durch. Einige Großveranstaltungen, die in Stuttgart ausgerichtet wurden, etwa die Leichtathletik-Weltmeisterschaften, bewirkten ein Übriges. Die Stadt sorgte für kurzweilige, fast ein wenig frivole Begleitveranstaltungen. Leicht geschürzte Tänzerinnen betraten die Bühne. Straßenfeste, die von Rommels Verkehrsdirektor Peer-Uli Faerber organisiert wurden, belebten die Innenstadt. Stuttgart flanierte und klappte, wie manche meinten, die Gehsteige abends nicht mehr so früh hoch. Dieser Wandel Stuttgarts ist natürlich nicht allein Rommels Verdienst, aber vielleicht doch von ihm begünstigt worden.

DIE ÖFFENTLICHEN KRANKHEITEN

Wer so im Blickpunkt der Öffentlichkeit steht wie der Mann mit dem möglicherweise zweitwichtigsten politischen Amt in Baden-Württemberg, wird eine schwerwiegende Erkrankung nicht lang geheim halten können. Eine Zeit lang ist Rommel dieses Kunststück in der Schlussphase seiner OB-Zeit aber gelungen.

Zu Beginn, nach dem Amtsantritt, ließen sich die körperlichen Malaisen nicht verschleiern. Die früheren Rückgratleiden, die ihn schon in seinen Beamtenjahren geplagt hatten, waren mit Hilfe eines Medikamentes weggespritzt worden, das nach Rommels Erinnerung den bezeichnenden Namen »Tübinger Bombe« trug. Sie ermöglichte es ihm dann wieder, seiner Tätigkeit im Finanzministerium ohne körperliche Schmerzen nachzukommen und auch gelegentliche Dienstreisen nach Bonn, bei denen er der Schmerzen wegen den Wagen mehrmals hatte verlassen müssen, wieder besser durchzustehen. Die Schmerzen kehrten aber zurück.

Kaum als OB von Stuttgart vereidigt und gerade mal ein Mittvierziger, musste Rommel sogar eine Ehrenformation von Soldaten mit dem Gehstock abschreiten. Ausgerechnet er, der Sohn des Generalfeldmarschalls! Hämische Kommentare wie der, dass sein Vater schon schneidiger dahergekommen sei, konnten nicht ausbleiben.

1989 wurde Stuttgart durch die Schlagzeile geschockt, dass der Oberbürgermeister am 5. Juni zur Notoperation ins Katharinenhospital gebracht werden musste. Die Gedanken schweiften zurück ins Jahr 1974, als Arnulf Klett plötzlich gestorben war und die Landeshauptstadt eilends eine OB-Wahl anberaumen musste. Ähnliches blieb den Stuttgartern nun zwar erspart, aber Manfred Rommel hatte einen ersten Wink des Schicksals erhalten und zu spüren bekommen, dass das OB-Amt ihn an körperliche Grenzen brachte.

Im Rathaus war er zunehmend durch Gereiztheit aufgefallen. Bei seinen letzten Wochenendterminen hatte er, obwohl ein offizielles Essen mit dem Konsularischen

Korps anstand, fast nichts zu sich genommen. Manche vermuteten, Rommel wolle wieder mal abnehmen, denn zur Vorbeugung gegen überflüssige Pfunde hatte er sich im Lauf seiner Amtszeit eine große Zurückhaltung beim Essen und Trinken im Dienst angewöhnt. Niemand vermutete, was tatsächlich die Ursache war: Ein Magengeschwür war durchgebrochen, der Blutverlust groß. Nach der umgehenden Notoperation musste Rommel zwei Wochen im Krankenhaus bleiben.

Die überstandene Krise diente ihm als trefflicher Stoff für neue Reden. Bei der Ehrung von Blutspendern schilderte er, wie er die Symptome des Magengeschwürs zuerst für die sprichwörtliche Müdigkeit des Beamten gehalten habe, bis er nur noch einen Bruchteil der notwendigen Blutmenge in sich gehabt habe und durch Blutkonserven gerettet worden sei. Der Verdacht, dass es sich bei einem Blutspender namens »Späth« um den Ministerpräsidenten handeln könnte, habe ihn zu einer Nachfrage veranlasst. Der Verdacht habe sich zerschlagen. Bei der Eröffnung des Stuttgarter Weindorfs zeigte Rommel sogar einmal die Narbe, die ihm von der Magenoperation geblieben war, dem Publikum – worauf »einige Damen dann doch ganz bleich geworden sind«.

Rund sechs Jahre nach der Magenoperation wurde zunächst auch nur im engsten privaten und beruflichen Kreis bekannt, nicht in der Öffentlichkeit, dass der Stuttgarter OB an Parkinson erkrankt war. An der Krankheit also, die wegen unkontrollierbarer Bewegungen auch Schüttelkrankheit genannt wird.

Dabei handelt es sich um die Folge einer Stoffwechselstörung im zentralen Nervensystem. Sie schränkt vor allem den Bewegungsapparat ein. Treffen kann es jeden. Wenn es der Fall ist, dann meist nach dem 50. Lebensjahr. Es sei ein Schicksalsschlag, erklärt die Parkinson-Vereinigung. Tröstlich sei immerhin, dass Parkinson nicht zum Tode und auch nicht zur Denkunfähigkeit führe. Im Alltag leiden die Parkinson-Patienten aber unter unterschiedlichen Beschwerden.

Öffentlich redete Rommel Anfang 1997 darüber, als er altershalber aus seinem Amt ausgeschieden war. Es sei eine leichte Form von Parkinson und mit Medikamenten zu steuern, sagte er. Die Diagnose sei ihm im Jahr 1996 im privaten Kreis von einer Tochter des damaligen Bahn-Chefs Heinz Dürr gestellt worden, die als Neurologin tätig war. Sie konfrontierte ihn mit der Auskunft, dass ihn nicht nur ein Rückenleiden plage, wie sich später herausstellte mit einem »ungünstig austretenden Nerv im Rückenbereich, dem man sich nicht ohne Risiken mit dem geschliffenen Operationsmesser nähern kann«, sondern dass er auch an Parkinson erkrankt sei.

Auffällig allerdings, dass Rommel bereits 1995 auf einer Dienstreise in den USA mit erheblichen gesundheitlichen Problemen zu kämpfen gehabt hatte, wobei auch schon das Stichwort Parkinson ins Spiel kam. Die damaligen Probleme begründete er jedoch mit dem alten Rückenleiden, das ihn bereits kurz nach seinem Dienstantritt im Rathaus wieder ereilt hatte. Viel spricht dafür, dass Rommel mit Rücksicht auf das OB-Amt das Bekanntwerden über den Zeitpunkt seiner Pensionierung hinaus verzögern wollte.

Kaum war diese Notwendigkeit entfallen, ging Rommel offen mit der Krankheit um, wie er ja bis zu einer gewissen Schmerzgrenze überhaupt bereitwillig über persönliche Dinge redete, wohl wissend, dass die Menschen dergleichen sehr interessierte. Und selbst wenn das Thema auch sehr unangenehme Seiten hatte, bemühte er sich doch, die Stuttgarter auch dabei mit Witz und Humor zu unterhalten.

2001 stellte sich Rommel als Schirmherr des Landesverbandes der Deutschen Parkinson-Vereinigung zur Verfügung. Sie hatte ihn darum gebeten, weil er ein positiv denkender Mensch sei, der sich »auch im Fernsehen offen zu der Krankheit bekennt und den Menschen zeigt, dass man auch damit noch Lebensqualität haben kann«. Tatsächlich richtete sich Rommel leidlich mit seinem Schicksal ein. »So ist es, so bleibt es – und jetzt mach das Beste daraus«, sagte er sich. Springen wie ein Hirsch könne er zwar nicht mehr, aber geistig behindert fühle er sich nicht.

Von Anfang an ging Rommel mit Disziplin gegen die Beschwerden an. Mit Gymnastik hielt er sich beweglich. Das Reisen vor allem wurde ihm beschwerlich. Im Jahr 2002 unternahm er seine letzte Flugreise. Die Begleitung von Freunden machte es ihm ein bisschen leichter, dennoch haderte er damit, dass heute immer noch zu wenig getan werde, um Menschen mit Behinderungen oder Handicaps das Leben etwas leichter zu machen, nicht nur im Flugzeug. Er sei überzeugt, sagte er, dass so manche Barriere mit wenig Aufwand zu beseitigen wäre.

Mit 74 Jahren, gut sechs Jahre nach seinem Abschied aus dem Stuttgarter Rathaus, hatte Rommel sich mit seiner Krankheit längst arrangiert. Seine Hoffnung war es, dass ihm die moderne Medizin helfen würde, die Folgen von Parkinson erträglich zu halten. Dafür schluckte er viermal am Tag brav diverse Tabletten. Mit alternativen Heilungsmethoden experimentierte er lieber nicht. Er sei nun mal Rationalist, sagte Rommel, und die Schulmedizin scheine ihm immer noch am rationalsten zu sein.

Die gelegentlichen öffentlichen Auftritte genoss er noch immer. Wenn man sich mal an die Öffentlichkeit gewöhnt habe, fehle sie einem, wenn man von ihr lasse, gestand er. An offiziellen Essen mochte Rommel wegen eines unkontrollierbaren Speichelflusses jetzt nicht mehr teilnehmen. Er kenne die Regeln des Anstands, sagte er. Also komme er zum Termin, rede und gehe wieder.

Auch größere Rückschläge blieben nicht aus. Ausgerechnet vor seinem 80. Geburtstag am 24. Dezember 2008, der von der Öffentlichkeit mit Spannung erwartet wurde, musste Rommel im Sommer einen längeren Krankenhausaufenthalt antreten. Erstmals zwang ihn die Parkinson-Erkrankung in den Rollstuhl. Lange war unklar, ob der Empfang im Rathaus zu Ehren des Jubilars stattfinden könnte. Doch Rommel enttäuschte die Gäste nicht. Er ließ sich im Rollstuhl in den Sitzungssaal schieben – und wurde mit Ovationen gefeiert. Mit rund 300 Gratulanten beging er seinen 80. Geburtstag, obwohl er bis zuletzt im Krankenhaus gewesen war. So wurde diese Geburtstagsfeier zu einem Triumph über die Parkinson-Erkrankung.

Sein 80. Geburtstag war für viele die Stunde, Rommel für seine Lebensleistung zu danken. Einige gingen ans Rednerpult. Keiner aber würdigte Rommel so treffend, so einfühlsam und zum Gefallen der Zuhörer auch so heiter wie der Münchner OB Christian Ude, zu dieser Zeit amtierender Präsident des Deutschen Städtetags.

Ude sagte, Rommel habe den Städtetag in 16 Jahren Engagement im Präsidium geprägt. Mit einem unverwechselbaren persönlichen Stil und mit großer politischer Kraft habe der damalige Stuttgarter OB »die kommunale Selbstverwaltung gegen staatliche Übergriffe, gegen Gängelung und gegen die Rechtsaufsicht verteidigt«. Jahrzehnte vor den Bundespolitikern habe er die Integration der Migranten vorgelebt, Weltoffenheit und Internationalität praktiziert. Nicht von ungefähr sei daher »in Stuttgart Liberalität zu spüren«. Rommel stelle sozusagen den wandelnden Beweis dar, dass man Kommunalpolitik nicht mangels anderer Qualifikationen ausüben müsse, sondern dass man sie mit Wirtschafts- und Finanzverstand, angereichert mit

Ein ganz besonderer Moment in ihrem Leben und ein kleiner Triumph über die Parkinson-Erkrankung, die ihn in den Rollstuhl zwang: Liselotte und Manfred Rommel beim Empfang aus Anlass seines 80. Geburtstages im Rathaus.

Bildung, Anständigkeit und Sinn für die Kultur pflegen könne. Rommel sei Homme de Lettres, Staatsmann und Inbegriff eines Stadtoberhaupts.

Der Mann aus München bewies auch sonst eine feine Antenne und stellte typische Urteile über Rommel infrage, namentlich die Bescheidenheit, die Rommel oft bescheinigt wurde: Selbstironie, wie von Rommel praktiziert, sei auch ein Kunstgriff, sein Licht nicht unter, sondern auf den Scheffel zu stellen, dabei aber noch den Eindruck der Bescheidenheit zu erwecken.

PRIVATLEBEN AUF SPARFLAMME

Manchmal schien es so, als wäre die Zeit stehengeblieben in dem kleinen Häuschen in Sillenbuch. Hinter dem braunen Gartentor, das auf Knopfdruck der Hausherren geöffnet werden konnte, lag ein kleiner Garten, der anmutete wie ein kleiner Ausschnitt aus dem Killesbergpark der 1950er-Jahre. Rote Sandsteinplatten führten zu dem Gebäude mit einem Hauch von frühem Bungalowstil, in dem die Rommels Jahrzehnte wohnten. Doch der Anschein, dass die Zeit hier nicht weitergelaufen wäre, trügte. In dem Haus, in dem sich der Oberbürgermeister all die Jahre daheim fühlte, lebte der Altoberbürgermeister nach seiner aktiven Berufszeit ganz anders, zumal seit dem großen Schub seiner Parkinson-Erkrankung im Sommer 2008, die ihn wenige Monate vor seinem 80. Geburtstag, überfiel.

Wenn die Krankheit gnädig war und Rommel einen guten Tag schenkte, öffnete er selbst die Haustür und empfing den Besucher, der vom Gartentor zu ihm herunterkam. Das war für ihn dann Ehrensache. Das machte er gern, weil es so seine höfliche Art war und der Anstand es gebietet. Doch es gab gute Tage und schlechte Tage im Leben des früheren Oberbürgermeisters. Manchmal zwang ihn die Schüttelkrankheit dazu, Besucher zu begrüßen, während er im Rollstuhl saß, drinnen im Wohnzimmer, gleich neben dem Fenster und dem Fenstersims, auf dem früher die Schreibmaschine stand, mit welcher der OB Rommel die Redetexte tippte, und wo es mitunter schwierig gewesen sein dürfte, sich auf die Arbeit zu konzentrieren.

Das Haus in Sillenbuch haben Rommel und seine Mutter in den 1950er-Jahren erbauen lassen. Sie brachte ihre Witwenrente in das Budget ein, ihr Sohn investierte das Honorar, das ihm aus der Zusammenarbeit mit Desmond Young, dem Biografen von Erwin Rommel, zugefallen war. Das Zusammenleben mit der Mutter, die Manfred Rommel sehr verehrte und der er auch noch in den reiferen Jahren ungern widersprach, war für ihn und seine junge Frau Lilo nicht immer leicht.

Bei Lucie Rommel stellte sich im Lauf der Zeit eine zunehmende Verbitterung über ihre Lebensumstände ein. Sie war wahrscheinlich der Unzufriedenheit mit dem

Verlust der gesellschaftlichen Stellung geschuldet, die dem hoch dekorierten Offizier Erwin Rommel und seiner Gattin früher zugefallen war. Die Lust an gesellschaftlichen Ereignissen war bei Lucie Rommel auch stets stärker ausgeprägt gewesen als bei dem Schwaben Erwin Rommel.

Die Aufteilung des Hauses in den Jahren bis 1971, als Lucie Rommel starb, sagte viel über die persönliche Bescheidenheit von Manfred und Lilo Rommel aus. Sie hatten ihre Zimmer im Souterrain auf einer Fläche von etwa 60 Quadratmetern. Immerhin konnte der Sohn im Obergeschoss neben einem Gästezimmer noch einen Arbeitsraum benützen. Zwischen diesen Ebenen, im Erdgeschoss, war Lucies Reich. Dort pflegte Manfred Rommel an den Abenden mindestens eine Stunde mit der Mutter zu sprechen, während seine Frau in der Wohnung darunter oft ihren Unterricht im Königin-Katharina-Stift vorbereitete oder Klassenarbeiten korrigierte.

Die hektischere Zeit in seinem Berufsleben und im Sillenbucher Häuschen war noch nicht angebrochen. Als Beamter hatte er vergleichsweise regelmäßige Arbeitszeiten und eine verlässliche Freizeit. Es waren die ruhigeren, die beschaulicheren, die ritualisierten Jahre des Ehelebens. Jahre wie bei vielen Familien, nur ohne Kinder. Sie hätten gern eigene Kinder gehabt, Manfred und Lilo Rommel, aber »man kann nichts erzwingen«, sagte er darüber. Doch 1974 zum neuen Schuljahr nahmen Manfred und Lilo Rommel Catherine zu sich, die jetzt in Stuttgart die vierte Klasse besuchen sollte.

Sie war das aufgeweckte Kind aus der Ehe von Lilos Schwester Hanne Daiber mit einem französischen Studenten, der, wie Manfred Rommel schrieb, mit der Vaterrolle überfordert war. Sie lebte fortan in einem bürgerlichen Heim, in dem alles solide war, aber in keiner Weise modisch oder gar mondän. In einem Haus, in dem Erwin Rommel und die Familiengeschichte im Hintergrund immer zu spüren waren: in gemalten Blumen-Motiven und Handarbeiten früherer Familienmitglieder, in Aufmarschskizzen von Erwin Rommels Hand, in Gemälden aus dem Besitz des Generalfeldmarschalls und reichlich einschlägiger Literatur.

Catherine kam in einer Zeit des großen Umbruchs in Manfreds und Lilos Leben. Der Onkel, der ihr Adoptivvater wurde, befand sich jetzt im Wahlkampf um das Stuttgarter Oberbürgermeister-Amt. Als sie herangewachsen war, tauchte sie immer öfter bei offiziellen oder halboffiziellen Anlässen an Rommels Seite auf. Das verschaffte ihr interessante Erlebnisse und entlastete Lilo Rommel. Denn diese hatte nie eine öffentliche Rolle gesucht. Die First Lady in Stuttgart wollte sie eigentlich nicht spielen. Sie, über die Manfred Rommel schon früh sagte, sie habe ihn auf die richtige Bahn gelenkt, musste am Ende seiner OB-Zeit konstatieren: »Ich dachte, er regiert Stuttgart. Es war aber so, dass Stuttgart ihn regiert hat.«

Ihr Mann stand in der Regel um 6 Uhr auf. An seinen Arbeitstagen trainierte er auf dem Standfahrrad, um sich die nötige Fitness für den Dienst zu verschaffen und zu erhalten. Nur an den Wochenenden verzichtete er auf den Frühsport. Wenn er sich an Werktagen nach dem Frühstück zwischen 8.30 und 8.50 Uhr vom Chauffeur abholen ließ, hatte er in der Regel mindestens eine von zwei örtlichen Tageszeitungen gelesen.

Sonne, Strand und Sommerliteratur: Rommel macht in jüngeren Jahren Urlaub in Südfrankreich. Als OB bevorzugt er die Schweiz.

Zum verabredeten Zeitpunkt war er pünktlich zur Abfahrt bereit. Sein Fahrer Manfred Miller holte ihn an der Haustür ab und trug ihm die Tasche mit dem Vesper zum Wagen. Im Dienstwagen blätterte Rommel oft noch die zweite Tageszeitung durch. Dann war er gerüstet, sich mit den Tagesaktualitäten auseinanderzusetzen.

Nach den laufenden Angelegenheiten beschloss er den Arbeitstag manchmal mit Arbeitsessen, die ihm Gelegenheit boten, mit wichtigen Gesprächspartnern, nicht nur aus dem Rathaus, dringliche Themen zu besprechen. An Werktagen traf er nicht vor 19 oder 20 Uhr zu Hause ein, nicht selten auch erst gegen 22 Uhr. Dann stand ihm der Sinn nach Ruhe. Nicht selten las er noch bei Dichtern und Denkern, bevor die Lichter in dem Haus in Sillenbuch ausgingen.

Lilo Rommel hielt sich lieber im Hintergrund. Am meisten genoss sie die OB-Welt, wenn gelegentlich Gäste wie das Moskauer Stadtoberhaupt im Privatgarten in Sillenbuch bewirtet wurden. Noch mehr genoss sie es, wenn sie ihren Mann auf Reisen begleitete und faszinierende Persönlichkeiten traf, nicht nur Teddy Kollek in Jerusalem, sondern beispielsweise auch Anwar El Sadat, den ägyptischen Staatschef. Daheim kam sie in Kontakt mit Künstlern, Diplomaten und amerikanischen Offizieren.

Samstags fand die Familie noch am ehesten in einen Alltag, wie ihn andere Familien hatten. Schon sonntags holte ihn die Arbeit wieder ein. Da schrieb er die Reden, die er in der folgenden Woche halten wollte. Urlaub gönnte man sich nur in kleinen Portionen und nicht weit weg, denn Rommel wollte, falls nötig, rasch in Stuttgart sein können. So blieb es meist bei zwei Wochen Sommerurlaub – in Grindelwald, wo man gern wanderte, als Rommel noch die nötige Beweglichkeit dazu besaß, später in Zermatt. Wäre er länger weggeblieben, sagte Rommel einmal in selbstironischer Überzeichnung, hätten die Leute bemerkt, dass sie ihn eigentlich gar nicht bräuchten. Ab 1985, erinnerte sich Catherine Rommel, habe es eine Phase gegeben, in der man eine Woche Grindelwald mit einer Woche Zermatt kombinierte.

Eigentlich sei ihr Manfred kein Reisemuffel, widersprach Liselotte Rommel 1996 den hartnäckig wiederkehrenden Äußerungen, dass ihr Gatte ungern den Koffer nehme und in unbekannte Gefilde aufbreche. Und auch Rommel selbst sagte einmal zu seinen eigenen Gunsten aus, im Sillenbucher Heim gebe es Beweisfotos aus der Jugendzeit dafür, dass er mit Liselotte am Mittelmeer, am Matterhorn, bei diversen Loire-Schlössern, am Schiefen Turm von Pisa, am Mailänder Dom, an der Pariser Kirche Sacré Coeur und bei anderen Naturwundern und Baudenkmalen gewesen sei. Man habe die Aufnahmen nur nie öffentlich gezeigt.

Einmal im Jahr hielt Rommel in Sillenbuch ein klein wenig Hof: an Heiligabend, wenn er aus Anlass seines Geburtstages zahlreiche Gäste empfing. Neben den Freunden waren das wichtige Mitarbeiter und Vertreter des öffentlichen Lebens sowie der eine oder andere Journalist. Bei diesen Gelegenheiten äußerte er stets Bedauern, dass die Menschen gezwungen seien, zu ihm zu kommen, während andere den Christbaum aufstellen und dekorieren, letzte Geschenke einpacken, das Abendessen vorbereiten und darüber nachdenken, welche Weinflaschen sie entkorken sollen. In Wirklichkeit, sagen die Menschen aus seiner Umgebung, freute er sich über die Besucher.

So ein Kommen und Gehen waren in Sillenbuch aber die Ausnahme. Wäre nicht Rommels Frau gewesen, dann hätten die privaten Freundschaften wahrscheinlich die Jahre mit den oberbürgermeisterlichen Pflichten nicht überlebt. Mit Liselotte Rommels Hilfe konnten einige gerettet und gepflegt werden. Der Verleger Ulrich Frank-Planitz, der oft samstags seine Aufwartung machte, nahm unter den privaten Gästen des Oberbürgermeisters eine besondere Stellung ein. Der vormalige Chefredakteur der Stuttgarter Wochenzeitung »Christ und Welt« galt ähnlich wie Rommel als Liberal-Konservativer und war damit fast so etwas wie ein Bruder im Geiste. Auch in der Art ihres Humors waren sie sich ähnlich.

Als Chef der Deutschen Verlagsanstalt nahm Frank-Planitz mit Geschick konservativ orientierte Historiker und konservative bis liberale Politiker als Autoren unter Vertrag. Mit der DVA und später mit dem Hohenheim-Verlag begleitete er den rasanten Aufstieg Manfred Rommels zum Bestsellerautor. Die enge Freundschaft hielt Jahrzehnte. Die Familien wurden in dieser Zeit auch durch gegenseitige Patenschaften verbunden. Im Mai 2011 jedoch, nur fünf Tage nach seinem 75. Geburtstag, starb Frank-Planitz überraschend und hinterließ im Leben der Rommels eine große Lücke.

Für die Freunde hätte Rommel als aktiver OB noch weniger Zeit aufbringen können, hätte er manche Termine nicht mit List und Tücke umgangen. Die (meist samstäglichen) Fußballspiele des Bundesligisten VfB Stuttgart mied er unter einem Vorwand. Er habe einfach das Gerücht in Umlauf gebracht, dass er der VfB-Elf kein Glück bringe, sondern dass immer eine Niederlage drohe, wenn er im Stadion weile. »Wie alles Absurde wurde es sofort geglaubt«, schrieb Rommel später. Tatsächlich verinnerlichten bald viele Menschen diese angebliche Gesetzmäßigkeit, und der OB konnte guten Gewissens behaupten, er beweise seine Verbundenheit mit dem VfB durch die körperliche Abwesenheit. Die Sportgemeinde im Stadion atmete auf. Rommels Fragen nach den Regeln des Spiels und die Missverständnisse darüber, die er vortäuschte, lenkten niemanden mehr vom Spielverlauf ab. Und Rommel konnte sich beruhigt daheim den Akten und Redemanuskripten zuwenden. Vorher, so behaupten manche Augenzeugen, habe er sie bisweilen auch ins Stadion mitgebracht.

Die Bescheidenheit des Rommel'schen Lebensstils äußerte sich auch bei der Wahl des Automobils, das in Stuttgart eigentlich immer ein Statussymbol war und ist. Zunächst, nach dem Krieg, fuhr Rommel einen VW Käfer, den er nach rund fünf Jahren durch dann durch einen elfenbeinfarbenen VW 1600 ersetzte. Drei Fahrzeuge dieses Modells hat er im Lauf der Zeit besessen. Vor allem der Letzte davon wurde zum Sinnbild der Genügsamkeit des Ehepaars.

Nicht nur in den Straßen von Sillenbuch, auch sonst in Stuttgart standen vor den Häusern längst repräsentativere Autos. Der Wagen der Rommels schwächelte manchmal auch schon. Außen wies er Dellen und Beulen auf. Bei den Menschen auf dem Killesberg, wo von jeher feines Blech gepflegt wird, schien ein Großstadt-OB mit so beachtlicher automobiler Angriffsfläche die Grenzen der Vorstellungskraft zu sprengen.

Als Rommel in der Terrorismuszeit einem Industriellen die Ehre gab, alarmierte die Hausherrin die Polizei. Sie befürchtete, der postgelbe VW 1600 gehöre Terroristen, die die Gegend für einen neuen Anschlag auskundschaften. Die Polizisten, die dann anrückten, wussten es besser. Sie erkannten in dem verdächtigen Wagen Rommels Eigentum.

Langsam, aber sicher neigte sich die Beziehung zwischen Rommel und Volkswagen aber doch dem Ende zu, zumal der Mercedes-Manager Werner Niefer die unvorteilhafte Verbindung längst kritisch beäugte. Auch Rommels Protokollchef Heinz Hermann hielt den Zustand für nicht mehr länger tragbar. Eines Samstags im Jahr 1983, im neunten Jahr von Rommels OB-Tätigkeit, erschien Hermann mit einem Mercedes-Vertreter bei den Rommels in Sillenbuch und ließ erst den OB, dann dessen Gattin Probe fahren. Da endlich akzeptierte Rommel den »Daimler«, den viele seiner Bürger längst schätzten. Da endlich nutzte der Oberbürgermeister der Automobilstadt auch privat eines ihrer Produkte. Die Bedeutung dieses Industriezweigs für Stuttgart und seine Stadtkasse wurde er ja auch zu loben nicht müde. »Ein Verzicht aufs Auto wäre für Stuttgart eine regelrechte Katastrophe«, warnte er 1994 zum Zeitpunkt der Wirtschaftskrise und der aufgeregten Umweltdebatten. Die Verkehrs- und Umweltprobleme müssten eben mit maßvollen Maßnahmen bekämpft werden.

EWIG DER SOHN
DES FELDMARSCHALLS

Selten hat ein Mann so gegensätzliche Reaktionen ausgelöst wie Erwin Rommel. Er polarisierte. Hier die plumpen Nationalisten und berechnenden Propagandisten, die den Namen Rommel gezielt einsetzten; die Heldenverehrer, die den General als deutsches Vorbild retten und von jedem Verdacht der nationalsozialistischen Gesinnung befreien wollten. Dort die Pazifisten, Antifaschisten und Aufklärer, die sich an jeder Kaserne und jeder Straße störten, die nach dem Generalfeldmarschall benannt wurde; die Anstoß nahmen an Gedenksteinen für den Offizier und die »Nazi-Sau« oder »Faschist« aufsprühten. Die darauf verwiesen, dass Rommel der Lieblingsoffizier des Diktators Adolf Hitler war.

Wer aber kann zuverlässig sagen, was richtig ist am Mythos Rommel, welche Kritik ihm Unrecht tut und wo die Familie wissentlich oder unwissentlich unser Bild von Erwin Rommel schönfärbt? Einvernehmliche Schiedsrichter wären hoch willkommen, doch selbst die Historiker geraten in Streit darüber, wie die Fakten und die häufig unter irregulären Bedingungen niedergeschriebenen Aussagen von Rommel-Zeitgenossen zu interpretieren seien.

Mittendrin stand der Sohn Manfred Rommel, der immer mit dem Bild seines toten Vaters lebte. Nicht nur an den Tagen, sondern auch in den Nächten, wenn er schlief. Regelmäßig, gestand der Alt-OB im Jahr 2002, träume er, wie ihm der Vater erscheine. Das sei einer der eindrücklichsten seiner regelmäßig wiederkehrenden Träume, zu denen auch ein Traum gehöre, in dem er wieder Luftwaffenhelfer sei und wegen falscher Munition sein Maschinengewehr nicht laden könne. In dem Traum mit seinem Vater trug Erwin Rommel einen Militärmantel und war in etwa in dem Alter, in dem er starb, also knapp 53 Jahre. Manfred Rommel selbst war auch erwachsen. Er wundere sich, berichtete Rommel einmal, dass der Vater noch lebe und so lange nichts von sich hören ließ. Man befinde sich im selben Raum und sei doch weit voneinander

Zwei Söhne von gegnerischen Generalfeldmarschällen im Reich der Erinnerung: Manfred Rommel und David Bernard Montgomery schauen sich die Ausstellung «Mythos Rommel» in Stuttgart an.

entfernt. Er gehe auf den Vater zu, doch dann sei der Traum auch schon vorbei – ohne dass es zu einem Gespräch gekommen wäre.

Die Sprachlosigkeit, die sich durch diesen Traum zog, wunderte Manfred Rommel selbst. Er wünschte sich, dass ihm im Traum all die Fragen einfallen würden, die er tagsüber im wachen Zustand gern an den Vater gerichtet hätte, wäre das möglich gewesen. »Ich würde ihn nach Hitler fragen«, schrieb Manfred Rommel dazu, »ich würde ihn fragen, wie das alles möglich war. Wie dieser Krieg geführt werden konnte gegen die Interessen des deutschen Volkes. Ich würde ihn fragen, was man damals wusste und was nicht.« Denn bei der Betrachtung der Geschichte nehme man fälschlicherweise ja gern an, dass die Menschen früher all das hätten wissen können oder sogar wissen müssen, was im Nachhinein als klar und vorhersehbar erscheine. Er sei davon überzeugt, resümierte Rommel, dass die Redens- und Verhaltensweisen nicht anders wären, wenn man die Menschen von damals und heute in die jeweils andere Zeit versetzen könnte. Manchmal, wenn er von diesem Traum erzählte, tröstete Manfred Rommel sich und seine Gesprächspartner gleich wieder. Er habe mit seinem Va-

211

ter, als der noch lebte, verhältnismäßig viel geredet. Damals, als er sich in Herrlingen von den in Frankreich erlittenen Verletzungen erholen wollte, bevor zwei Generäle ihm auf Hitlers Geheiß das Gift überbrachten. Trotzdem würde er gern mit seinem Vater über all die Fehler damals und die Lehren aus dieser Zeit sprechen.

Manfred Rommel – der ewige Sohn. Immer verehrte er den Vater.»In den späten Jahren mit noch größerer Einsicht als in den Jugendjahren.« Nie würde er dem Vater irgendwelche Vorwürfe machen ob dessen Rolle, sagte der Sohn. Er hat ihn auch nicht in die Kritik eingeschlossen, die er 1978 aus Anlass des Gedenkens an die Reichspogromnacht vortrug: dass zu viele Menschen gemeint hätten, sie müssten die ihnen vom Staat zugewiesenen Pflichten in Beruf und Amt erfüllen.

Für den Mut und die Bereitschaft Erwin Rommels, sein Leben zu opfern, empfand sein Sohn immer Bewunderung. Daran änderte auch das Wissen um die Ereignisse im Nationalsozialismus und die Mitwirkung Erwin Rommels nichts, denn nicht die Aufopferungsbereitschaft seines Vaters habe dazu geführt, sondern der Missbrauch, der in niederträchtiger Art und Weise mit dem blinden Mut und der blinden Opferbereitschaft so vieler Menschen betrieben worden sei. Der schreckliche Künstler Adolf Hitler, der als letzten Akt den Untergang des eigenen Volkes inszeniert habe – »ohne jedes schlechte Gewissen, in dem ununterbrochenen Glauben, etwas Heroisches, noch nie Dagewesenes zu vollbringen«. Gleichwohl war sich Manfred Rommel natürlich darüber im Klaren, dass es besonders schwierig ist, in diesem Kontext das Ansehen seines umstrittenen Vaters zu pflegen.

Jahrzehnte rätselte die Welt, wer und was Erwin Rommel war, wie sehr er als Wehrmachtsoffizier mit den Nationalsozialisten und dem verbrecherischen Diktator verstrickt war, wie weit er sich später dem Widerstand in Deutschland angenähert oder gar angeschlossen hat. Da wo Manfred Rommel hinkam, wurden von ihm oftmals Antworten dazu erwartet.

Unbestritten war Erwin Rommel zunächst ein Günstling Hitlers und verdankte ihm seine Karriere. Allein schon Rommels im Jahr 1937 erschienenes Buch »Infanterie greift an« mit den Erfahrungen aus dem Ersten Weltkrieg weckte Hitlers Interesse. Rommels Leistungen taten ein Übriges, sodass Hitler ihm 1940 sogar eine Panzertruppe anvertraute, was ein Novum war. Zuvor hatten stets Kavalleristen den Befehl über die Panzertruppe erhalten, keine Infanteristen. So stieg der unpolitische, aber karrierebewusste, ehrgeizige und durchaus auch auf fällige Auszeichnungen pochende Offizier immer weiter auf. 1942 wurde er von Hitler zum Generalfeldmarschall befördert und er bewunderte seinerseits den Führer – bis bei Rommel schließlich ein Prozess der Loslösung von Hitler einsetzte, dessen Ursachen, Dauer, Geradlinigkeit und Konsequenz seit damals Gegenstand von Interpretationen und Meinungsverschiedenheiten sind.

Rommels Formel lautete: Sein Vater habe nicht zu den aktiven Widerständlern gehört. Er habe die Ermordung Hitlers nicht aus moralischen, sondern vor allem aus vernünftigen Gründen für falsch gehalten. Er habe befürchtet, dass ein Hitler-Mythos entstehen würde, dass viele Bürger und Soldaten den Attentätern die Gefolgschaft verweigern würden und dass Deutschland in einen Bürgerkrieg versinken würde. Erwin Rommel hätte aber 1944 den Krieg, der nicht mehr zu gewinnen war, beenden wollen, wäre er nicht in Frankreich durch feindliche Tiefflieger schwer verletzt worden.

Noch am selben Tag, an dem Erwin Rommel am 14. Oktober 1944 daheim in Herrlingen die Sendboten mit Hitlers Schicksalsspruch erwartete, habe der Vater darüber gesprochen, sagte Manfred Rommel 1999 in einem Interview. »Jeder Schuss, den wir im Westen abgeben, trifft uns selbst«, zitiert der Sohn den Vater, der der Meinung gewesen sei, man müsse die Briten und die Amerikaner von Westen tief nach Deutschland hineinziehen lassen, damit die Rote Armee nicht so große Teile Deutschlands erobert. An der Westfront wolle er keine Aufgabe mehr übernehmen, auch wenn die erwarteten Generäle ihm eine anbieten sollten, soll Erwin Rommel am Tag seines Todes gesagt haben. Denn damit habe er gerechnet: dass Hitler ihm eine andere Aufgabe anbieten lässt – oder er noch am selben Abend tot sei. Es gab dann doch keine neue Aufgabe mehr für Erwin Rommel. Nur den Tod. Einen Tod, der ihn unsterblich machen sollte.

Rummel um den toten Erwin Rommel, falscher Beifall für den Kriegshelden – das wollte Manfred Rommel in der Nachkriegszeit freilich verhindern, nachdem er erst einmal einige Veröffentlichungen aktiv unterstützt und den Wirbel erlebt hatte, den sie auslösten. Die Auseinandersetzung zu verweigern und im Elfenbeinturm die Familientradition zu pflegen, wäre vermutlich aber auch zum Misserfolg verurteilt gewesen. In diesem Spannungsfeld absolvierte Manfred Rommel seinen Balanceakt. Wenn er je vergessen hätte, wie sehr sein Vater noch lange nach dem Zweiten Weltkrieg bewundert und verklärt wurde, dann wäre er an jedem 14. Oktober daran erinnert worden. An dem Tag, da sich der Todestag seines Vaters jährt und an dem man sich üblicherweise ans Grab begibt, um des Verstorbenen zu gedenken.

Für Manfred Rommel waren das nie völlig private, stille Momente. Es war ein Gedenken im Licht der Öffentlichkeit, mit dem Aufmarsch von Kriegsveteranen aus nah und fern, von Bundeswehrsoldaten und Vertretern der einstmaligen Alliierten, also der deutschen Gegner im Zweiten Weltkrieg. Es war jedes Mal ein Riesenauftrieb, der natürlich auch jene nicht gleichgültig lassen konnte, die sich am Rommel-Rummel störten und den Kult um den Kriegshelden beanstandeten.

Grenzenlose Rommel-Verehrung

Das Phänomen der Verehrung von Adolf Hitler und Erwin Rommel im Ausland musste den Sohn des Generalfeldmarschalls auch sehr nachdenklich stimmen. Die weitverbreitete Hitler-Verehrung in Indien führte dazu, dass in Stuttgarts Partnerstadt Mumbai, dem früheren Bombay, ein Lokal nach Hitler benannt wurde. Und in Marsa Matruh, der letzten großen ägyptischen Stadt vor der libyschen Grenze, gibt es seit dem Ende der 1970er-Jahre ein Rommel-Museum. In einer Höhle, die Erwin Rommel beim Afrika-Feldzug als Hauptquartier gedient haben soll, gleich neben dem Strand, an dem der Befehlshaber badete und an dem lang vor dieser Zeit die ägyptische Königin Kleopatra gebadet haben soll. 13 Schwarz-Weiß-Bilder erinnern in dieser Höhle an Erwin Rommel, alte Feldkarten, eine Rommel-Büste, eine verstaubte Kiste, eine Hakenkreuzflagge und einer von Rommels berühmten Mänteln, den der Sohn den Ägyptern zur Verfügung stellte.

Natürlich, das Rommel-Museum ist wie die »Rommel-Insel« vor Marsa Matruh und wie der »Rommel-Strand« zuallererst ein Hinweis darauf, wie eine ägyptische Provinzstadt am Rand der Wüste eine Attraktion schaffen wollte. Wie sie größere Bedeutung im Hier und Heute daraus ableiten will, dass hier einmal der Krieg zwischen Deutschen und Italienern sowie den Engländern tobte – und dass Erwin Rommel 184 Kilometer östlich, in El Alamein, vernichtend geschlagen wurde.

Marsa Matruh ist aber nur ein Phänomen der Verehrung Erwin Rommels in Ägypten. Diese speist sich nicht nur aus der Bewunderung für Rommels Kriegsführung, sondern sicherlich auch aus dem Wissen, dass er der Offizier Adolf Hitlers war, der den Juden in der Nachbarschaft hätte gefährlich werden können.

So wird im Umkehrschluss auch erst verständlich, warum Manfred Rommels Auftreten in Israel und seine Auszeichnung mit dem Ehrentitel des Guardian of Jerusalem viele Israelis erst einmal an den Rand der Fassungslosigkeit bringen mussten. Weil sie noch die Furcht der Großeltern und der Väter und Mütter nachempfinden konnten, was alles hätte geschehen können, wenn Rommel bis zum Suezkanal gekommen wäre. Sein Sohn Manfred hat aber nicht nur die höchste Ehrung in Jerusalem erfahren, sondern ist auch in Kairo zum Ehrenbürger ernannt worden, wahrscheinlich auf Geheiß von Staatspräsident Anwar El Sadat.

Diese Melange der Gefühle und Kalküle will erst einmal gemeistert sein. Die Pflege des väterlichen Andenkens musste von Manfred Rommel zwangsläufig in dem Zwiespalt zwischen persönlicher Verehrung und Anfechtung des Vaters, zwischen gesellschaftlicher Verklärung des Generalfeldmarschalls und gesellschaftlicher Ablehnung als Hitlers Lieblingsoffizier stattfinden. Und immer bestand die Gefahr, dass Ewiggestrige Erwin Rommel wieder instrumentalisieren könnten wie weiland die Nationalsozialisten den deutschen Publikumsliebling. Gegen sie versuchte Manfred Rommel sich demonstrativ abzugrenzen. »Der rechte Extremismus hat keine humanitären Ziele«, stellte er klar, »er ist nach der unheilvollen Geschichte des Nationalsozialismus ein geschmacklicher und gefährlicher Anachronismus.«

Ohne das feine Sensorium Manfred Rommels und ohne sein Fingerspitzengefühl, das die Bereitstellung des Offiziersmantels für Marsa Matruh fast schon ein wenig wie einen seltenen Missgriff erscheinen lässt, hätte seine Mission leicht außer Kontrolle geraten können; die Mission, das Vaterbild angemessen zu interpretieren und die Pflege der Familientradition auszubalancieren nach bestem Wissen und Gewissen.

Manfred Rommel wählte den Grundton der Zurückhaltung. Er versagte sich nicht den Stolz auf seinen Vater. Aber er ging mit dem Vater in der Öffentlichkeit ohne Pathos um, wahrscheinlich auch im Privatleben, denn Pathos war nie seine Art. Er vermied es, die Rolle Erwin Rommels in grober Weise zu glorifizieren. Oder wie es seine Adoptivtochter Catherine Rommel sagte: »Man ging konservativ, passiv mit Erwin Rommel um.«

Eine aktivere Traditionspflege hätte mit großer Wahrscheinlichkeit auch einen Rückschlag gebracht. Es gab schon Anlässe genug, die bei manchen Bürgern die Geduld aufs Äußerste strapazierten: dass die Bundesregierung Bundeswehrschiffe mit Beteiligung der Familie auf den Namen Rommel taufen ließ, dass eine Kaserne zum Beispiel in Dornstadt bei Ulm nach Rommel benannt wurde oder dass in Erwin Rommels Heimatstadt Heidenheim ein Gedenkstein für ihn errichtet wurde, auf dessen Rückseite die wesentlichen militärischen Etappen des Offiziers festgehalten sind.

Das Bangen um das richtige Andenken an seinen Vater hat Manfred Rommel nie verlassen. Ein Bangen, das bei allem Zwang zur begrifflichen Klarheit und zur historischen Faktentreue doch stets von Achtung für den Vater gezeichnet war, wiewohl auch seine persönliche Auseinandersetzung mit Erwin Rommel ambivalent war und Züge eines Kräftemessens mit dem toten Vater annehmen konnte.

Darüber konnten auch seine humorvollen Schilderungen nicht hinwegtäuschen. 1970 sagte er, gerade Ministerialdirigent geworden, scherzhaft zu seiner Mutter, sein Rang als Beamter entspreche jetzt dem eines Brigadegenerals in der Armee. Der Vater sei mit 41 Jahren noch Hauptmann gewesen. Als Beamter des Finanzministeriums schaute Manfred Rommel auch voller Interesse in die Finanzakte seines Vaters.

Nach der Wahl zum Oberbürgermeister wurde ihm klar, dass er nun in der gleichen Besoldungsgruppe rangiere wie sein Vater als Generaloberst. In einem Rundfunkinterview ging er im Jahr 1999 erneut darauf ein und fügte launig hinzu: »Das hat dann auch mein Selbstwertgefühl erhöht.« So ein Erbe muss wohl fast zwangsläufig einen Menschen erwachsen lassen, einen Politiker, der einfachen Antworten misstraut.

Auch die Bundeswehr braucht den Wüstenfuchs

Erwin Rommels Rolle als Namenspate sorgte nach dem Krieg schnell für Zündstoff. Dahinter stand die grundsätzliche Frage, wie unbefangen die Deutschen eigentlich mit dieser Heldenfigur umgehen dürfen. Ob sie Rommels Ruhm pflegen dürfen wie Franzosen und Engländer den Ruhm ihrer eigenen Kriegshelden. Es war eine Streitfrage, die zunächst ganz praktischer Natur war. Jahrzehntelang wollten ehemalige

Angehörige des deutschen Afrikakorps oder anderer Verbände die Erinnerung mit regelmäßigen Veranstaltungen hoch halten – so, wie Erwin Rommel selbst in den 1930er-Jahren bei Treffen der ehemaligen württembergischen Gebirgsjäger die Erinnerung an die Kämpfe im Ersten Weltkrieg hochgehalten hatte. Darüber musste es zwangsläufig zu Konflikten kommen.

Hinter dem Streit um die Rommel-Namenspatenschaft stand letztlich die Frage, ob es eine Traditionslinie von der Wehrmacht unter Hitler zur Bundeswehr in der demokratischen Bundesrepublik Deutschland geben kann. Auch die Antworten darauf fielen in den vergangenen Jahrzehnten sehr unterschiedlich aus.

Früheren Wehrmachtsoffizieren wie dem einstigen Rommel-Stabschef und späteren Bundeswehrgeneral Hans Speidel wird der Versuch zugerechnet, mit Hilfe der populären und mythisch verklärten Figur Erwin Rommel die Brücke gebaut zu haben. Rommel, zuerst von anderen und dann auch von Speidel in einer Veröffentlichung mit dem Widerstand in Verbindung gebracht, schien jahrelang als trefflicher Beleg durchzugehen, dass die Wehrmacht insgesamt in der Nazizeit sauber geblieben sei. Später stellte eine Ausstellung über die Wehrmacht diesen Glauben zur Empörung zahlreicher alter Kombattanten partiell in Frage. Der Beweis, dass auch Angehörige der Wehrmacht an Kriegsverbrechen und Verbrechen gegen die Menschlichkeit beteiligt waren, gilt inzwischen als erbracht.

Manche, die das Denkmal in Heidenheim mit Schmierereien besudelten und Rommel zum Faschisten abstempeln wollten, dehnten diesen Vorwurf gegen Teile der Wehrmacht auf den Generalfeldmarschall aus. Andere Kritiker kreideten ihm, wesentlich differenzierter, an, dass er den Verschwörern vom 20. Juli 1944 letztlich eben doch die aktive Mitwirkung verweigert habe – was sich mit den Forschungsergebnissen deckte, wonach Rommel Mitwisser des Widerstands war und möglicherweise die Bereitschaft signalisiert hatte, in einer Zeit unmittelbar nach Hitler zur Übernahme von Aufgaben in Staat und Wehrmacht bereit zu sein.

Reicht das aus, um das Sinnbild braven deutschen Soldatentums und ein Vorbild für die Bundeswehr sein zu können, was Speidel seinem früheren Waffengefährten nach dem Krieg bescheinigte? An dieser Frage, nämlich an der Frage, ob die Bundeswehr sich wieder trennen müsste vom Namen Rommel, schieden sich in Kultur und Politik bisweilen die Geister. Doch der Bruch ist bisher nicht vollzogen. Noch gilt, was die Ausstellungsmacher und Historiker des Hauses der Geschichte 2008 sehr eingängig postulierten: Der Mythos Rommel, von unterschiedlichen Urhebern aus sehr unterschiedlichen Motiven begründet und gefestigt, habe den politischen Systemwechsel von der Diktatur zum demokratischen Staat geschafft – und ihn bisher durchgehalten.

Nachlassspende fürs Museum

Am 12. Oktober 2001, kurz bevor sich Erwin Rommels Todestag zum 57. Mal jährte, gab Manfred Rommel eine Reihe von »wertvollen Erinnerungsstücken« an seinen Vater vertrauensvoll in andere Hände: die Totenmaske, den Marschallsstab, ein bei den Feldzügen zum Einsatz gekommenes Fernglas, Orden und Ehrenzeichen aus zwei Weltkriegen und die Denkschrift »Bericht zur Lage«, die Rommel Anfang Juli 1944 für Hitler verfasst hatte, um ihn zu Konsequenzen aus der aussichtslosen militärischen Entwicklung zu veranlassen. »Der ungleiche Kampf geht dem Ende entgegen«, steht darin geschrieben.

Anders als der gerade im OB-Amt angekommene Manfred Rommel spendete der Altoberbürgermeister jetzt keine Erinnerungsstücke für Verehrer Erwin Rommels am Rand der afrikanischen Wüste. Diesmal nahm sie kein Geringerer entgegen als der Ministerpräsident Erwin Teufel. Und die vorgesehene Aufbewahrung und die Präsentation im Haus der Geschichte Baden-Württemberg boten ausreichend Gewähr dafür, dass verantwortungsvoll mit den Requisiten des Top-Generals umgegangen würde. Der Kreis der Teilnehmer, die zur Übergabe im Staatsministerium eingeladen worden waren, sollte wohl zusätzlich ein Zeichen setzen. Neben Vertretern der US-Streitkräfte in Stuttgart und der Bundeswehr hatte sich auch der Sohn des Hitler-Attentäters Claus Schenk Graf von Stauffenberg, Generalmajor a. D. Berthold Schenk Graf von Stauffenberg, in der Villa Reitzenstein eingefunden.

Ganz offensichtlich war Rommel, der ungewohnt ernst wirkte, sehr gewärtig, wie ambivalent die Konservierung dieser Erinnerungsstücke für die Nachwelt verstanden werden könnte. Er vertraue sie einem Staat an, betonte Rommel, der sich als demokratisches Gemeinwesen bewährt habe. Es gehe hier nicht um Symbole für rechtsradikale Vorstellungen. Die Erinnerungsstücke sollten so verwendet werden, »dass niemals wieder der Gedanke an eine Diktatur aufkommen kann«. Die künftigen Generationen sollten daraus lernen. Dann gingen sie in den Besitz des Museums über, das damals im Aufbau begriffen war.

Hier der Orden Pour le Mérite, das Ritterkreuz mit Eichenlaub, Schwertern und Brillanten sowie der Stander der »Horch«-Limousine, in der Erwin Rommel während eines Fliegerangriffs in der Normandie unterwegs war – dort die Mahnschrift für den Führer: Da waren sie wieder, die beiden Seiten des Offiziers, die der Welt das Urteil über ihn so schwer machen und bis heute für emotionale Auseinandersetzung sorgen, zusammen mit den zunächst mysteriösen Hintergründen des erzwungenen Selbstmordes aber auch die Erinnerung an Erwin Rommel wachhalten.

Ministerpräsident Teufel nannte diesen scheinbar widersprüchlichen Erwin Rommel, der in eine Zeit größter Veränderungen in einer kurzen Phase der Geschichte gestellt war und sich mit ihnen verändern musste, »eine große Persönlichkeit, die dem Land Württemberg zeitlebens eng verbunden war«. Aus den persönlichen Verstrickungen ins Dritte Reich habe Erwin Rommel den Weg zum Widerstand gegen Hitler gefunden. Er habe, sagte Teufel, größte Hochachtung vor diesem Ringen mit dem eigenen Gewissen.

Gut Freund mit einem anderen Marschallssohn

Der Stuttgarter OB suchte bei seiner Auseinandersetzung mit der väterlichen Geschichte mehr als einmal das Treffen mit einem anderen Sohn eines Feldmarschalls, eines Offiziers von der anderen Seite der ehemaligen Kriegsfront: mit David Bernard Montgomery, Sohn von Bernard Law Montgomery. Die berühmten Väter bekriegten sich als Panzergeneräle. In Afrika führte dies Ende Oktober 1942 zu der verbissenen militärischen Schlacht um El Alamein. Die Söhne wurden Freunde.

Sie trafen sich in London und in Stuttgart und gemeinsam besuchten sie fast 70 Jahre nach der Schlacht von El Alamein die Erwin-Rommel-Ausstellung im Haus der Geschichte Baden-Württemberg. Ihr Treffen hatte keinen Sieger und keinen Verlierer. Nur Gewinner. Denn es unterstrich, dass aus Feinden von einst Freunde wurden; im Kleinen, bei den Söhnen der Generäle, und auch auf höherer Ebene, zwischen den einst verfeindeten Staaten.

Er fühle sich sehr geehrt, dass Montgomery zum dritten Mal nach Stuttgart gekommen sei und sich nun die Ausstellung ansehe, sagte Manfred Rommel. Und auch er erwies dem anderen Ehre, indem er ausschließlich auf Englisch das Wort an Montgomery richtete und auch an die Journalisten, die Zeugen des Treffens sein wollten. Ab und zu machte sich Rommel Notizen. Dann wieder ergriff er das Mikrofon und sprach hinein. Ganz leise.

Der Montag mit Montgomery im Haus der Geschichte war einer jener Tage, die Rommel besonders wichtig waren. Diesen Termin wollte er unbedingt wahrnehmen. Kaum war sein Rollstuhl ins Foyer des Ausstellungssaals gefahren, da zeigte er sich, den äußeren Widrigkeiten zum Trotz, ganz präsent. Zwei Stunden lang. Gemeinsam besichtigten er und Montgomery die Ausstellungsstücke wie den Marschallsstab, beugten sich über Schriftstücke wie den Brief Erwin Rommels an seine Frau, in dem er ein Englisch-Wörterbuch nach Afrika bestellte, um für die Kriegsereignisse gewappnet zu sein.

Zusammen standen die berühmten Söhne auch sechs Gymnasiasten aus Albstadt-Ebingen Rede und Antwort. Geduldig und bereitwillig gewährten sie Einblick in zwei Familiengeschichten, die sich für ein paar Jahre mit der Weltgeschichte überschnitten. Sein Vater habe den brillanten General Rommel verehrt, gestand Montgomery. Ja, der 1976 verstorbene britische Feldmarschall habe sogar zeitlebens bedauert, dass er Erwin Rommel nach dem Krieg nicht mehr treffen konnte. Lang nachdem Hitler seinen General heimlich zum Selbstmord gezwungen und seine Beliebtheit mit einem inszenierten Staatsbegräbnis in Ulm ein letztes Mal für seine Zwecke ausgebeutet hatte, wurde Erwin Rommel in der Familie Montgomery noch oft thematisiert – nicht nur, weil einer der beiden Hunde der Familie »Rommel« hieß, der andere »Hitler«.

Die Generäle schätzten sich eben und verstanden sich als »professionelle Soldaten«, wie Montgomery jr. sagte, nicht als Ideologen. Der Mythos Rommel sei aber viel größer als der Mythos Montgomery, sagte der Brite mit Blick auf die seiner Meinung nach großartige Ausstellung, die schon bald Zehntausende von Besuchern anlocken sollte.

Die Söhne, die sich Ende der 1970er-Jahre in London kennengelernt hatten, ähnelten sich im Denken. Montgomery zeigte sich besorgt, weil für die meisten jungen Menschen heute Fußballmannschaften augenscheinlich wichtiger seien als die gemeinsame Vergangenheit und die Gegenwart der beiden Staaten. Eine Sorge, wie sie auch bei Rommel oft aufgeblitzt war. Die beiden Nachfahren der Feldmarschälle verabschiedeten sich im Bewusstsein, dass sie sich vielleicht das letzte Mal sahen.

Der Wandel des Erwin-Rommel-Bildes

Die Öffentlichkeitsarbeit für die Aussöhnung und seine Strategie der zurückhaltenden Imagepflege, der sparsamen Pinselstriche für das Porträt des Vaters, pflegte Rommel über die Jahrzehnte hinweg. Seiner Pflicht, als Zeitzeuge und als Sohn des Kriegshelden Antworten zu geben, kam er getreulich nach. Dann und wann, aber eher selten, äußerte er sich auch zu gegebenen Anlässen, etwa zum Jahrestag der alliierten Invasion in der Normandie. Aber ständig lebte er mit der Furcht, dass die großen Gazetten Interviews begehren würden, wenn er in Stuttgart zu üppig aus seinen Erinnerungen und Dokumentensammlungen schöpfe. Er befürchtete, dass neben einem falschen Personenkult dann auch der Rummel um Erwin Rommel wieder auflodern und unliebsame Folgewirkungen im rechten Spektrum haben könnte.

Die Person und das Schicksal Erwin Rommels sind noch immer von hohem Interesse. Die ersten Bücher, die sich mit ihm befassten, kamen schon bald nach dem Krieg auf den Markt. Seine Witwe und der ehemalige Offizier Fritz Bayerlein gaben 1950 Rommels Erinnerungen, die während der Heimaturlaube in den Jahren 1942 bis 1944 aufgezeichnet worden waren, unter dem Titel »Krieg ohne Hass« heraus.

Danach nahmen vor allem englische Autoren den deutschen Generalfeldmarschall ins Visier – mit recht viel Sympathie, was insofern nicht verwunderte, als sich hier Militärexperten vor allem mit dem Feldherrn Erwin Rommel auseinandersetzen, über dessen unkonventionelles Handeln, über dessen erstaunliche Erfolge im Ersten Weltkrieg und in der ersten Hälfte des Zweiten Weltkriegs ja schon früher Freund und Feind gestaunt hatten. Zudem hatte sich bereits im Krieg erwiesen, dass durch das Lob oder gar die Verklärung des Gegners zeitweilige eigene Misserfolge entschärft, spätere Siege umso mehr bejubelt werden können.

Der ehemalige englische Offizier Desmond Young, der persönlich in Afrika gekämpft hatte und als Kriegsgefangener Rommel einmal begegnet war, setzte diese Linie fort. Am 3. Februar 1950 übergab Young persönlich in Herrlingen der Familie

Rommel, die zuvor mit ihm zusammengearbeitet hatte, ein Exemplar einer neuen Biografie. Sein Anspruch war es, einen objektiven Geschichtsbeitrag zu liefern, notierten die »Ulmer Nachrichten«. Von der Biografie wurden weltweit schon im ersten Jahr 200.000 Exemplare verbreitet. Hitlers Lieblingsoffizier wird darin weniger auf seine Haltung zum Nationalsozialismus überprüft, vielmehr in seiner militärischen Bedeutung dargestellt.

Youngs Interpretation und das Vorwort des früheren englischen Afrika-Befehlshabers Sir Claude Auchinleck zeichneten nach dem Verständnis der Zeitgenossen das Bild eines ritterlichen, tapferen und listigen Offiziers, des Vertreters einer sauberen Wehrmacht, der sich in den letzten Kriegsjahren von Hitler abwandte, sich dem konservativen Widerstand der Offiziere um Claus Schenk Graf von Stauffenberg gedanklich näherte und zum Selbstmord gezwungen wurde.

War es in den Rommel-Erinnerungen »Krieg ohne Hass« noch hauptsächlich um den Afrika-Feldzug gegangen, mit dem anders als mit den Feldzügen in Polen und Russland weniger Verbrechen an Zivilisten einhergingen, so erweiterte der englische Militärhistoriker, Korrespondent und Politikberater Basil Liddell Hart dieses Material später um Rommels Erlebnisse beim Westfeldzug und vor der Invasion in der Normandie. Für das 1953 erschienene Buch »The Rommel Papers« (Die Rommel-Papiere) stützte er sich auf die Mithilfe von Lucie und Manfred Rommel. Erneut ging es um den Offizier Rommel, weniger um Rommels Haltung zu Hitler und zum Widerstand. Aber wieder, so die Interpretation der Mitarbeiter des Hauses der Geschichte Baden-Württemberg, sei da ein Erwin Rommel skizziert worden, der als Soldat anständig blieb und zum Schluss in einem Gegensatz zum NS-Regime stand.

Mit filmischen und damit für die breite Masse noch eingängigeren Mitteln wurde dieser Kurs aufgenommen und fortgesetzt. Der US-Regisseur Henry Hathaway ließ James Mason in dem Film »Rommel, der Wüstenfuchs« auf der Grundlage des Buches von Desmond Young ebenso ritterlich agieren und sich am Ende von Hitler lossagen. Manchen Kritikern von Buch und Film sowie Teilen der englischen Presse erschien allerdings, wie das Haus der Geschichte aus Anlass der Ausstellung »Mythos Rommel« aufzeigte, die Abkehr Rommels von Adolf Hitler zu positiv gezeichnet. Der einstige Lieblingsoffizier Hitlers sei vom Diktator ja nicht aus moralischen Gründen abgerückt. Rommel habe den Krieg kurz vor der Invasion in der Normandie nicht deshalb beenden wollen, weil dieser verbrecherisch gewesen wäre, sondern weil er den aussichtslosen Kampf nicht unnötig habe verlängern wollen.

Die Familie Rommel jedoch stand zu den englischen Buchautoren und den Filmen. Lucie Rommel bescheinigte nicht nur Hathaways »Wüstenfuchs«, er zeige ein historisch richtiges Bild von Rommel; sie billigte auch den deutschen Film »Das war unser Rommel«, wie das Haus der Geschichte später dokumentierte. In diesem Streifen des Regisseurs Horst Wigankow, der 1953 in die Kinos kam, sah Lucie Rommel ein würdiges Denkmal für alle Kämpfer in Afrika und für ihren Mann.

1954 nahm sie in Kairo anlässlich der Vorführung des Filmes an einer Benefizveranstaltung teil und ward dort, so das Team vom Haus der Geschichte, im Silberfuchs gesehen und wie ein Staatsgast empfangen. Lucie Rommel war aber nicht nur hier gefragt als die Ehefrau des legendären toten Offiziers, von der man sich Einblicke in das Leben und Sterben Rommels erhoffte. In der Auseinandersetzung damit spielte sie überhaupt noch einmal eine gesellschaftliche Rolle. Die Jahre vor ihrem Tod, als sie auch ihrem Sohn zunehmend verbittert erschien, und in denen das Zusammenleben unter einem Dach manchmal schwierig gewesen sein mag, waren noch weit weg.

Manfred Rommel vertiefte sich in den Jahren nach dem Krieg ebenfalls so sehr in diese Materie, dass er zeitweilig mit dem Gedanken spielte, Militärhistoriker zu werden. In jenen Jahren hatten er und seine Mutter häufig Besuch von Biografen und Filmemachern. Wenn sie sich trafen, tauschten sie Informationen, manchmal vielleicht auch ganz persönliche Bilder von Erwin Rommel aus der Perspektive von Ehefrau und Sohn. Damals war ihre Deutungshoheit, zumindest ihr Recht des ersten und wichtigsten Urteils, nicht bestritten. Mit ihrer Hilfe entstanden neue Werke. Mit ihrem Lob konnten Autoren und Filmemacher trefflich werben. Dissens gab es selten. Doch das sollte sich in den späteren Jahrzehnten ändern. Die Aufarbeitung des Rommel-Rätsels hatte ja erst begonnen. Über die Jahre kamen neue Aspekte ins Blickfeld.

1978 wartete der britische Historiker David Irving mit einem spektakulären Buch auf, das nicht mehr in die Reihe jener Werke passte, die nicht am herrschenden Rommel-Bild kratzten. Irvings Buch kam nach »Spiegel«-Auffassung einer Zerstörung der Legende Erwin Rommel gleich: Niemals zuvor habe ein ausländischer Autor eine von der bundesdeutschen Öffentlichkeit jahrzehntelang gehegte Legende und Lebenslüge drastischer zerstört als der Revisionist aus England.

Irving, der wegen der Leugnung des Holocaust in einer anderen Veröffentlichung juristisch belangt wurde, wollte in dem Rommel-Buch nachweisen, dass der Generalfeldmarschall nie dem Widerstand angehörte, urteilte der »Spiegel«; dass er im Juli 1944, dem Monat des fehlgeschlagenen Attentats auf Hitler, immer noch eine politische Wende durch Hitler erwartete und dem Diktator nach wie vor ergeben war. Es war wie ein Stich in ein Wespennest.

Aber warum? Der »Spiegel«, der Irving auch Platz für einen Vorabdruck von Teilen seines Textes gab, sah durch das Buch diverse Interessen im In- und Ausland durchkreuzt, Erwin Rommel zum Widerstandskämpfer zu verklären, eine Heldenfigur zu erschaffen und zu pflegen, den Generalfeldmarschall und früheren Lieblingsoffizier Hitlers als Hitler-Gegner zu glorifizieren. Prominenten deutschen Historikern wurde vorgeworfen, den Mythos nicht gründlich genug hinterfragt, die Quellen für die bisherigen Rommel-Thesen nicht kritisch überprüft und keine neuen Quellen erschlossen zu haben.

Irving, dem man in Historikerkreisen durchaus Geschick in der Erschließung neuer Quellen und neue Anstöße für die Historiker bescheinigte, zeichnete in Teilen ein völlig anderes Bild von Erwin Rommel. Auch für ihn war der Generalfeldmarschall zwar ein bedeutender Offizier und ein herausragender Spezialist für den Wüstenkrieg, doch gestützt auf Kriegsteilnehmer führte Irving auch ganz andere Aspekte ein. Für Niederlagen habe Erwin Rommel andere verantwortlich gemacht, die Leistungen anderer Offiziere kleingeredet, mitunter auch schwache Nerven gezeigt.

Irvings Rommel, schrieb der »Spiegel«, sei ein politisch Naiver, der glücklich sei, sich immer wieder für Führer und Volk verwenden zu können. Eine Entfremdung zwischen Offizier und Diktator habe Irving nicht einmal nach dem Ende des letztlich gescheiterten Afrika-Feldzugs ausmachen können. Noch im Herbst 1943 seien sich Rommel und Hitler näher gestanden denn je. Warum wurde Rommel dann aber der Beteiligung am Widerstand verdächtigt? Das erklärte Irving so, dass die tatsächlichen Widerständler solche Namen ins Spiel gebracht hätten, um sich und ihresgleichen zu tarnen. Tatsächlich habe Rommel sich dem Widerstand nie angeschlossen, ein Attentat auf Hitler abgelehnt. Er sei an die Westfront gegangen, um die Invasion zurückzuschlagen, und habe gehofft, dass Hitler den Krieg dann beende. Er selbst habe den Krieg im Westen nicht auf eigene Faust beenden wollen.

Nach Einschätzung des »Spiegel« lief diese Bewertung vor allem den Absichten von Rommel-Freunden zuwider, den Feldmarschall zum prominenten Widerständler zu stilisieren. Der Familie Rommel allerdings konnte man diesen Vorwurf schwerlich machen. Im Gegenteil. Die Witwe Lucie soll Irving gegenüber – wie auch schon im September 1945 gegenüber der Öffentlichkeit – erklärt haben, dass ihr Mann nie an den Vorbereitungen oder der Ausführung des Attentats vom 20. Juli beteiligt war. Er sei immer Soldat gewesen und nie Politiker.

Lucie Rommel, schrieb der »Spiegel«, habe Irving auch Zugang zu etwa 1.000 Briefen verschafft, die sich die Eheleute geschrieben hätten. Dieses Quellenmaterial war es sogar, mit dem der Biograf zu belegen versuchte, wie sehr Rommel ein Jahr vor seinem von Hitler erzwungenen Selbstmord, also im Herbst 1943, noch auf den Diktator fixiert war. Das Buch schrie förmlich nach einer Reaktion der Familie. Lucie Rommel lebte inzwischen nicht mehr, daher war es an Manfred Rommel, zu reagieren. Er lieferte dem »Spiegel« einen Text, den er, angesichts der komplexen Materie, vergleichsweise kurz gehalten hatte – und zumeist sehr sachlich. Trotzdem ist es ein Dokument der Verehrung für den Vater und ein Dokument des Versuchs, ihm Gerechtigkeit vor der Geschichte zu verschaffen.

Von Stauffenbergs Anschlag auf Hitler habe sein Vater tatsächlich nichts gewusst, schrieb Rommel, doch das sei keinerlei Neuigkeit. Es stehe andererseits fest, dass Erwin Rommel ab Anfang 1944 mit verschiedenen Angehörigen des Widerstands gesprochen habe; dass er im Sommer 1944 nach der Invasion der Alliierten den Krieg in Frankreich habe beenden wollen. Dafür hätte er sogar riskiert, nicht nur sein Leben opfern zu müssen, sondern auch seine Familie.

Wäre es tatsächlich gelungen, im Westen Schluss zu machen, schrieb Manfred Rommel, dann hätte die Vertreibung der Menschen aus Deutschlands Osten »jedenfalls unter weniger unmenschlichen Bedingungen stattgefunden«. Das unter dem Bombardement zerstörte alte Dresden würde noch stehen, andere deutsche Städte auch. Das Morden in den Konzentrationslagern wäre früher beendet worden, weil die Befreier schneller gekommen wären.

Erwin Rommels Haltung sei dokumentiert. Nach der verlorenen Invasionsschlacht habe er Hitler in seiner Denkschrift aufgefordert, Konsequenzen zu ziehen (gemeint war die Denkschrift vom 15. Juli 1944, die mit Verzögerung und mit einem Zusatz des Generals von Kluge vermutlich erst nach dem Attentat vom 20. Juli bei Hitler einging). Zudem habe sein Vater sich entschlossen gehabt, in Frankreich notfalls auf eigene Faust Schluss zu machen, damit nicht in der Zeit von weiteren Kämpfen die Rote Armee in Berlin einmarschieren könne. Über diesen Plan habe er mit verschiedenen Generälen gesprochen. Den Zeitpunkt des alliierten Durchbruchs hielt er für geeignet, im Westen Schluss zu machen. Zur Ausführung kam der Plan nicht, Erwin Rommel wurde ja am 17. Juli 1944 in Frankreich schwer verletzt.

Manfred Rommel präsentierte also keine völlig andere Version des Geschehens, aber er reklamierte, dass in der Realität ein anderer Erwin Rommel agiert habe als in den vom »Spiegel« präsentierten Irving-Materialien; nämlich ein Erwin Rommel, der sich weiter von Hitler entfernt hatte.

Es treffe freilich zu, dass sein Vater ab 1938 der Faszination Hitlers erlegen sei, was aber noch nie anders behauptet worden sei. Andernfalls wäre sein rückhaltloser Einsatz im Frankreichfeldzug 1940 und im afrikanischen Krieg gar nicht zu verstehen. Erwin Rommel habe sich über Hitler eben völlig falsche Vorstellungen gemacht, die Wahrheit erst verhältnismäßig spät erkannt. Irving beschreibe ihn richtig als loyalen Menschen, Erwin Rommel sei jedoch angesichts der Verbrechen, die Hitler begehen ließ, in Verzweiflung geraten – »sonst hätte er sich niemals an Aktionen gegen Hitler beteiligt«.

Dass sein Vater unter den Bedingungen des Krieges um Menschlichkeit und Fairness bemüht gewesen sei, hätten ihm auch seine Kriegsgegner stets zugestanden, entgegnete der Sohn als Replik auf die kritischen Äußerungen, die Irving bei früheren Angehörigen der Wehrmacht aufgespürt hatte. Auch Erwin Rommel sei gewiss ein Mensch voller Widersprüche gewesen, habe zwischen Sorge und Hoffnung geschwankt und über eigene Schuld nachgedacht – »aber er hatte im Kern einen lauteren, guten Charakter«.

1990 erweiterte Rommel diese Charakterisierung in einem anderen Zusammenhang noch. In einem Interview des Bayerischen Rundfunks sagte er: »Mein Vater hat diesen Judenhass als Herz- und Kernstück des Nationalsozialismus ganz sicher als etwas höchst Irrationales angesehen. Daran habe ich keinen Zweifel. Aber er war eben doch ein praktischer Württemberger.«

Weil Hitler die Macht in der Wehrmacht verteilt habe, weil der Diktator selbst Oberbefehlshaber war und weil ein kollektives Gremium von Oberbefehlshabern nie zusammentreten konnte, hätte die Armee vor 1944 wahrscheinlich auch gar keine Chance gehabt, Hitler abzusetzen. Die nachgeborene Generation mache sicherlich einen Fehler, wenn sie glaube, »dass man das, was sie selbst hinterher erkannte, von vornherein hätte erkennen können«.

Alles in allem bescheinigte Manfred Rommel dem umstrittenen Historiker Irving im Jahr 1978, er habe ein interessantes Buch geschrieben, allerdings zu sehr den aufgespürten Dokumenten geglaubt. Vielleicht sei es doch etwas voreilig gewesen, dass seine Mutter Lucie auf seinen Rat hin Irving erlaubte, die Briefe der Eheleute in den Archiven einzusehen. Freilich habe er die Zeit für reif gehalten, dass solche Dokumente unvoreingenommen gewürdigt werden, in denen sich der Vater im Übrigen sehr selten mit Politik beschäftigt habe.

Manfred Rommel zog die Aussagekraft nicht nur der Briefe, sondern auch anderer Dokumente in Zweifel. Schon unter den Verhältnissen der Demokratie ließen sich politische Vorgänge und die ihnen zugrunde liegenden Überlegungen kaum aus schriftlichen Unterlagen rekonstruieren. Noch viel schwieriger sei es bei dem, was im Jahr 1944 im Hauptquartier seines Vaters in La Roche-Guyon vor sich ging. Manche Unterlagen, die für andere hätten belastend sein können, habe sein Vater im August oder September 1944 im Garten in Herrlingen verbrennen lassen. Und außerdem: Beim Verfassen von Briefen habe er stets damit rechnen müssen, dass sie Überwachern vorgelegt werden, auch bei Schreiben an seine Frau.

Die Kontroverse um Erwin Rommel und David Irving warf also schon früh ein Schlaglicht auf die besonderen Schwierigkeiten der Spurensuche und Spurenlese. Wie kann man aus Schilderungen von ehemaligen Wehrmachtsangehörigen und aus Dokumenten mit zum Teil vagem Kontext den wahren Generalfeldmarschall mit seinen tatsächlichen Äußerungen und geheimen Gedanken herausschälen? Zu welchem Zeitpunkt und wie sehr hat sich Hitlers Lieblingsoffizier wirklich von dem Diktator gelöst? Oder blieb er doch bis zum Ende der loyale Gehilfe Hitlers?

Viele Jahre später wurden diese Fragen noch dringlicher, als der deutsche Historiker Sönke Neitzel Abhörprotokolle öffentlich machte, die von den Engländern nach belauschten Gesprächen von gefangenen deutschen Offizieren angefertigt worden waren. Das Ringen um die richtige Interpretation von Rommels Rolle, das schon mit der Endphase des Dritten Reichs begonnen hatte, setzte sich fort.

Showdown bei den Staatstheatern

Zu einem Konflikt kam es 1983 ausgerechnet dort, wo eigentlich Manfred Rommels Sympathien lagen: bei den Württembergischen Staatstheatern. Als Schauspieldirektor Heyme den Mitgliedern des Verwaltungsrats den geplanten Spielplan präsentierte, fand sich darin auch ein Theaterstück mit dem Titel »Der Lieblingsnazi«. Den Namen des Autors wollte Heyme damals nicht nennen, nur ein Pseudonym. Im Verwaltungsrat hagelte es Kritik. Manfred Rommel, der dem Gremium angehörte, soll nach der Sitzung einem Journalisten eine wütende Reaktion geliefert haben, die der Gegenstand heftiger Diskussion wurde: »Es gibt Faschisten ohne Hakenkreuz, die rücksichtslos über die Würde anderer Menschen hinwegtrampeln.«

Plötzlich griff im Verhältnis zwischen Manfred Rommel und dem Stuttgarter Schauspiel eine neue Dramaturgie. Diesmal zeigte Rommel Emotion. Diesmal standen der OB und der Theaterchef gegeneinander, nicht mehr wie sechs Jahre zuvor Rommel und Peymann zusammen gegen prasselnde Vorwürfe der Politik.

Heyme klagte, man wolle dem Theater die Auseinandersetzung mit Zeitfragen und die Untersuchung eines Tabus verwehren. Dabei stand weniger die Aufführung selbst auf der Kippe, als vielmehr der Titel. Statt »Der Lieblingsnazi« kam schließlich der Titel »Der Wüstenfuchs oder: Das Gift des Führers« ins Spiel.

Was das Zeug zu haben schien, Manfred Rommels Rolle als Erbe eines mythischen Namens und die Gängelung des Theaters zu problematisieren, wandte sich aber in Teilen der Öffentlichkeit schließlich gegen Heyme selbst, weil dessen künstlerische Bedeutung nicht nur im Urteil des Stuttgarter Oberbürgermeisters hinter der Peymanns zurückblieb. Der »Spiegel« kam zum Fazit, die Aufregung erhelle zuallererst, auf welchem politischen Niveau sich das Staatsschauspiel unter Heyme bewege. Dieser habe sein Haus bereitwillig zur Aufführung eines Erstlingswerkes geöffnet, das vom Besitzer eines kleineren Verlages stamme, der ansonsten Bücher über Land und Leute, den VfB Stuttgart und Personen aus der CDU gemacht habe. Rommel notierte 13 Jahre später in seinen »Erinnerungen« nur kühl, Heyme habe wegen etwas theoretischen Inszenierungen nicht den gleichen Erfolg gehabt wie Peymann. Größere Aufmerksamkeit schenkte er ihm nicht mehr.

Die Mühe für den Hüter der Rommel'schen Familiengeschichte sollte im Lauf der Jahre aber noch größer werden als im Streit um das Theaterstück. Das lag daran, dass sich 2008 die Parkinson-Krankheit bei Rommel ganz plötzlich verstärkte. Nun konnte er zeitweilig nur noch mit Mühe sprechen. Nun war seine körperliche Bewegungsfreiheit stark eingeschränkt. Nun war an manchen Tagen die Bewältigung des Alltags in den eigenen vier Wänden schon Herausforderung genug. Da kam für den Altoberbürgermeister der neueste Streitfall, bei dem es um einen Film ging, zur völligen Unzeit. So markiert er eine Wende im Umgang der Rommels mit den Erwin-Rommel-Interpretationen. Einmal habe auf seine Bitte hin der Freund Ernst Ludwig mit Filmemachern gesprochen, sagte Manfred Rommel einmal. Mehr und mehr kümmerte sich dann aber Catherine Rommel um die Angelegenheit.

Aufregung um einen Spielfilm

Der Südwestrundfunk (SWR) ließ 2011 einen Spielfilm über Erwin Rommel drehen, dessen Drehbuch bei der Familie auf massive Bedenken stieß. Im Herbst meldete Liselotte Rommel im Namen ihres Mannes Protest an beim SWR gegen die Darstellung Erwin Rommels. Der Brief ging an den Intendanten Peter Boudgoust. Der Hauptkritikpunkt einmal mehr: Die persönliche Entwicklung Erwin Rommels werde im Drehbuch nicht genügend herausgearbeitet.

Ursprünglich stammte das Drehbuch von Maurice Philip Remy, der sich schon mehrfach mit der Figur Erwin Rommels auseinandergesetzt hatte, unter anderem für seine im Jahr 2002 erschienene Biografie »Mythos Rommel«. Darin schildert er es nicht nur als wahrscheinlich, dass der Stuttgarter OB Karl Strölin Rommel Ende Februar 1944 in die Umsturzpläne von Carl Friedrich Goerdeler eingeweiht hat. Remy brachte sogar den Anschluss Rommels an den Widerstand ins Gespräch.

Der Rommel-Interpret Remy und die am Filmprojekt beteiligte Gabriela Sperl sahen sich aber bald abgelöst.

Das Spielfilmprojekt hatte nicht die erhofften Förderzusagen erhalten. Der Regisseur Niki Stein schrieb selbst ein neues Drehbuch – und die Familie störte sich daran. Der Prozess der Ablösung Erwin Rommels von Hitler und seine Gewissensnöte schienen der Familie nicht ausreichend gewürdigt zu sein, wiewohl Lucie und Manfred Rommel früher ja selbst eine Beteiligung des Generalfeldmarschalls am Attentat vom 20. Juli verneint hatten.

In der Ablehnung des Filmprojekts deutete sich einmal mehr die Linie der Familie beim Umgang mit Erwin Rommels Geschichte an: Zum Widerständler wollte man ihn nicht erheben, als unverbesserlichen und aktiven Hitler-Gefolgsmann bis zur bitteren Neige und als Nationalsozialisten wollte man ihn aber auch nicht dargestellt wissen, vielmehr gebührend seine allmähliche Distanzierung von Hitler gewürdigt sehen. Es könne dem Intendanten doch nicht recht sein, wenn bei jeder Ankündigung des Films der Filmheld als Günstling, als Emporkömmling und als Naziverbrecher tituliert werde, wandte die Familie ein. Es stimme einfach nicht. Es handle sich um Lügen. Sein Vater, ließ Manfred Rommel übermitteln, habe Hitler zu Beginn zwar als Freund der Armee geschätzt. Die gegenseitige Wertschätzung habe aber ein jähes Ende gefunden, als Erwin Rommel vor El Alamein in Afrika Hitlers »Sieg oder Tod«-Befehl verweigert, eigenmächtig den Rückzug angetreten und dadurch vielen das Leben gerettet habe.

»Da wurde ein intensiver Entwicklungsprozess, der mindestens zwei Jahre dauerte, auf sieben Monate vor Erwin Rommels Tod verkürzt«, sagte auch Catherine Rommel. Außerdem tauche in dem Film die Tochter von Adeligen auf, deren Schloss in Frankreich zu Rommels Befehlszentrale wurde. »Diese Comtesse, die einen Anschlag auf Rommel plant, gab es nie.« Die Todesszene, als der Kriegsheld in Herrlingen bei Ulm Besuch von zwei Generälen hat, die ihn der Mitverschwörung gegen Hitler beschuldigen und zur Selbsttötung auffordern, störte Catherine Rommel auch: »Da werden den Beteiligten Worte in den Mund gelegt, die nach unserer Auffassung so nicht gefallen sein können.« Erwin Rommel werde als Spielball zunächst von Hitler, dann der Verschwörer dargestellt. In der von Niki Stein zu verantwortenden Fassung werde ein Erwin Rommel ohne Erkenntnis vorgeführt, da werde er der Integrität seiner Haltung zu Hitler und zum Krieg beraubt, die er doch mit seinem Leben bezahlt habe.

Catherine Rommel sah in diesem Punkt eine Parallele zu David Irvings Buch. Bei diesem habe der Drehbuchautor des SWR-Filmes Anleihen genommen, meinte sie. Sie spitzte es zu in dem Satz: Die braune Soße von David Irving dürfe man nicht verarbeiten.

Dieser Satz über den Mann, der zuerst Erwin Rommel auf Distanz zum Widerstand brachte und später den Holocaust leugnete, verhallte nicht ungehört. Er wurde da und dort zitiert. Später hätte Catherine Rommel ihn wohl nicht mehr gesagt. Sie habe ihn spontan ausgesprochen, als die Presse sich gemeldet habe, verteidigte sie sich. Die angeblichen Ungereimtheiten im Drehbuch fand sie jedoch umso fragwürdiger, als die Filmemacher sich in Presseerklärungen historische Genauigkeit bescheinigt hätten. Leider habe die Familie die letzte Fassung des Drehbuchs erst zwei Wochen vor Drehstart zu Gesicht bekommen. Wenige kleinere Korrekturen hätten ausgereicht, um die größten Bedenken auszuräumen, meinte die Rommel-Tochter.

Der zuständige Produzent der vom SWR und seinen Kooperationspartnern beauftragten Firma Teamworx, Nico Hofmann, verstand die Aufregung nicht. Das Drehbuch sei nicht reißerisch. Auch der SWR zeigte sich überrascht über die öffentlich gewordene Debatte, zumal man nach dem Eingang des Briefes »sehr intensiv und konsensual miteinander geredet« habe. Beide Seiten warfen sich vor, die Kontroverse Medien zugespielt zu haben.

Kriegsszenen auf der Schwäbischen Alb

Während diese Auseinandersetzung lief, ging der Krieg für den neuen Film weiter. Für ein paar Tage wurde die Schwäbische Alb zur Normandie. Wieder und wieder ließen sich dort Erwin Rommel, sein eigener Adjutant sowie der Adjutant des Führers Adolf Hitler in einem offenen Horch-Cabriolet eine schmale Asphaltstraße hinauf chauffieren. Ihr Ziel: eine Anhöhe beim Alb-Flecken Römerstein-Böhringen (Landkreis Reutlingen). Oben angekommen, sollten die deutschen Offiziere von britischen

Tiefffliegern angegriffen werden, die jedoch erst nachträglich mit Hilfe des Computers in Aktion treten würden.

Zwischen diesen Dreharbeiten betonte Hauptdarsteller Ulrich Tukur vor Journalisten, er wolle alles geben, um der Persönlichkeit Rommels trefflich gerecht zu werden. Er habe sich gewundert, er halte das Drehbuch nämlich für profund und für respektvoll gegenüber Erwin Rommel. Er sehe den Offizier als geradlinigen und noblen Menschen, der an den Verwerfungen in seiner Zeit gescheitert sei; er sehe ihn als hervorragenden Soldaten, aber auch als tragische Figur, die den Schritt zum Politiker nicht gehen konnte und die Chance vergab, Hitlers Treiben zu beenden.

Der Drehbuchautor und Regisseur Niki Stein zog einen Trennungsstrich zwischen den Ansprüchen der Öffentlichkeit und der Familie. Die Darstellung der letzten sieben Monate in Rommels Leben und seines inneren Zwiespalts zwischen Treue zu Hitler und dem Wunsch nach Beendigung des Kriegs könne im Film nicht aussehen wie in der Erinnerung der Familie.

Der Produzent Nico Hofmann wurde noch deutlicher. Der Film müsse nicht nur vor der Familie Rommel bestehen, sondern vor einer »Weltöffentlichkeit«. Es müssten alle Ergebnisse der Rommel-Forschung einfließen. Daher habe er zusätzlich hochkarätige Historiker eingebunden – »auf ihre Quellen verlasse ich mich«. Wenn sich im Haus der Geschichte in Stuttgart jemand gräme, weil seine Bewertungen außen vor geblieben seien, ändere das nichts, sagte Hofmann.

Das war eine Replik auf die Historikerin Cornelia Hecht, die wie Catherine Rommel die angekündigte historische Quellentreue im Drehbuch nicht eingelöst glaubte. Sie berief sich darauf, dass Rommel durch Erkenntnisse aus den letzten Jahren weiter in Richtung Widerstand gerückt sei. Damit spielte sie auf die Protokolle der abgehörten Gespräche an, die deutsche Offiziere in der britischen Kriegsgefangenschaft geführt hatten – die Protokolle, die der spätere Teamworx-Berater Sönke Neitzel in einem Buch veröffentlicht hatte.

Doch just dieser Militärhistoriker selbst verteidigte das Drehbuch: Es werde den Möglichkeiten des Spielfilms gerecht. Der Ansatz, den Hecht eingefordert habe, sei nicht einmal in der von ihr mitverantworteten Ausstellung im Haus der Geschichte umgesetzt worden.

So kamen die Argumente von Hecht wie ein Bumerang zu ihr zurück. Und im Historikerstreit um den neuesten Rommel-Film stand plötzlich das Haus der Geschichte selbst im Verdacht, mit der Parteinahme für die Familie dem Rommel-Clan ein Gegengeschenk gemacht zu haben: für die Erinnerungsstücke, die Manfred Rommel Jahre zuvor dem Haus der Geschichte überlassen hatte, und für die Unterstützung der Familie bei der Vorbereitung der Ausstellung.

Der Geschichts- und Politikwissenschaftler Peter Steinbach von der Universität Mannheim, der wie Neitzel von Teamworx als Berater hinzugezogen war, zeigte sich sogar »glücklich« über das Drehbuch: »Es ist historisch akzeptabel, dafür stehe ich ein.« Der Film zeige mit seinen Mitteln, wie Rommel in eine schwierige Situation gestellt wurde, wie er »hin und her oszillierte« und der Situation »nicht genügte – während Hitler-Attentäter Stauffenberg sich zum Handeln überwand«. Er halte nichts davon, sagte Steinbach, nachträgliche Überlieferungen zu Rommels Rolle, etwa über die angebliche Absicht zur Tötung Hitlers, einzubauen. An ihrer Zuverlässigkeit müsse man zweifeln. All das zeigt: Egal, ob man sich wissenschaftlich mit dem berühmten deutschen Kriegshelden befasst oder wie Manfred Rommel das Ansehen des verehrten Vaters pflegen wollte – diese Materie birgt immer viele Tücken. Und sie verführt zu einem Ringen um die Interpretation der innersten Gewissenslage von Erwin Rommel, bei dem es kein objektives, wohl auch kein finales Ergebnis geben kann. Sie birgt die stetige Gefahr eines Auslegungsstreites, der sich vielen nicht mehr erschließt, allerdings den Rommel-Mythos am Leben erhält – und die jeder Generation wieder Anlass gibt, die Ereignisse zu interpretieren und zu bewerten. Darin, so Cornelia Hecht vom Haus der Geschichte, könne man etwas ableiten vom immer wieder veränderten Umgang der Deutschen mit ihrer Geschichte. Manfred Rommel sah nach dem Streit um den Film offensichtlich auch die Notwendigkeit zur Mäßigung. Der ehemalige Oberbürgermeister versuchte die Wogen, die außer Kontrolle geraten waren, wieder zu glätten: »Jetzt beten wir einfach, dass der Film was wird.«

Die neue Generation übernimmt
Der Streit um den Film machte deutlich, dass Manfred Rommel die Last der Vaterdeutung nicht mehr allein würde stemmen können. Der Wachwechsel auf der Brücke

war eingeläutet. Es war nur eine Frage der Zeit, bis das in der Öffentlichkeit breiter thematisiert werden würde, nicht nur mit ein paar zitierenden Zeilen über Catherine Rommels Haltung zu dem neuen Spielfilm. Am 25. April 2012 ging die »Süddeutsche Zeitung« mit einer kompletten Seite 3 darauf ein, dass jetzt »Frau Rommel«, nämlich die Enkelin des Generalfeldmarschalls, für die Familie Rommel spreche. Es seien die Kinder der Bundesrepublik, die den Krieg und seine Folgen nicht erlebt hätten und die nun die Nazi-Zeit zu bewältigen hätten, hieß es da.

Nun also hatte Catherine Rommel das Wort, als beispielhafte Vertreterin der Generation, die die Aufarbeitung der Nazigeschichte zu übernehmen habe. Was sie über Erwin Rommel sagte, konnte als Fortsetzung des Kurses von Manfred Rommel verstanden werden, wenn auch im Jargon der heutigen Zeit: »Er hielt Hitler für einen tollen Hecht, und er hat lang mitgemacht«, sagte sie, »mir ist bewusst, was er zu Hitlers Maschinerie beigetragen hat.« Aber auch das Bild von einem Krieg ohne Hass, von einem Erwin Rommel, der seine Feinde als Menschen behandelt hat, griff sie auf. Und wie eine Ohrfeige für David Irving kam der Hinweis darauf, dass Erwin Rommels Soldaten der Familie später gedankt hätten, weil er in Afrika Hitlers Befehl ignorierte, zu siegen oder bis zum Tod zu kämpfen. Für die Familie sei das eine ganz wesentliche Station auf Erwin Rommels Entwicklung weg vom Führer Adolf Hitler.

Dass Erwin Rommel seine Feinde gut behandelt habe, dass er einen inneren Kompass gehabt habe, weckte Catherine Rommels Sympathie für ihn. Sie fühle Verantwortung, die Stimme für ihn zu erheben, sagte sie. Dabei gehe es ihr nicht um die Familienehre, sondern um Gerechtigkeit.

Gekannt hat sie ihn nicht. Sie wurde zwei Jahrzehnte nach seinem Tod geboren. Seit sie denken kann, hat sie aber viel von ihm gehört: von der Familie, von Verehrern des Offiziers und von den Kritikern. Von denen, die Erwin Rommel für einen ritterlichen Helden hielten, und von denen, die einen Nazigeneral in ihm sahen. »Ich bin die Essenz von 40 Jahren Geschichten über ihn«, zitierte die »Süddeutsche Zeitung« sie, »ich möchte weder die Verweserin meines Großvaters sein, noch das Pin-up-Girl von Neonazis und Ewiggestrigen, die ihn verehren.«

Aber war es statthaft, Catherine Rommel auf diese Weise ganzseitig und ohne Hinterfragung als die Enkeltochter von Erwin Rommel zu vermarkten? Die direkte

Enkelin des Generalfeldmarschalls ist sie nicht. Weder ihre leibliche Mutter noch ihr leiblicher Vater waren verwandt mit Erwin Rommel. Catherine Rommel hat den Generalfeldmarschall sozusagen posthum als Großvater angenommen. Sie sprach für die Familie, um ihrem Adoptivvater Manfred Rommel wieder die Stimme zu geben, die ihm die Parkinsonkrankheit und das Alter genommen hatten. Sie adoptierte die Familiengeschichte.

ABSCHIED VON
MANFRED ROMMEL

Aus dem Leben schied der Altoberbürgermeister am 7. November 2013, kurz vor 16 Uhr. Als der amtierende OB Fritz Kuhn (Grüne) darüber informiert war, brach er eine Gemeinderatssitzung ab, die noch gar nicht richtig begonnen hatte. Jetzt noch wie geplant die vergleichsweise banalen kommunalen Angelegenheiten zu beraten, das wäre auch den Stadträtinnen und Stadträten äußerst unpassend vorgekommen.

Manche von ihnen waren Rommel noch in dessen Amtszeit im Rathaus begegnet. Unwillkürlich tauchten in den Köpfen wieder Bilder von Rommel auf. Natürlich, denn Stuttgart hatte an diesem 7. November nicht irgendwen verloren. Es fühlte sich an, als hätte die Stadt einen Teil ihrer Identität verloren. Denn nicht nur für den vormaligen Bundeskanzler Helmut Kohl waren Stuttgart und Rommel zeitweise Synonyme. Entsprechend groß war die Trauer nach dem Bekanntwerden von Rommels Tod, den zu dem Zeitpunkt allenfalls Angehörige und Vertraute befürchtet hatten und der im weiteren Sinn die Folge seiner Parkinson-Erkrankung und anderer Komplikationen war. Diese hatten ihn ins Klinikum der Stadt Stuttgart gezwungen.

Nach der Hiobsbotschaft gab es vor dem zentralen Rathaus und vor allen Bezirksrathäusern Trauerbeflaggung. Drinnen lagen sehr bald Kondolenzbücher aus. Im Rathaus trugen sich nicht nur die Fachbürgermeister und der OB Fritz Kuhn ein, der den Vorvorgänger vor allem wegen seiner »politischen Klugheit und wegen seines dialektischen Witzes« schätzte; auch Hunderte von normalen Bürgerinnen und Bürgern schrieben schon am Tag nach Rommels Tod ihren Namen in die Bücher.

Der Erste aus diesem Kreis war Rainer Ebinger aus dem kleinen Stadtteil Luginsland. Er hatte einst in einer Bürgerversammlung den Verlust der letzten Metzgerei im Örtchen beklagt und darauf eine Antwort von Rommel bekommen, die ihn mächtig ärgerte. Rommel sagte nämlich, wenn es denn stimme, dass in Luginsland neuerdings vier Institute zur Fußpflege ihre Dienste offerierten, aber kein Metzger mehr Fleisch

Große Trauer in der Stuttgarter Stiftskirche: Hier nehmen die Landeshauptstadt und das Land Abschied von Manfred Rommel.

und Wurst verkaufe, dann könne Ebinger doch immerhin besser und schneller zum Metzger im benachbarten Untertürkheim gehen.

Ebinger fand das gar nicht lustig. »Die Leute lachten, ich fühlte mich wie ein Depp«, erinnerte er sich, als er vor dem Kondolenzbuch saß. Doch 14 Tage nach der Bürgerversammlung habe er Rommel verziehen, denn auf dessen Geheiß sei fortan ein Lieferwagen durch Luginsland gerollt, an dem auch Fleisch verkauft wurde.

Andere Besucher im Rathaus begründeten den Eintrag ins Kondolenzbuch eher damit, dass sie sich für Rommels humorvolle, menschenfreundliche und liberale Amtsführung bedanken wollten.

Die Trauerfeier, das war klar, würde in Stuttgart Tempo und Temperamente vorübergehend drosseln. Mit erheblichem Andrang musste gerechnet werden. Ton und Bilder vom Abschied in der Stuttgarter Stiftskirche, dem wichtigsten evangelischen Gotteshaus, gab es daher auch in der katholischen Domkirche St. Eberhard.

So war auch dort mitzuerleben, wie Ministerpräsident Winfried Kretschmann (Grüne) im Beisein der drei christdemokratischen Vorgänger Lothar Späth, Erwin

Mehr als 800 Trauergäste sind in der Stiftskirche, Ton und Bilder von der Trauerfeier werden auch live in die Domkirche St. Eberhard übertragen.

Teufel und Stefan Mappus den Verlust einer Leitfigur beklagte, »von der Faszination ausging«, den Verlust eines Integrators, der mit wenigen Sätzen Konflikte in der Stadtgesellschaft zu moderieren und dämpfen wusste. Danach begann für die Familie alsbald der private Abschied von Manfred Rommel. Die Urne mit seinen sterblichen Überresten ruht in einem Ehrengrab auf dem Osterfilderfriedhof in Sillenbuch.

CDU zaudert bei posthumen Ehrungen

Rommel selbst hatte bereits bei seinem Abschied aus dem Rathaus angemerkt, schon nach einem Jahr werde man ihn vergessen haben. Das schien unvorstellbar. Es stimmte auch nicht. Jedoch sollte sich schon bald erweisen, dass die Pflege seines Andenkens nicht unbedingt ein Selbstläufer sein würde, dabei setzte Oberbürgermeister Kuhn in Absprache mit der Landesregierung sehr zügig eine erste Ehrung ins Werk: Im März 2014, rund fünf Monate nach Rommels Tod, beschloss der Gemeinderat, dass der Flughafen Stuttgart nach Manfred Rommel benannt sein soll. Die Überlegungen für die Benennung einer Straße oder eines Platzes nach dem früheren OB stockten aller-

Mit Lothar Späth, Erwin Teufel und Stefan Mappus (von rechts) nehmen gleich drei ehemalige CDU-Ministerpräsidenten an der Trauerfeier teil.

dings. Erst anderthalb Wochen vor dem 90. Geburtstag Rommels am 24. Dezember 2018 wurde doch noch ein Platz nach ihm benannt.

Auch bei dieser Gelegenheit zeigte sich wieder, dass der Grüne Fritz Kuhn die Ehrung Rommels stärker beförderte als die CDU, die ihrem Parteifreund Rommel ungleich mehr zu verdanken hatte und ihn früher wegen seiner Popularität gern mal ins Schaufenster stellte, wenn es passte, obwohl er im Kern nicht tiefschwarz war. Ja, zeitweise musste Kuhn die symbolische Würdigung Rommels mit der Platzbenennung gar ohne die CDU betreiben, nachdem er schon die Schaffung eines Manfred-Rommel-Stipendiums durch die Stadt durchgesetzt hatte.

Es war vor allem Alexander Kotz, Chef der CDU-Gemeinderatsfraktion im Stuttgarter Rathaus, der Rommels Bedeutung und das Nachwirken dieser OB-Ära unterschätzte. Er, der Rommel nicht wirklich persönlich kennengelernt hatte, ließ das Thema schleifen, und auch der Kreisvorsitzende Stefan Kaufmann konnte oder wollte nicht erfolgreich intervenieren, dabei hatte die CDU nach dem Tod des Altbundespräsidenten Richard von Weizsäcker noch umgehend reagiert.

Die Strafe folgte auf dem Fuße. Am Ende mussten die Christdemokraten erleben, dass im Gemeinderat neben OB Kuhn vor allem Jürgen Zeeb von den Freien Wählern die Initiative ergriff. Und dass ganz Stuttgart die Nachlässigkeit der CDU vor Augen geführt bekam. Einzig der Christdemokrat Klaus Lang, ein treuer Weggefährte und später auch Freund Manfred Rommels im Rathaus, rastete und ruhte nicht, damit die Stadt Rommels Verdienste noch besser würdigte. Er scheute sich nicht, der eigenen Partei mit dem Austritt zu drohen, falls sie nicht bei der gebotenen Ehrung mithelfen sollte.

Am Ende gestand Kotz sich ein, dass sein lascher Umgang mit dem Wunsch nach Rommels Ehrung wahrscheinlich seine bisher größte politische Instinktlosigkeit war. Fortan trank er in seinem Rathausbüro Kaffee oder Tee aus einer Manfred-Rommel-Tasse, mit dem Konterfei des Ex-Oberbürgermeisters darauf. Es war eine Wiedergutmachung, Schluck für Schluck.

WER IST DER
BEDEUTENDERE ROMMEL?

Wer muss im Urteil der Historiker in der deutschen Geschichte höher eingestuft werden? Der Offizier Erwin Rommel oder der Politiker Manfred Rommel? Diese Frage wird nicht definitiv zu beantworten sein, sondern immer wieder neu gestellt werden, so wie sich in den letzten Jahrzehnten auch die Urteile über Erwin Rommel immer wieder veränderten. Die Frage, wer von den beiden im Geschichtsbuch besser abschneidet, mag auch von begrenzter Relevanz sein. Doch schon deshalb, weil der Sohn sich selbst immer wieder am Vater gemessen hat, schleicht sie sich ein, wann immer über die beiden nachgedacht wird.

Der Vater war Berufssoldat, der Sohn wurde zum Zivilisten durch und durch. Der Vater hat zwar früher als manche andere Offiziere bedacht, dass ein General auch dafür verantwortlich ist, einen sinnlosen, nicht mehr zu gewinnenden Krieg zu beenden, aber er hat es später und mit geringerer Konsequenz gedacht als die Offiziere, die Hitlers Leben am 20. Juli 1944 ein Ende machen wollten. Die Niederlage war zu dem Zeitpunkt, als Erwin Rommel handeln und den Krieg offenbar beenden wollte, schon besiegelt. Hatte er auch wirklich die Verantwortung für Staat und Volk erkannt und sich davon leiten lassen? Die Meinungen darüber gingen nach dem Krieg auseinander.

Dem Sohn war in seiner Berufszeit die Verantwortung der Bürger für ihren Staat und die Verantwortung der Politiker gegenüber den Bürgern allgegenwärtig, allerdings war er nicht vor so schicksalhafte Entscheidungen gestellt wie sein Vater, nach dem Krieg naturgemäß auch nicht unter Umständen, die größte Gefahren für Leib und Leben bedeutet hätten.

Erwin Rommel war zu seiner Zeit berühmter als später der Sohn, und so wird es vermutlich bleiben. In Zeiten, die wie ein lang andauernder Totentanz waren, in einem kriegerischen Inferno, das fast die ganze Welt erfasste, und angesichts einer Perfektionierung der Propaganda eröffnete sich für einen zeitweilig höchst erfolgreichen Feldherren freilich eine Bühne, die größer kaum hätte sein können. Erwin Rommel – oder besser gesagt: das Bild des Generals, das so große Verbreitung fand – hat auf der ganzen Erde Menschen fasziniert. Doch es war, wie wir Nachgeborenen glauben, die Faszination einer soldatischen, einer technokratischen Leistung, die über Leichen ging. Zwangsläufig, weil Erwin Rommels Geschäft eben der Krieg war. Er wurde zum Superstar des Weltkriegs – und posthum fast noch berühmter, weil er von dem getötet worden war, dem er gedient hatte.

Sein Sohn hat die kleinere Bühne, die ihm gegeben war, blendend genutzt. Er hat die Lehren gezogen aus dem Krieg, der die Welt gespalten hatte, und er versuchte, mit seinen Mitteln an den Bruchstellen die Fäden wieder zu knüpfen. Wohl wissend, dass die Welt nicht das Opfer eines einfachen Betriebsunfalls in der deutschen Geschichte geworden war, sondern dass bis dato Unvorstellbares Realität geworden war; dass dieser Mechanismus unter Umständen in ähnlicher Form auch wieder greifen könnte, wenn bestimmte Entwicklungen und bestimmte Personen zusammenkommen.

Es ist sicher auch dieser Kontrast zwischen den beiden Rommels, dieser Spannungsbogen, diese Dualität, die so große Neugier auf Manfred Rommel weckte und ausgerechnet einem deutschen Oberbürgermeister so große Achtung einbrachte, gerade im Ausland. Ähnlich wie der deutschen Fußballnationalmannschaft, nachdem sie bei der Weltmeisterschaft in Südafrika ganz neue Tugenden vorgeführt hatte und das Publikum zu einer neuen Betrachtungsweise zwang. Das Bild der alten Mannschaft, gefürchtet als zwar faire, aber harte und effektive Turniermannschaft mit großer Teamleistung, in England nicht umsonst »the german panzers« genannt, musste damals revidiert werden.

So war es auch bei den Rommels. Der eine, Erwin, stand für das alte, immer gefährliche, aber auch nicht gerade geliebte Deutschland. Der andere, Manfred, stand für das neue Deutschland, dessen Menschen sich, von Ewiggestrigen und neuen Verfassungsfeinden abgesehen, im Großen und Ganzen erstaunlich gewandelt haben.

Dieser Rommel junior hat sich in 44 Jahren beruflicher Karriere zu einem alles in allem stilsicheren Demokraten erster Güte entwickelt, hat sich als durch und durch korrekt, wenn auch manchmal etwas schlitzohrig präsentiert. Man müsse halt seinen eigenen Stil entwickeln, sagte er einmal, nach dem Geheimnis der großen

Sympathien der Menschen für ihn gefragt. Er fand wirklich seinen Stil und hielt ihn durch.

Überragt der schwäbische Politiker und Zivilist Manfred Rommel also den weltberühmten Kriegshelden Erwin Rommel in der Geschichte? Das wird jeder für sich beantworten müssen.

Unter den diversen Sätzen, die Manfred Rommel oft in Stunden aufgewühlter Stimmung oder in diplomatisch heiklen Situationen formuliert hat, ragt vielleicht der eine Satz heraus, der schon ausgesprochen wurde, als diese Haltung noch nicht wohlfeil war: »Die Mehrheit der Deutschen weiß heute, dass es besser war, den Krieg zu verlieren, als ihn mit Hitler zu gewinnen.« In diesem Satz liegt sehr viel von Manfred Rommel: die Bereitschaft, Konsequenzen aus der deutschen Katastrophe zu ziehen, ohne dass man deswegen gleich die lange Zeit heftig umstrittene These von der Kollektivschuld der Deutschen übernehmen müsste. Die Fähigkeit, die Dinge auf ihren Kern zurückzuführen. Die Distanz des Urteils. Und die Bereitschaft und der Mut, es schnörkellos und klar zu formulieren.

Das werden nicht alle so einschätzen. Aber alle werden wohl zugeben: Mit seiner Lebensleistung ist Manfred Rommel aus dem Schatten des von ihm so sehr verehrten Vaters getreten, auch wenn er selbst wahrscheinlich bis zuletzt, buchstäblich bis zum letzten Atemzug, wie gebannt auf diesen Schatten blickte.

ROMMEL UND DIE DEMOKRATIE: SEIN THEMA BLEIBT

Wie kann die Demokratie bewahrt werden? Dieses Lebensthema von Manfred Rommel wird nie von der Tagesordnung verschwinden, höchstens einmal mehr, einmal weniger wichtig sein. In den Jahren 2020 bis 2023 ist der Stellenwert wieder einmal enorm hoch gewesen. Die aktuelle Krise der Demokratie beschäftigte auch den Stuttgarter Politikwissenschaftler und Historiker Felix Heidenreich (Jahrgang 1973). Der wissenschaftliche Koordinator am Internationalen Zentrum für Kultur und Technikforschung der Universität Stuttgart wurde 2019 erster Träger des Manfred-Rommel-Stipendiums. Im September 2020 äußerte er sich in einem Interview für die »Stuttgarter Zeitung« und die »Stuttgarter Nachrichten« zu der Demokratie-Frage und zu Rommel. Hier der Wortlaut:

Herr Heidenreich, Rommel mahnte stets, die Bürger müssten sich aktiv für die Demokratie einsetzen. Gleichgültigkeit reiche nicht aus. Das scheint plötzlich sehr aktuell?
Ja, wir haben eine Krise der Demokratie. Auch wenn sie in anderen Ländern dramatischer erscheint, dürfen wir uns nicht zurücklehnen. Sicher ist: Ohne Demokraten schwindet die Demokratie. Bürger dürfen nicht nur Ansprüche an die Demokratie haben. Sie müssen sich auch von der Demokratie in Anspruch nehmen lassen.

Bürger und Politiker halten sich Fehler vor. Wie erleben Sie das?
Es gibt da so eine Art Doppeldynamik. Die Bürger schimpfen immer über »die da oben«, was ich nicht mehr hören mag. Viele politische Repräsentanten wiederum sind ermüdet von Bürgern, die in einer Konsumhaltung an sie herantreten. Nach dem Motto: Ich bezahle euch, also liefert. Aber so ist es halt nicht. Die Demokratie ist kein Pizzaservice.

Die Bürger erliegen also einem Irrtum?

Leider wird die Politik mit Erwartungshaltungen aus der Ökonomie überzogen und überlastet. Manchmal schreiben auch Journalisten: Wenn man im Supermarkt nichts findet, geht man ja auch raus, ohne etwas zu kaufen. Aber Demokratie ist auch kein Supermarkt, in dem man mit seiner Stimme ein Produkt von einer Partei kauft.

Wie kam es zu dem Missverständnis?

Man kann sich heute den Computer, das Auto und im Lokal auch die Pizza genau zusammenstellen lassen. Man kann sich fragen, ob diese Erfahrung abfärbt. In der Politik wird man keine Angebote bekommen, die uns hundertprozentig passen. Wenn das trotzdem plötzlich die ganze Gesellschaft erwartet, passiert etwas mit Politik. Dann entsteht das Gefühl der ständigen Frustration, denn die Erwartungen passen nicht mehr zu dem, was Politik leisten kann.

Sie haben dann wohl auch kein Verständnis, wenn jemand nicht wählt, weil die Kandidaten alle zu wünschen übrig lassen?

Ich kann das Unbehagen einerseits verstehen. Aber die Politik kann und muss nicht unsere individuellen Bedürfnisse oder Präferenzen repräsentieren. Die Frage, ob ich mich repräsentiert fühle, erscheint mir falsch. Die Frage muss sein: Wird meine Vorstellung des Gemeinwohls von den Politikern und ihren Vorschlägen repräsentiert? Und dann sollte man eben die Partei oder die Person wählen, die dieser Vorstellung am nächsten kommt.

Der Demokrat muss unbedingt wählen?

Eine bindende, mit Sanktionen verbundene Wahlpflicht einzuführen, wäre äußerst schwierig. Zumal den Paranoikern und Verschwörungstheoretikern dann die letzten Sicherungen durchbrennen dürften. Aber an die moralische Pflicht darf, ja muss man erinnern. In Belarus und anderswo riskieren die Leute ihr Leben fürs Wählen und für ein ehrliches Wahlergebnis. Bei uns heißt es manchmal, nur die eine Stimme sei doch nicht entscheidend. Aber wenn das jeder sagt, fliegt der Laden auseinander. Und wer nicht wählt, senkt die Bedeutung des Wahlergebnisses und die Legitimität des Gesamtsystems. Nein, wählen zu gehen, ist aus meiner Sicht das Mindeste.

Aber damit ist noch nicht das gestörte Verhältnis gekittet?
Dafür müssen wir Mechanismen suchen, die Gemeinsinn stiften können. Damit man begreift, dass die Angelegenheiten des Staates auch die eigenen sind. Die Schweiz macht das mit direkt-demokratischen Abstimmungen. Das ist jedoch oft sehr lokal. Direktdemokratische Verfahren können helfen, aber sie sind sicher keine Zauberformel.

Was käme sonst in Frage?
Bürgerräte und Mini-Öffentlichkeiten wie in anderen Ländern, etwa in Irland, könnten auf der Basis von guter Sachinformation beispielhaft bestimmte Materien diskutieren – und so einem Publikum nützen. Das wäre schon mal eine bessere Meinungsbildung als die durch Talkshows. Das könnte man öfter ausprobieren. Die Gefahr ist, dass man den bindenden Entscheidungen der Parlamente die Legitimation entzieht. Mir scheint aber etwas anderes entscheidend: Ich denke, wir sollten zunächst wieder die Bürgerrolle beleben. Sonst werden die Menschen die Beratungen in den neuen Beteiligungsformen einfach von der Couch aus verfolgen.

Wie beleben? Durch einen verpflichtenden sozialen Dienst, wie gerade diskutiert?
Diese Vorschläge werden ja scharf kritisiert, aber ich finde, darüber sollte man ernsthaft diskutieren. Die Pflichtfeuerwehr in der Schweiz bestärkt mich darin. Während in Frankreich und Deutschland Polizisten, Feuerwehrleute und Rettungspersonal immer öfter Aggressionen hinnehmen müssen, ist so etwas beispielsweise in St. Gallen, wo ich mich informiert habe, völlig unbekannt. Die Leute fühlen sich als Teil der Pflichtfeuerwehr. Es könnte bei uns ja auch ein anderer Dienst sein, aber wir sollten ein Forum schaffen, wo Menschen mit unterschiedlichem Status und unterschiedlicher Herkunft in ihrer Rolle als Staatsbürger zusammenwirken.

Der Verfall der Umgangsformen, das Abreagieren am anderen – woher kommt das?
Es gibt zahlreiche Erklärungsansätze. Ich picke mal zwei heraus. Das eine ist ein all-

gemeines Stressgefühl: dass man sich immer mehr anstrengen und weiterbilden muss und dennoch das Versprechen des sozialen Aufstiegs für bedroht hält. Der zweite Ansatz hängt mit der allgemeinen Erwartung zusammen, dass man wie bei den sozialen Medien sofort alles auf Knopfdruck bekommt. Wir haben die Impulskontrolle verloren. Zwischen einem Leserbrief und einem Tweet gibt es doch einen prinzipiellen Unterschied.

Wie kommen wir wieder zu einer vernünftigen Diskussionskultur?
Helfen könnte, was der Stuttgarter OB Fritz Kuhn in einem meiner Podcasts forderte. Sinngemäß sagte er: »Wer sich in der Demokratie äußert, hat eine Begründungspflicht. Er darf nicht nur irgendwas behaupten, er muss es auch belegen können.« Mit allem, was wir behaupten, gehen wir eine Verpflichtung ein – das ist ein Gedanke, der mir richtig erscheint. An den USA kann man sehen, wie fatal es ist, wenn wir dieses Prinzip aufgeben.

Sicher müssen auch Politiker verbindlicher werden. Müssten sie überhaupt klarere Ansagen an die Bürger machen?
Ja, allerdings ist die Öffentlichkeit heute ungemein ausdifferenziert in verschiedene Milieus und Spezialinteressen. Daher ist es schwer, eine Ansprache zu finden, die nicht nur Groll und Wut auslöst. Wobei es auch auf den richtigen Ton, die richtige Frequenzhöhe ankommt. Wenn die Argumente gut sind, kann man, so scheint mir, den Menschen etwas abverlangen.

Manfred Rommel wurde dadurch sogar eher noch glaubwürdiger und populärer.
Rommel ist sehr interessant, weil er nach meinem Eindruck wunderbar diese Doppelrolle gespielt hat: einerseits Repräsentant, in dem Fall mit einem besonders gewichtigen Mandat durch die direkte Volkswahl zum OB, andererseits ganz normaler Bürger. Er spielte bewusst die Rolle des Nahbaren und Zugänglichen. Seine Stärke war es, dass er den Eindruck vermittelte, er könne aus seiner Rolle heraustreten, er habe Distanz dazu. Das sollte ein Spitzenpolitiker oder eine Spitzenpolitikerin schaffen. Die Balance zwischen den beiden Rollen zu halten, ist aber eine Herausforderung, an der die Politiker heute unglaublich arbeiten müssen.

War dieses Lob jetzt Pflichtübung des Manfred-Rommel-Stipendiaten?

Keinesfalls. Es gibt auch durchaus etwas, was ich anders sehe als er damals.

Was wäre das?

Es gab bei ihm eine ganz liberale Seite. Er betonte, die Bürger hätten das Recht, sich nicht vom Staat ins Privatleben reinreden zu lassen. Das ist einerseits richtig, andererseits muss man bedenken, dass die Grenze zwischen Politik und Privatleben verhandelbar ist. Maskentragen ist in der Corona-Zeit keine Privatsache mehr. Eine Gesellschaft ist gemeinsam krank oder gemeinsam gesund. Und auch, wie sehr wir den Klimawandel anheizen mit seinen drastischen Folgen für spätere Generationen, ist keine Privatsache mehr. Was komplexe Wechselwirkungen angeht, sind wir heute klüger. Daher scheint sich unser Demokratieverständnis zu ändern: vom liberalen, freiheitlichen Ansatz in Richtung res publica, also Gemeinwohl. Dass jeder irgendwie sein Ding macht, das ist in unserer komplexen und vernetzten Welt unplausibel. Wir sitzen alle auf einer Eisscholle, und die Temperatur steigt.

Wie, denken Sie, würde Rommel heute klarkommen?

Vermutlich hätte auch er größte Schwierigkeiten mit dem medialen Umfeld. Wahrscheinlich wäre er höchst irritiert, dass Leute Gehässiges posten oder mailen, statt ihn direkt anzusprechen. Denn eigentlich ist es doch sein Vermächtnis: Es muss etwas geben, was die Gesellschaft zusammenhält.

NACHWORT

Manfred Rommel schaut im Herbst 2012 zusammen mit seinem Freund und Ex-Kollegen Klaus Lang in die neu erschienene Rommel-Biografie.

Sechs Jahre lang konnte ich Manfred Rommel als kommunalpolitischer Berichterstatter der »Stuttgarter Nachrichten« begleiten, als er das Oberbürgermeister-Amt ausübte. Auch in den Jahren seit Ende 1996, als Rommel das Rathaus verließ, ergab sich noch manche Begegnung. Besonders jene im Jahr 2008 für das Interview aus Anlass von Rommels 80. Geburtstag. Es wurde geführt, kurz bevor sich Rommel ganz unerwartet einer Behandlung im Krankenhaus unterziehen musste.

Das Gespräch, das hier teilweise wiedergegeben ist, und die Freigabe des Textes verlangten ihm sehr viel ab, ebenso dem früheren Ersten Bürgermeister Klaus Lang, der dem Interviewten im Kampf mit den vielen Manuskriptseiten beistand. Das Interview wäre noch viel länger gewesen, hätte Rommel sich während der Tonaufnahme besser artikulieren können und hätte er die Abschrift besser betreuen können. Daher war die Hilfe von Klaus Lang anlässlich dieses Interviews, das letztlich den Anstoß zu dieser Biografie gab, umso wichtiger.

Die »Stuttgarter Nachrichten« und die »Stuttgarter Zeitung« stimmten später gerne zu, mehrere Zeitungsbeiträge von mir für das Buch zur Verfügung zu stellen. Um die Ereignisse in der Ära Rommel wieder in Erinnerung zu rufen, waren auch Berichte von Kollegen in diversen Zeitungs- und Rundfunkredaktionen hilfreich, wovon die wichtigeren im Anhang genannt sind.

Da und dort werden inmitten des Textes vielsagende Aussprüche von Rommel zitiert, die schon zuvor publiziert und von Rommel als richtig akzeptiert wurden. Sie stammen fast durchweg aus seiner aktiven OB-Zeit und sollten in dem zeitlichen Kontext verstanden werden.

Die Familie Rommel hat dankenswerterweise die Wiedergabe von zahlreichen Fotos aus ihrem Privatarchiv ermöglicht.

ANHANG

Rommel im Original: »Die Tragödie meines Vaters«

Wer war Erwin Rommel? Wie dachte er? Wie verhielt er sich? Um solche Fragen beantworten zu können, sind die Dokumente von größter Bedeutung, die aus dem nationalsozialistischen Deutschland vorhanden sind und von den Historikern ausgewertet und gedeutet werden. Aber gerade unter den Bedingungen einer Diktatur, die abhörte und folterte, dürfte manches davon tatsächlich nur bedingt aussagekräftig sein. Darum war immer auch wichtig, was Manfred Rommel von seinem Vater erfahren hatte und was er noch weitergeben konnte. Darum musste er so oft in den Zeugenstand. Zu den Ereignissen, die zum Tod von Erwin Rommel führten, hat der Sohn sich 1994 in einem Beitrag für die »Stuttgarter Nachrichten« geäußert, dessen Anlass der 50. Todestag des Vaters war. Hier die leicht gekürzte Fassung des Textes »Die Tragödie meines Vaters«:

»Mein Vater wurde am 14. Oktober 1944 in Herrlingen bei Ulm, wo wir damals wohnten, getötet. Er starb an Gift, das ihm auf Befehl Hitlers beigebracht wurde. Hitler beschuldigte ihn des Verrats und stellte ihn vor die Wahl: Volksgerichtshof oder Gift. Wähle er das Gift, würde die Sache nicht weiterverfolgt, die üblichen Maßnahmen gegen die Familien der Verschwörer würden nicht ergriffen, er erhalte ein Staatsbegräbnis.

Für meinen Vater kam der Tod nicht überraschend. Er war bereits in den Wochen zuvor zu der Überzeugung gelangt, Hitler werde es nicht riskieren, ihn öffentlich wegen einer Beteiligung an einer Verschwörung aburteilen zu lassen. Es hätte keinen guten Eindruck gemacht, einen Schwerverwundeten dem Volksgerichtshof zu präsentieren: auch war sein Ansehen im In- und Ausland noch beachtlich. Deshalb ging er davon aus, dass Hitler ihn insgeheim beseitigen lassen würde. Eine Aufforderung Feldmarschall Keitels, nach Berlin zu kommen, um seine weitere Verwendung zu besprechen, hatte er wegen seiner schweren Verwundung abgelehnt. Er bemerkte: ›Von dieser Reise wäre ich nie zurückgekehrt.‹

Die militärische Vertrauenskrise zwischen Hitler und meinem Vater hatte ihren Ausgangspunkt in der Schlacht von El Alamein, als kurz vor dem britischen Durchbruch Hitler meinem Vater den Befehl erteilte, in Alamein zu siegen oder zu sterben: sozusagen ein Stalingrad in der Wüste. Mein Vater hielt zunächst die Rückzugsbewegung an und versuchte, eine Rücknahme dieses unsinnigen Befehls zu erwirken. Die Lage verschlechterte sich aber weiter, so dass schließlich mein Vater trotz des Führerbefehls den Rückmarsch befahl.

Ende November 1942 kam es im Führerhauptquartier zu einer Auseinandersetzung zwischen Hitler und ihm, bei der Hitler die Nerven verlor, zu toben begann, sich aber schließlich wieder fasste. Mein Vater wurde im März 1943 seines Kommandos enthoben. Im Mai kapitulierten die Achsenstreitmächte. Ab der Jahreswende 1943 bis 1944 war mein Vater mit der Vorbereitung der Abwehr der alliierten Landung in Frankreich befasst, zuletzt als der Oberbefehlshaber der Heeresgruppe B in Nordfrankreich, Belgien und Holland. Er hoffte, dass ein deutscher militärischer Erfolg in der Normandie die Westmächte veranlassen könnte, Deutschland einen Frieden mit Bedingungen anzubieten, statt die bedingungslose Kapitulation zu fordern.

Je mehr Nachrichten über die grauenhaften Untaten durchsickerten, die in deutschem Namen an Millionen von Menschen verübt wurden, desto dringender erschien es meinem Vater, zu einem Frieden mit Bedingungen zu kommen, wobei klar war, dass Hitler abtreten musste. Nach der Landung der Alliierten am 6. Juni 1944 wurde von Tag zu Tag deutlicher, dass die Invasionsschlacht verloren war.

Mein Vater hielt es nun für zwingend geboten, den Krieg zu beenden und die westlichen Alliierten nach Mitteleuropa einströmen zu lassen. Er wollte möglichst eine Besetzung, auf jeden Fall aber eine Eroberung von Teilen des Reiches durch sowjetische Truppen vermeiden. Er war wohl entschlossen, notfalls aus eigener Verantwortung im Westen zu kapitulieren. Er unternahm aber auch mindestens zweimal den Versuch, Hitler zur Einsicht zu bringen, der aber schon auf die Andeutung dieses Themas abweisend reagierte.

Den Zeitpunkt des alliierten Durchbruchs hielt mein Vater für den psychologisch geeigneten Augenblick für eine Kapitulation aus eigener Verantwortung. Dazu kam es schließlich bei St. Lô. Mein Vater hatte bereits am 3. Juli einen sehr realistischen

Bericht über die Kriegslage verfasst und diesen Hitler übersandt. Am 15. Juli verfasste er einen weiteren Bericht, der mit den Worten schloss: ›Der ungleiche Kampf neigt sich dem Ende entgegen. Es ist meines Erachtens nötig, die Folgerungen aus dieser Lage zu ziehen. Ich fühle mich verpflichtet, als Oberbefehlshaber der Heeresgruppe dies klar auszusprechen.‹

Dann überstürzten sich die Ereignisse. Am 17. Juli griffen zwei britische Jagdbomber bei Livarot das Fahrzeug meines Vaters an. Sein Fahrer starb. Sein Adjutant wurde verletzt. Er selbst wurde schwer verwundet. Franzosen leisteten ihm Erste Hilfe. Am 20. Juli misslang das Attentat des Grafen Stauffenberg. Mein Vater ließ sich im August 1944 nach Herrlingen transportieren. Seitdem stand die Gestapo vor unserem Haus. Am 7. September wurde sein Generalstabschef, General Speidel, von der Gestapo verhaftet.

Hatte mein Vater mit dem Attentat am 20. Juli etwas zu tun? Den Berliner Verschwörer-Kreisen gehörte er schon deshalb nicht an, weil er nicht in Berlin war. Er hatte aber seit Ende 1943 Verbindung zu Widerstandskreisen. Er teilte uns wohl nur mit, was er meinte, dass es für uns gut war zu wissen. Er habe den Krieg im Westen beenden wollen, er sei aber nicht für ein Attentat gewesen, schon deshalb, weil der tote Hitler noch gefährlicher hätte werden können als der lebendige.

Am 14. Oktober übermittelten zwei Generäle des Heeres meinem Vater die Botschaft Hitlers. Sie gestanden ihm zehn Minuten zu, sich zu verabschieden. So erfuhren meine Mutter, sein Ordonnanzoffizier, Hauptmann Aldinger, und ich, was gesprochen worden war: Uns würde telefonisch mitgeteilt, dass mein Vater einem Hirnschlag erlegen sei, dass ein Staatsbegräbnis stattfinden würde, und zwar auf seinen Vorschlag hin der Einfachheit halber in Ulm und nicht in Berlin, und dass wir schweigen müssten, wenn wir nicht als für das Regime gefährliche Zeugen beseitigt werden wollten. Hauptmann Aldinger und ich begleiteten meinen Vater bis zu dem Wagen, in dem er sterben sollte. Wir beide waren wohl die letzten ihm freundlich Gesinnten, die er gesehen hat. Das übrige verlief nach Plan einschließlich Tagesbefehl, Beileidstelegramm von Hitler an meine Mutter und Leichenrede von Rundstedts beim Staatsbegräbnis in Ulm. Gewiss war dies eine Tragödie. Aber sie fand statt in einer Zeit, in der die Tragödie nicht die Ausnahme, sondern die Regel war, und in der Millionen Familien ähnliches oder noch schlimmeres Unheil heimsuchte. In einer Demokratie fällt es verhältnismäßig schwer, durch Schweigen schuldig zu werden, in einer Diktatur lässt sich das fast nicht vermeiden, wenn man überleben will. Die Ereignisse des Jahres 1944, die Erfahrungen der nationalsozialistischen Diktatur seien uns Warnung vor jeglicher Versuchung, die Demokratie preiszugeben.«

Urteile von Weggefährten

Heiner Geißler (CDU): »An Manfred Rommel habe ich stets seine politische Integrität geschätzt. Dies wurde besonders deutlich in der inhaltlichen Auseinandersetzung um die Ausländer- und Asylpolitik. Hier hat er Ende der 80er- und Anfang der 90er-Jahre unkonventionelle Wege eingeschlagen, die mir sehr imponiert haben. (...)«

Peter Conradi (SPD): »Manfred Rommel begreift Politik eher als Regieren, weniger als das öffentliche Gespräch über das Zusammenleben der Bürger in unserer Stadt. Ihm geht es nicht um das Herausarbeiten von Gegensätzen, um Zuspitzung und Entscheidung, sondern um den breiten Konsens. Rommels Harmoniebedürfnis ist stark: Am liebsten wäre es ihm, alle wären so vernünftig wie er.«

Gabriele Steckmeister (erste Stuttgarter Frauenbeauftragte von 1985 bis 1990): »Seine erste Frauenbeauftragte mit den Forderungen von Gleichstellung und Veränderung der Macht- und Arbeitsteilung war ihm wohl ein Gräuel, völlig überzogener Feminismus. Aber er löste den Druck in dem ihm eigenen Stil: In großer Liberalität ließ er Raum für neue Ideen – und schwieg. Erst als er seiner frauenpolitischen Inaktivität geziehen wurde und andere die Demontage der Frauenpolitik organisierten, schritt er ein und verwies die Frauenpolitik auf den letzten Platz der politischen Agenda. So blieb Stuttgart eine der Großstädte, wo über Frauenpolitik heftig gestritten wurde, sich aber faktisch nicht viel verändert hat. (...) Frauen- und Geschlechterpolitik wurde wie die Dackelin an der langen Leine gehalten: Stets hat Rommel das Gefühl vermittelt, Innovationen liberal zuzulassen, dann aber die Leine kurz gehalten, wenn Männermacht ein wenig angekratzt wurde. Ich möchte dieses politische Experiment aber nicht missen.«

Hans Filbinger (CDU): »Er vermag Vergangenes mit Gegenwärtigem zu verbinden, und vielfach gelingt es ihm, den heiteren oder auch komischen Kern der Dinge, die uns Zeitgenossen wichtig erscheinen, bloßzulegen. Manfred Rommel war in den Augen der Bürger als Politiker auch Philosoph, der das Schmunzeln über die menschlichen Schwächen im Allgemeinen und über seine eigenen im Besonderen nicht verlernt hat.«

Lothar Späth (CDU): »Zugegeben, es gab Situationen, da war ich sauer auf Rommel und er bestimmt auch auf mich. Das ist so, wenn man nicht immer einer Meinung ist. In der Rückschau ist aber alles nicht so schlimm. Da kommt die Gelassenheit des Alters hinzu. Ich jedenfalls habe Rommel immer bewundert, weil er im ständigen Dilemma zwischen philosophischem Eifer und philosophischer Resignation in der Realität des Daseins am Ende doch meist den Punkt an die richtige Stelle gesetzt hat.«

Erwin Teufel CDU): »Manfred Rommel ist populär, ohne Populist zu sein. Dem Geheimnis dieser Kunst kommt man am ehesten mit einem Zitat Rommels auf die Spur: ›Wo der Klügere nachgibt, kommt nichts Gescheites heraus.‹ Tatsächlich ist das hohe Ansehen des scheidenden Oberbürgermeister nur zum Teil auf seine einzigartige Fähigkeit zurückzuführen, unangenehme Wahrheiten so humorvoll, so vornehm und so prägnant zu verpacken, dass die Adressaten der kritischen Botschaften zu Begeisterungsstürmen hingerissen werden. Dieses Ansehen, dieser Respekt hängen vor allem damit zusammen, dass Manfred Rommel nicht nur unangenehme Wahrheiten früh erkannt und konsequent ausgesprochen hat, sondern zu gegebener Zeit genauso konsequent handelte.«

Rolf Thieringer (CDU), ehemaliger Erster Bürgermeister von Stuttgart: »Kalkulierte Schlauheit ist Manfred Rommel ebenso wenig fremd wie knitze Methode: Er bestimmt das Ziel, lässt aber auf dem Weg dorthin auch andere das Rad vorwärts strampeln und teilt mit Gemeinderat und Verwaltung unter der Maske des beschlussfrommen Biedermanns den Erfolg zum von ihm selbst gesteckten Ziel. Seine eigene Meinung schätzt er hoch ein, aber ein vernünftiger Kompromiss ist ihm allemal lieber als Ablehnung ohne Ergebnis. Er wusste, dass derjenige, der das Unmögliche möglich machen möchte, das Mögliche unmöglich macht. Rommel lag daran, Kurs zu halten.«

Manfred Rommels Stationen

1928: Am 24. Dezember in Stuttgart geboren
1935-1938: Volksschule in Goslar und in Potsdam
1938-1943: Gymnasium in Potsdam, Wiener Neustadt und Neu-Ulm, außerhalb der Schule zeitweise beim Deutschen Jungvolk aktiv
Januar 1944-März 1945: Dienst als Luftwaffenhelfer
März 1945-April 1945: Reichsarbeitsdienst
April 1945-September 1945: Kriegsgefangenschaft bei den französischen Besatzern
1947: Abitur in Biberach/Riss
1948-1952: Jurastudium in Tübingen
1952: Erstes juristisches Staatsexamen
1954: Am 26. Juni Hochzeit mit Liselotte Daiber
1956: Zweites juristisches Staatsexamen
1956: Arbeitsbeginn als Regierungsassessor in der Landesverwaltung
1959: Regierungsrat
1971: Ministerialdirektor und damit Amtschef im Finanzministerium des Landes
1972: Beamteter Staatssekretär im Finanzministerium
1974: Am 30. November erstmals zum OB von Stuttgart gewählt
1975: Anfang Januar Amtsantritt im Rathaus
1977-1979: Präsident des Deutschen Städtetags
1979: Von Juni an Präsident des Verbands kommunaler Unternehmen
1980-1983: Erneut Präsident des Deutschen Städtetags
1982: Am 7. November erste Wiederwahl zum Stuttgarter OB
1983-1989: Vorsitz beim Städtetag Baden-Württemberg
1984-1990: Präsident der Freiherr-vom-Stein-Gesellschaft
1990: Am 4. November zweite Wiederwahl zum Stuttgarter OB
1995: Auf Kanzler Kohls Initiative hin Ernennung zum Koordinator für die deutsch-französische Zusammenarbeit
1996: Am 17. Dezember Verabschiedung in den Ruhestand

Wichtige Ehrungen

1978: Verleihung des Großen Bundesverdienstkreuzes
1979: Verleihung der Ehrenbürgerwürde von Kairo
1982: Verleihung des Ordens des Großoffiziers im Orden von Oranien-Nassau
1982: Ehrensenator-Würde der Fachhochschule für Technik Stuttgart
1983: Ehrendoktorwürde der University of Missouri in der US-Partnerstadt
St. Louis
1985: Ritter der Ehrenlegion der Republik Frankreich
1987: Verleihung des Titels Guardian of Jerusalem durch die Stadt Jerusalem
1987: Die Republik Italien zeichnet ihn mit dem Grande Ufficiale, dem Groß-
offizierskreuz des Verdienstordens, aus
1988: Verleihung des Großen Bundesverdienstkreuzes mit Stern
1988: US-Präsident Ronald Reagan würdigt ihn für die Verdienste um die
deutsch-amerikanische Verständigung und als »positive Leitfigur in Europa«
1990: Ernennung zum Commander of the Order of the British Empire des
Königreichs Großbritannien
1990: Verdienstmedaille der Stiftung Deutsch-Amerikanische Verbundenheit
1992: Ehrendoktorwürde der University of Maryland (USA)
1994: Ehrenbürgerwürde im US-Bundesstaat Alabama
1995: Otto-Hirsch-Medaille für Verdienste um die Verständigung zwischen Juden
und Christen
1996: Ehrenkreuz der Bundeswehr in Gold
1996: Ehrendoktorwürde der University of Wales in Cardiff
1996: Ernennung zum Chairman of the joint chiefs of staff (höchste Auszeichnung,
die der Oberkommandierende der US-Streitkräfte in Europa an Persönlichkeiten
des öffentlichen Lebens vergeben kann)
1996: Ehrenbürgerwürde der Landeshauptstadt Stuttgart
2005: Ehrenbürger der Universität Stuttgart
2008: Ehrenpräsident des Städtetages Baden-Württemberg

Quellen

Krause-Burger, Sibylle: »Über Manfred Rommel«, Stuttgart 1982

Puhl, Widmar: »Manfred Rommel – Der Oberbürgermeister«, Zürich und Wiesbaden 1990

Rommel, Manfred: »Trotz allem heiter«, Stuttgart 1998

Stuttgarter Nachrichten: »Adieu, OB«, Sonderbeilage vom 13. Dezember 1996 zum Abschied von Manfred Rommel aus dem Rathaus

Stuttgarter Zeitung: »Manfred Rommel – Eine Ära geht zu Ende«, Sonderbeilage vom 13. Dezember 1996

Bayerischer Rundfunk: »Stuttgarts Alt-OB im Gespräch mit Jürgen Martin Möller« (28. Mai 1999)

Deutschlandfunk: Interview mit Manfred Rommel zur CDU-Spendenaffäre (22. Januar 2000)

Der Spiegel: »Kleines Glück« – über die Kür des Filbinger-Nachfolgers in Stuttgart (21. August 1978)

Der Spiegel: »Rommel: Ende einer Legende« (4. September 1978)

Der Spiegel: »Geld aus dem Fenster«, über Bestechungsaffären in mehreren Großstädten (17. März 1986)

Der Spiegel: »So dappig«, über den Stuttgarter Parteispendenprozess (2. April 1990)

Die Zeit: »Ich habe einen Traum« (14. Februar 2002)

Playboy: Interview mit Manfred Rommel (Juni 1982)

Stuttgarter Nachrichten: »Die Zeit ist noch nicht reif für den Regionalkreis, Interview mit Manfred Rommel« (26. Januar 1993)

Stuttgarter Zeitung: »Ein Kuvert mit Geld von anonymen Totospielern, Manfred Rommel über Zuwendungen, Kohl und die CDU« (20. Januar 2000)

Stuttgarter Zeitung: »Eine Rangfolge der Kulturen ist unsinnig, Manfred Rommel plädiert gegen die Leitkultur und für ein globales Bewusstsein« (11. November 2000)

Stuttgarter Zeitung: »So ist es, so bleibt es – und jetzt mach das Beste daraus«, Interview mit Manfred Rommel (31. Mai 2003)

Süddeutsche Zeitung: »Mister Jerusalem« (12. Oktober 1985)
Süddeutsche Zeitung: »Frau Rommel« (25. April 2012)

Bildnachweise

Silvie Brucklacher-Gunzenhäußer: Titelfoto und Seite 22
Privatarchiv Rommel: Seiten 41, 43, 45, 46, 48, 49, 65, 75, 77, 208
Alamy: Seite 53 (CBW/Alamy Stockfoto)
picture alliance/dpa: Seiten 82 (picture alliance/UPI/UPI), 92, 189, 239-241 (picture alliance/dpa/Bernd Weissbrod), 103 (picture alliance/dpa/dpa), 106 (picture alliance/dpa/Karl Staedele), 205 (picture alliance/dpa/Norbert Försterling), 213 (picture alliance/dpa/Steffen Honzera)
Lichtgut: Seite 251 (Leif Piechowski)
Flughafen Stuttgart GmbH: Seiten 132 und 133

Printed in Great Britain
by Amazon

37998629R00145